物流成本与供应链绩效

主　编　司小爱

副主编　雒庆华　朱亚萍　李　倩

中国财富出版社有限公司

图书在版编目（CIP）数据

物流成本与供应链绩效／司小爱主编 . —北京：中国财富出版社有限公司，2023.11

ISBN 978 - 7 - 5047 - 8024 - 9

Ⅰ.①物… Ⅱ.①司… Ⅲ.①物流管理–成本管理②物资供应–物资管理 Ⅳ.①F253.7 ②F252

中国国家版本馆 CIP 数据核字（2023）第 236149 号

策划编辑	黄正丽		责任编辑	徐 妍		版权编辑	李 洋
责任印制	尚立业		责任校对	杨小静		责任发行	敬 东

出版发行	中国财富出版社有限公司			
社　　址	北京市丰台区南四环西路 188 号 5 区 20 楼		邮政编码	100070
电　　话	010 - 52227588 转 2098（发行部）			010 - 52227588 转 321（总编室）
	010 - 52227566（24 小时读者服务）			010 - 52227588 转 305（质检部）
网　　址	http：//www.cfpress.com.cn		排　　版	义春秋
经　　销	新华书店		印　　刷	北京九州迅驰传媒文化有限公司
书　　号	ISBN 978 - 7 - 5047 - 8024 - 9/F · 3613			
开　　本	787mm×1092mm　1/16		版　　次	2023 年 11 月第 1 版
印　　张	16.25		印　　次	2023 年 11 月第 1 次印刷
字　　数	385 千字		定　　价	48.90 元

前　言

在经济全球化的今天，企业生产需要的原材料和零部件来源于多地甚至多国，企业之间的竞争表现为企业供应链之间的竞争。因此，现代物流和供应链管理日益受到企业的重视，同时也面临着前所未有的发展机遇和挑战。在这种发展趋势下，人们对物流成本和供应链绩效愈发关注，以期以最小的成本提供最好的物流服务，在竞争中处于有利地位。

本书在编写的过程中采用理论与实践相结合的方法，充分体现以能力为本位的思想。本书首先从财务成本的角度出发，系统地讲述了物流成本的预测与决策、物流成本预算、物流成本控制、物流成本核算等物流成本管理的基础理论知识。然后从物流活动涉及的主要功能出发，详细讲述了运输成本、仓储成本、配送成本等物流成本管理的具体内容，使本书无论从物流管理的角度还是从成本管理的角度，都有较为完整的内容及体系。在此基础上，本书介绍了基于供应链管理的物流成本分析、供应链绩效评价和供应链绩效管理的优化设计等内容，将物流成本从单个企业的角度提升到供应链整体绩效的高度。

本书由甘肃财贸职业学院司小爱担任主编；甘肃财贸职业学院雒庆华、朱亚萍、李倩担任副主编。具体分工如下：司小爱编写项目一至项目六，雒庆华、姜保军编写项目七、项目十一，朱亚萍、李铁光编写项目八、项目十，李倩、朱丽君编写项目九。本书在撰写过程中，得到了深圳市怡亚通供应链股份有限公司姜保军、李铁光、朱丽君的参与和支持，为本书的编写提供了相关案例、材料。

本书在编写过程中参考了大量国内外专家、学者的著作，已尽可能在参考文献中列出，在此对这些作者表示真诚的感谢。也可能有所遗漏，在此表示歉意。由于编者水平有限，书中难免会出现疏漏，敬请广大读者批评指正、不吝赐教。

编　者
2023 年 11 月

目　录

项目一 初识物流成本

📖 **知识目标**

1. 理解物流成本及成本构成；
2. 了解物流成本的特点、影响因素和分类；
3. 了解各种物流成本学说；
4. 了解物流成本管理的意义和作用；
5. 掌握降低物流成本的途径和措施。

📖 **技能目标**

1. 能辨别各种物流成本学说；
2. 能对实际发生的物流成本进行归类；
3. 能辨别社会物流费用。

📖 **案例导入**

2021年全国物流运行情况通报

2021年，物流运行稳中有进，社会物流总额保持良好增势，社会物流总费用与GDP（国内生产总值）的比率稳中有降，"十四五"实现良好开局。

一、社会物流总额保持良好增势

2021年全国社会物流总额335.2万亿元，按可比价格计算，同比增长9.2%，两年年均增长6.2%，增速恢复至正常年份平均水平。

从构成看，工业品物流总额299.6万亿元，按可比价格计算，同比增长9.6%；农产品物流总额5.0万亿元，增长7.1%；再生资源物流总额2.5万亿元，增长40.2%；单位与居民物品物流总额10.8万亿元，增长10.2%；进口货物物流总额17.4万亿元，下降1.0%。

二、社会物流总费用与GDP的比率小幅回落

2021年社会物流总费用16.7万亿元，同比增长12.5%。社会物流总费用与GDP的比率为14.6%，比上年下降0.1个百分点。

从结构看，运输费用9.0万亿元，同比增长15.8%；保管费用5.6万亿元，同比增长8.8%；管理费用2.2万亿元，同比增长9.2%。

三、物流业总收入实现较快增长

2021年物流业总收入11.9万亿元，同比增长15.1%。

任务一　物流成本认知

经济的发展使科学技术与生产经营日益密切，企业一方面依靠科学技术积极开拓市场，另一方面注重管理，挖掘内部潜力，控制和降低成本。因而，成本管理成为企业管理的一个重要组成部分。企业要想大幅降低成本、提高质量，必须注重对物流这个"第三利润源"的管理。而人们对物流管理的关心首先是从物流成本开始的，因此要完善成本管理体系，推动成本管理发展，以及加强物流在企业经营中的职能，进而加强物流成本管理。物流成本是物流的核心概念之一。如何计算物流成本？物流成本与传统的仓储运输费用有什么区别？这些问题不仅关系到如何从宏观上认识我国的物流现状，也关系到具体物流实践的核算和评价。现代物流认为，物流成本的降低是企业获得利润的第三个源泉，物流成本管理在物流管理中占有重要的地位。

一、物流成本的含义

物流是根据实际需要，将运输、储存、装卸、搬运、包装、流通加工、配送、信息处理等基本功能实施有机结合，使物品从供应地向接收地进行实体流动的过程，是沟通原料供应商、生产厂商、批发商、零售商、物流公司及最终用户的桥梁。

在物流过程中，为了提供有关服务，要占用和耗费一定的物化劳动和活劳动，这些物化劳动和活劳动的货币表现，即物流成本，也称物流费用。

物流成本无论对于企业还是国家来说，都绝非一个小数目。国际社会是以物流成本占GDP的比重这一指标来衡量一个国家的物流发展水平的。2021年中国社会物流总费用为16.7万亿元，占GDP的比重为14.6%，而发达国家如美国、加拿大、日本等国的社会物流总费用占本国GDP的比重一般在10%以下。

物流成本包括物流各项活动的成本，是特殊的成本体系。现代物流泛指原材料、产成品从起点至终点的全过程。它将运输、储存、装卸、搬运、包装、流通加工、配送、信息处理等环节有机结合，最终形成完整的供应链。对于物流成本问题，有必要建立一套完整的理论体系，以指导实践，把物流成本管理提升到企业会计管理的高度，这样才能纳入企业常规管理范畴之内。从企业组织结构来看，有必要从根本上改变企业职能结构，成立诸如物流部、物流科等职能部门，如此才有可能对物流成本实行单独核算，并对物流成本进行系统分析与控制。

根据中华人民共和国国家标准《物流术语》（GB/T 18354—2021），物流成本可定义为：物流活动中所消耗的物化劳动和活劳动的货币表现。即产品在实物运动过程中，如运输、储存、装卸、搬运、包装、流通加工、配送、信息处理等各个环节所支出的人力、物力和财力的总和。它是完成物流活动所需的全部费用。

二、物流成本的构成与分类

（一）物流成本的构成

1. 关于物流成本范围的认识

研究物流成本的构成必须先弄清楚物流成本的三个方面的内容。

（1）物流成本的计算范围，即物流的范围。物流的范围是相当大的，它包括原材料物流，工厂内物流，从工厂到仓库、配送中心的物流，从配送中心到客户的物流，随售出产品的退货而发生的物流，由于产品、包装或运输容器、材料等的废弃而发生的物流等。把整个物流过程中产生的物流费用都作为物流成本的计算范围，与选择部分物流费用作为物流成本的计算范围显然有明显的差别。现代物流成本的计算范围应该是整个物流过程中产生的物流费用。

（2）在运输、储存、装卸、搬运、包装、配送、流通加工等诸多物流活动环节中，是把所有活动环节都作为物流成本核算对象，还是以哪几种物流活动环节作为物流成本核算对象。把所有的物流活动作为物流成本核算对象核算出来的物流成本，与只把其中的某些物流活动如运输、储存作为物流成本核算对象核算出来的物流成本是有差别的。现代物流成本核算对象应该包括所有的物流活动。

（3）把哪几种费用计入物流成本。物流过程中的运费、保管费等企业外部的费用支出，或人工费、折旧费、修缮费、燃料费等企业内部的费用支出，究竟哪一部分应列入物流成本中进行计算，将直接影响物流成本的大小。现代物流成本计算中应该把两者都计入物流成本。

2. 物流成本的构成

物流成本主要由以下七部分构成。

（1）从事物流工作的人员工资、奖金、补贴及其他各种劳务费。企业内直接从事产品的包装、装卸、搬运、运输、储存及流通加工的工作人员和从事物流管理工作的管理人员的工资、奖金、补贴、加班费等各种劳务支出，为职工提供的各种培训教育费和为职工提供的各种福利费，以及退休人员的工资都是物流成本的组成部分。

（2）物流过程中的物质消耗，如包装原材料、电力、燃料等的消耗，固定资产的磨损等。一方面，产品在物流过程中需要一些消耗性材料，如包装需要消耗一定的包装原材料；另一方面，在物流过程中需要一定的设备，如用于运输的车辆、用于装卸货物的自动搬运设备、用于堆码取货的设备等，这些设备在使用过程中会产生损耗。另外，设备的运作需要能量来源，如车辆的运行需要燃料、自动化设备的运作需要电力。这些物质消耗所产生的费用也是物流成本的重要组成部分。

（3）物质在运输、保管等过程中的合理损耗。产品在包装、装卸、搬运、运输、储存、流通加工的过程中有时会产生损坏、遗失等现象，如果其损耗是在合理范围内，则所带来的损耗与由于自然灾害给物流部门带来的损耗一起计入物流成本。

（4）属于再分配项目的支出，如支付银行贷款的利息等。企业物流部门的运行需要投入一定的人力、物力，同时也需要投入一定的财力。企业为了提高物流服务水平，创造更好的经济效益，往往需要增加投资，用于扩大规模或更新设备。在自身资金困难的情况下，企业往往会向银行贷款，而银行贷款是需要支付利息的，企业向银行支付的利息也属于物流成本的一部分。

（5）在组织物流活动过程中发生的其他费用，如差旅费、办公费、交通费、招待费等。物流管理部门和各业务部门需要共同组织安排整个物流活动，在此过程中会产生一定的费用，如工作人员的办公费、用于接待客户的接待费、工作人员因工作需要出差产生的差旅费等，这些费用都应计入物流成本。

（6）在生产过程中一切由物品空间运动（包括静止）引起的费用支出，如原材料、半成品、产成品等的运输费用、装卸费用、搬运费用、储存费用等。在整个生产过程中，原材料、半成品、产成品等，需要在生产车间内或者生产车间之间进行运输、装卸，搬运或者在车间或仓库内进行储存、保管，由此所带来的材料费用也应该计入物流成本。

（7）物流过程的研究设计、重构和优化等费用。由于现代技术不断发展，竞争日益激烈，人们对物流服务的要求也越来越高，企业为了满足用户的需求，往往会投入一定的资金对物流过程进行研究设计，或者重构企业的物流系统，推动企业物流系统的合理化和优化。这种投资也应计入物流成本。

目前，物流过程的实现有两种方式，一种是依靠企业自己的物流系统完成，另一种是依靠物流企业来完成。企业依靠自己的物流系统完成物流过程，其物流成本就应该包括以上物流成本的七个组成部分。物流企业的物流成本与企业的物流成本的内容有所区别。因为物流企业并不从事产品的生产，主要是接受货主企业的委托，实现货物从制造商到最终消费者的搬运，其中包括产品包装、储存、装卸、搬运、流通加工等环节。因此，物流企业的物流成本包括上面所说的除生产过程中一切由物品空间运动（包括静止）引起的费用支出外的其他六个部分。

（二）物流成本的分类

物流成本可分为以下三类：按物流活动范围分类的成本，简称活动范围别成本；按支付形态分类的成本，简称支付形态别成本；按物流功能分类的成本，简称物流功能别成本。

1. 按物流活动范围分类

这是以物流活动的范围为基础，对物流成本进行的分类，包括供应物流费、生产物流费、企业内物流费、销售物流费、退货物流费和废弃物流费六种。

（1）供应物流费。供应物流费是指原材料（包括容器、包装材料）采购物流过程中所需的费用。

（2）生产物流费。生产物流费是指在产品的整个生产过程中，物质材料，包括原材料、半成品、产成品等在生产车间内或者生产车间之间进行运输、装卸、搬运或者在车间或仓库内进行储存、保管所产生的费用。

（3）企业内物流费。企业内物流费是指从产品运输、包装到最终确定向客户销售这一物流过程所需的费用。企业生产出来的产品在最终向客户销售之前往往要经过包装，并且还需要运往仓库，在仓库内储存和保管。在此期间，产品的包装需要购买包装材料，产品的运输需要投入运费，产品的储存和保管也需要投入装卸搬运费（装卸和搬运产生的费用可统称为装卸搬运费）、仓库管理费及场地费，并且这一过程还需要投入人力。另外产品在此过程中还会产生损耗，所有这些费用都属于企业内物流费。

（4）销售物流费。销售物流费是指从确定向客户销售产品到将产品送到客户指定的位置这一物流过程所需的费用。当产品确定向客户销售之后，往往要按照客户的要求将产品送往客户指定的地点。在这一过程中，首先需要将产品从仓库中搬运出来，然后装车，再送往客户指定的地点。所有环节的完成既需要支出人工费、差旅费，还需要支出搬运费、装车费、运输费、保险费。另外在搬运、装车和运输过程中产生的产品的损耗费也应该计入销售物流费。

（5）退货物流费。退货物流费是指随售出产品的退货而发生的物流活动过程中所需的费用。退货物流费也是企业物流成本的一个重要组成部分，它占有相当大的比重。随退货产生的搬运费、储存费，退货商品损伤或滞销而产生的费用，以及处理退货商品所需的人工费等都属于退货物流费。

（6）废弃物流费。废弃物流费是指由于产品包装或运输容器、材料等的废弃而发生的物流活动过程中所需要的费用。这些废弃物往往需要通过销毁、掩埋等方式予以处理。在处理过程中，废弃物的装卸费、运输费、处理废弃物所需的人工费、搬运费及其他的相关费用都属于废弃物流费。

2. 按支付形态分类

这是以与财务有关的费用发生形态为基础，对物流费用进行的分类，包括本企业支付的物流费和外企业支付的物流费。其中本企业支付的物流费包括企业物流费和委托物流费，外企业支付的物流费包括购买外企业商品由外企业支付的物流费和外企业购买本企业商品并且由外企业自己支付的物流费。按支付形态分类的成本如图1-1所示。

（1）企业物流费。企业物流费是指企业利用自己的物流系统完成物流工作所支付的费用。企业物流费可以按照支付形态细分为材料费、人工费、公益费、维护费、一般经费和特殊经费。

①材料费。包括包装物质材料费、燃料费、消耗性工具费、器具费、备用品费等随物品消耗而发生的费用。在企业的整个物流过程中，包括供应、生产、销售、售后服务过程中所消耗的所有的包装物质材料、燃料、消耗性工具、器具、备用品等所产生的费用都属

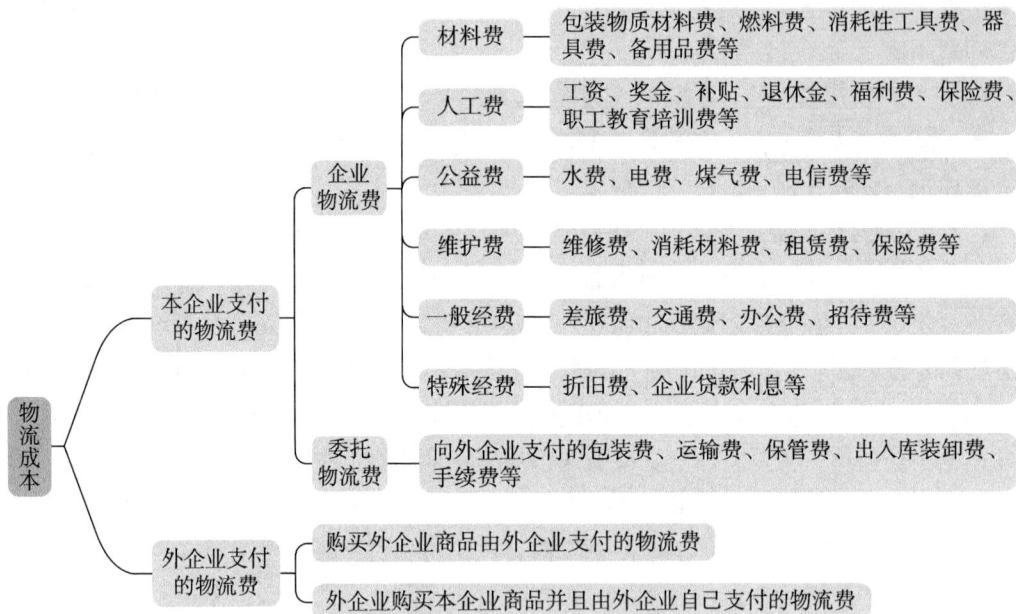

图1-1 按支付形态分类的成本

于材料费。

②人工费。包括工资、奖金、补贴、退休金、福利费、保险费、职工教育培训费等劳务费用。企业内直接从事产品的包装、装卸、搬运、运输、储存及流通加工等工作的人员和从事物流管理工作的管理人员的工资、奖金、补贴、加班费等各种劳务支出，为提高企业物流部门的服务水平和管理水平而投入的各种职工教育培训费和为职工提供的各种福利费，以及退休人员的工资都属于人工费。

③公益费。包括向电力、煤气、自来水、电信等公益服务部门支付的电费、煤气费、水费和电信费等。完成企业的物流工作，往往会消耗一定的电和煤气等，另外信息的传递和交流也离不开电信部门的服务，所有这些向公益服务部门支付的费用都属于公益费。

④维护费。包括维修费、消耗材料费、租赁费、保险费等。企业建仓库产生的土地使用费、维护费，储存产品产生的仓库维修费，租赁仓库产生的租赁费，运输产生的运输工具维修费、保险费，以及一些消耗性材料的费用支出都属于维护费。

⑤一般经费。包括差旅费、交通费、办公费、招待费、杂费及因商品变质、污损、失窃所付出的费用等。物流管理部门和各业务部门需要共同组织安排整个物流活动，在此过程中产生的费用属于一般经费。

⑥特殊经费。包括折旧费和企业贷款利息等。企业完成物流工作往往需要投入一定的资金购买各种所需的设备，这些设备在使用过程中会产生自然损耗，企业对设备要进行折旧。另外企业如果向银行贷款还需要向银行支付利息。折旧费和企业贷款利息共同构成了特别经费。

（2）委托物流费。委托物流费包括向外企业支付的包装费、运输费、保管费、出入库装卸费、手续费等。企业除了依靠自己的物流系统完成物流工作外，还会委托专门从事物流工作的物流企业为其承担部分物流工作。企业要向被委托的物流企业支付产品包装费、运输费、保管费、出入库装卸费、手续费等，这些费用都属于委托物流费。

3. 按物流功能分类

这是按照运输、储存、包装等物流功能对物流成本进行的分类，分为物品流通费、信息流通费、物流管理费三种。物品流通费是指物品在整个物流过程中的运输、包装、储存、装卸、搬运以及流通加工环节所产生的费用，具体包括运输费、包装费、储存费、装卸搬运费、流通加工费。信息流通费是指随着整个物流过程中信息的收集、加工、整理、传递、交流所产生的费用，即物流信息流通费。物流管理费是指对整个物流活动进行组织、管理所产生的费用，具体包括企业物流管理费和现场物流管理费。按物流功能分类的成本如图1-2所示。

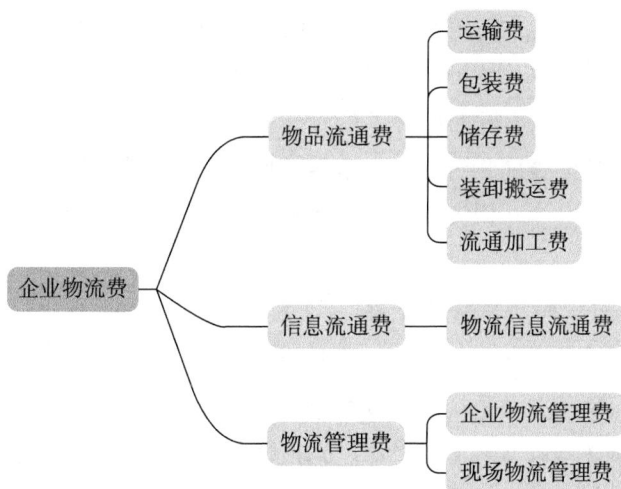

图1-2 按物流功能分类的成本

三、物流成本的特点与影响因素

(一) 物流成本的特点

从企业的物流实践中反映出物流成本具有如下特点。

1. 物流成本的隐含性

物流成本在企业财务会计制度中没有单独的科目，较难对企业发生的各种物流费用做出明确、全面的计算与分析。通常在企业财务决算表中，物流成本的核算对象包括企业对外部运输业务所支付的商品运输、保管费用等传统物流费用，对于企业内与物流相关的人工费、设备折旧费、固定资产税费等则与其他经营费用一起计算。因而，从现代物流管理的角度看，企业难以正确把握实际的物流成本。实践经验表明，实际发生的物流成本往往是企业外部支付的物流成本的5倍以上。

2. 物流成本削减的乘数效应

物流成本的控制对企业利润的增加具有显著作用。例如，如果销售额为 100 万元，物流成本为 10 万元，那么物流成本降低 10%，就直接产生 1 万元的利润。如果利润占销售额的 5%，则增加 1 万元的利润，就需要增加 20 万的销售额。也就是降低 10% 的物流成本与销售额增加 20% 的作用相当，这就是物流成本削减的乘数效应。

3. 物流成本的核算范围、核算对象、核算方法难以统一

①物流成本都列在费用一栏中，无法分离，较难对企业发生的各种物流费用做出明确、全面的计算与分析。

②对于物流成本的计算和控制，各企业通常是分散进行的，也就是说，各企业根据自己不同的理解和认识来把握物流成本，这样就带来了一个管理上的问题，即企业间无法就物流成本进行比较分析，也无法得出产业平均物流成本。不同的企业外部委托物流的程度是不一致的，由于缺乏相互比较的基础，无法真正衡量各企业相对的物流成本。

4. 物流成本中有不少是物流部门不能控制的

物流部门完全无法掌握的物流成本有很多，例如，过量进货、过量生产产生的资金占用成本，残留品的库存成本，以及紧急运输过程产生的成本等，这些都增加了物流成本管理的难度。

5. 物流成本之间存在二律背反现象

各项目间的物流成本以及物流服务水平与物流成本间存在着此消彼长的关系。即某些项目成本的削减，可能引起其他项目成本的增加，因此，各项目间的物流成本是相互关联的。由于二律背反现象的存在，必须考虑整体最佳成本，也就是说，物流管理的目标是追求物流总成本的最优化。

综合以上物流成本的特点可以看出，对于企业来讲，要实施现代化的物流管理，首要是全面、正确地把握企业整体物流成本，也就是说，要削减物流成本必须以企业整体物流成本为对象。此外，在努力削减物流成本时应当注意不能因为降低物流成本而影响物流服务质量。特别是最近流通业中多频度、定时进货的要求越来越广泛，这就要求物流企业或部门能顺应流通发展的新趋向。例如，为了符合客户的要求，及时、迅速地发货，企业需要进行物流中心等设施的投资，显然，如果仅为了削减物流成本而节省这种投资，则会影响企业的物流服务质量。

从当今先进企业的管理实践来看，对物流成本进行管理的总的思路是，不仅要把握企业内部的物流成本，更要掌握企业外部的物流成本。具体地讲，核算物流成本时，除了要考虑通常理解的仓储、运输等传统物流成本外，还应当考虑流通过程中的基础设施投资、商品持有库存成本、EDI（电子数据交换）等信息系统的构筑成本等。正因为如此，物流成本的管理不仅要考虑物流本身的效率，而且还要综合考虑提高客户服务水平、削减商品在库量以及取得更高的竞争优势等各种因素，只有这样才有可能取得较高的回报率，从而在真正意义上降低整体物流成本。

（二）物流成本的影响因素

在对企业物流成本实施有效的管理之前，全面地了解其影响因素将会使管理活动针对性更强，从而达到事半功倍的效果。影响企业物流成本的因素很多，在此着重分析对企业物流成本有重大影响的四个因素。

1. 管理制度因素

无论是生产企业还是流通企业，对存货实行控制，严格掌握进货数量、次数和品种，都可以减少资金占用和贷款利息支出，进而降低库存成本、保管成本、维护成本等。良好的货物保管、维护、发放制度，可以减少货物的损耗、霉烂、丢失等，从而降低物流成本。

2. 货物自身因素

货物特性的不同也会影响企业物流成本，具体表现在以下 5 个方面。

（1）货物价值

货物价值的高低会直接影响物流成本的大小。随着货物价值的增加，每项物流活动的成本都会随之增加。一般来讲，货物的价值越大，对其使用的运输工具要求越高，仓储和库存成本也越高。高价值意味着存货成本及包装成本的增加。

（2）货物密度

货物密度越大，相同运输单位所装的货物越多，运输成本就越低。同理，仓库中一定空间存放的货物越多，单位货物的库存成本就会降低。

（3）货物的报废率

高质量的货物可以减少因次品、废品等发生的回收、退货等，进而降低由此产生的各种物流成本。

（4）货物的破损率

易破损的货物对物流各环节（如运输、包装、仓储等）提出了更高的要求，因此，货物的破损率对物流成本的影响是显而易见的。

（5）特殊搬运

对搬运过程有特殊要求会增加物流成本。如长而大的货物在搬运过程中需用特殊装载工具，有些货物在搬运过程中需制冷等。

3. 竞争因素

企业的竞争力除了体现在产品的性能、价格、质量方面外，还体现在客户服务方面。如果企业能够及时、可靠地提供产品和服务，则可以有效地提高客户服务水平，而客户服务水平又直接决定物流成本。企业必须对竞争做出反应。影响客户服务水平的因素主要有以下几个方面。

（1）订货周期

高效的物流系统可以缩短企业的订货周期、降低客户的库存，从而降低客户的库存成本，提高客户服务水平，进而提高企业竞争力。

（2）库存水平

虽然库存水平的提高能够降低缺货成本，但过高的库存水平，会使存货成本显著增加。因此，合理的库存应保持在使缺货成本和存货成本之和最小的水平上。

（3）运输

采用更快捷的运输方式，虽然会增加运输成本，却可以缩短运输时间，降低库存成本，提高企业的快速反应能力。

4. 环境因素

环境因素主要指物流系统中企业制造中心或仓库相对于目标市场或供货点的位置、距离及交通条件等。若企业距离目标市场太远，交通状况较差，则必然增加运输及包装成本。若在企业目标市场建立或租用仓库，也会增加库存成本。因此环境因素对物流成本的影响是很大的。

四、降低物流成本的途径和措施

物流成本的降低是企业获得利润的重要途径。物流是企业的"第三利润源"，也是企业可以挖掘利润的一片新的绿地。从长远的角度看，降低物流成本可以通过以下几个途径加以实现。

1. 健全物流管理体制，树立现代物流理念

企业降低物流成本首先要从健全物流管理体制入手，从企业组织上保证物流管理的有效进行，设立专门管理物流的部门，实现物流管理的专门化。其次要树立现代物流理念，重新审视企业的物流系统和物流运作方式，吸收先进的物流管理方法，结合企业自身实际，寻找改善物流管理、降低物流成本的最佳途径。

2. 树立物流总成本观念，增强全员的物流成本意识

现代物流的一个显著特征是追求物流总成本的最小化，这一点对于企业构建和优化物流系统、寻找降低物流成本的空间和途径具有特别重要的意义。随着物流管理意识的增强，不少企业开始把降低成本的目光转向物流领域，这是值得肯定的。但是，在实践中，不少企业把降低物流成本的努力只停留在某一项功能活动上，而忽视了对物流活动的整合。其结果，一是由于忽视了物流成本之间存在的二律背反现象，虽然在某一项物流活动上支付的费用降低了，但总体物流成本并没有因此下降；二是将降低物流成本的努力变成利用市场的供求关系，向物流服务供应商提出降低某项服务收费标准的要求，如果物流服务供应商无法承受而又可以拒绝的话，降低物流成本的努力便无功而返。

3. 加强物流成本的核算，建立成本考核制度

物流成本核算的基础是物流成本计算。物流成本计算的难点在于缺乏充分反映物流成本的数据。物流成本数据很难从财务数据中剥离出来，因此，要准确计算物流成本，首先要做好基础数据的整理工作。

同时，为了保证企业物流成本的可比性，需要确定一个物流成本计算的统一标准，用

以统一企业物流成本计算的口径。

传统的物流成本计算方法是按照运输费、保管费、包装费、装卸费等功能类别统计，并没有与物流服务水平联系起来，也没有按客户类别和销售人员类别统计，以至于物流成本上升的责任不明确。解决这个问题的途径是采用近年来日益受到重视的作业成本法。

传统的物流成本计算方法虽然通过展示成本的大小来说明物流管理的重要性，在强化物流管理意识方面起到重要作用。但是，这些物流成本数据在物流管理上所发挥的作用有限。尽管不少企业已经掌握了物流成本数据，但在如何灵活应用这些数据方面却遇到了难题。这说明，按照传统的物流成本计算方法得到的物流成本数据在解决物流管理中出现的问题和促进物流管理水平提高方面表现出很大的局限性。例如，在推进物流管理方面十分有效的不同服务水平下的物流成本数据，按照传统的物流成本计算方法是无法得到的，而利用物流成本作业法则可以掌握这个数据。通过不同作业环节作业成本的计算获得的成本数据，可以清晰地说明物流成本增加的具体原因，从而为降低物流成本提供思路，进而明确降低物流成本的责任部门。

例如，导致企业物流成本上升的一个很重要的原因是物流服务水平的上升，而物流服务水平上升的原因是多方面的，其中有来自销售部门的要求。销售部门出于获得用户的需要，会在物流服务上做出高承诺或者满足用户提出的苛刻要求（如提高配送频率等），从而导致物流成本上升。物流部门担负着降低物流成本的使命，但是，对于自身无法控制的原因造成的物流成本上升是物流管理上的一个大问题。当物流部门只是物流服务的执行者时，物流部门在物流管理上要做的工作是，提供不同服务水平下的物流成本数据，并说明物流成本上升的原因，分清部门责任，最终的决策由销售部门做出。

物流服务水平与物流成本之间也存在二律背反现象，物流管理部门的任务是找到两者的平衡点。但是，现实中要做到这一点非常困难。物流部门的任务是满足销售部门提出的物流需求，物流服务水平的决策权掌握在销售部门手里。这里的问题不是费用的大小，而是上升的这部分物流成本是由什么原因、什么部门导致的。物流部门有降低物流成本的责任，但是，引起物流成本上升的原因主要来自单价和数量两个方面。物流部门只能对单价，即单位作业成本负责，而数量责任则应归咎于销售部门。物流部门虽然无权干涉销售部门的决定，但是可以通过向销售部门提供翔实的物流成本数据来促使销售部门考虑物流成本对利润的影响。销售部门根据物流部门提供的物流成本数据，会重新考虑物流服务水平的设定，或是从战略的角度考虑维持现在的物流服务水平，或是从盈利角度考虑降低物流服务水平。

4. 优化企业物流系统，寻找降低成本的切入点

对企业的物流系统进行优化，就是要结合企业的经营现状寻找一个恰当的物流运作方式。物流系统优化是关系企业竞争能力和盈利水平的重大问题，应该得到企业上层领导的高度重视。企业上层领导应从战略的高度规划企业的物流系统，同时，还要协调各部门之间的关系，使各个部门在优化物流系统的过程中相互配合。

物流管理部门作为直接对企业物流系统规划和运营负责的部门，理所应当成为企业物

流系统优化的主导者。优化物流系统不仅是物流部门自身的工作，还涉及生产、销售等部门，物流部门在企业的地位直接关系物流系统工作的质量。

从物流部门的角度出发，首先，应从改善物流作业效率入手，对物流系统进行优化。其次，还需要将企业的物流活动与生产活动、销售活动连为一体，实现生产、销售和物流一体化，进而实现供应链过程的一体化。只有这样，才能实现真正意义上的物流系统优化，降低物流成本。具体措施如下：

①加强企业职工的物流成本管理意识。把降低物流成本的工作从物流管理部门扩展到企业的各个部门，并从产品研发、生产、销售的整个周期入手，进行物流成本管理，使企业员工具有长期发展的"战略性成本意识""价值链成本意识""供应链成本意识"。

②通过效率化的配送降低物流成本。一般地，企业要实现效率化的配送必须重视配车计划管理及车辆运行管理。为此，企业必须制订切实可行的配送资源计划，在配送需求计划的基础上提高各环节的物流能力，利用信息化手段，达到系统优化运行的目的。

③对商品物流全过程实现供应链管理。物流成本管理的精髓就在于追求最小供应链物流成本。因此，供应链管理能使由生产企业、第三方物流企业、销售企业、消费者组成的供应链整体化和系统化，实现物流一体化，使整个供应链利益最大化，从而有效降低物流成本。

④利用一贯制运输和物流业务外包降低成本。降低物流成本从运输角度上讲，可以通过一贯制运输来实现，即将从制造商到最终消费者之间的商品搬运，利用各种运输工具的有机衔接来实现，运用运输工具的标准化及运输管理的统一化，减少商品周转过程中的费用和损失，并大大缩短商品在途时间。控制物流成本也可采用物流的外包。物流业务的外包不仅能降低物流成本，还能使企业在服务水平和效率上得到改进，同时还可以提高对客户需求的反应能力，降低投资需求，获得有效的渠道，完善管理信息系统等。

⑤借助信息管理系统控制和降低物流成本。企业采用信息管理系统可使各种物流作业或业务处理能准确、迅速地进行；通过信息管理系统的数据汇总进行预测分析，可降低物流成本发生的可能性。因此，信息管理系统的构建是为了实现物流成本的降低，而非向其他企业或部门转嫁成本。

⑥控制退货成本，降低物流成本。退货成本也是企业物流成本中一个重要的组成部分，它往往占有相当大的比重。退货成本之所以成为某些企业的主要物流成本，是因为随着退货会产生一系列的物流费用，如退货商品损伤或滞销费用，以及处理退货商品所需的人员费用等。

控制退货成本首先要分析退货产生的原因，一般来讲，退货可以分为由于用户原因产生的退货和由于企业原因产生的退货。通常认为由于用户原因产生的退货是不可控的，但事实上并非如此，要杜绝此类情况发生，就必须不断掌握本企业产品的销售状况，对于销售不振的商品应及时制定促销策略，而季节性产品或新产品，应在销售预测的基础上，根据掌握的销售额确定以后的生产量，也就是说利用单品管理建立起实需型销售体制。

由于企业的原因产生的退货是企业很容易克服的，只要企业改变片面追求销售的目标战略，改革绩效评价制度就可以控制退货。

任务二　物流成本管理

一、初识物流成本管理

物流成本管理，是指有关物流成本方面的一切管理工作的总称，具体而言是从物流设计到物流运行再到物流结算的全过程中，对物流成本的形成所进行的计划、组织、指挥、监督和调控等活动。

物流成本管理是通过成本管理物流，即管理对象是物流而不是成本，其实质是依据现代企业的经营目标和客户的要求，以物流成本管理为手段，实现物流系统高效率，进而提高现代企业的物流绩效。

二、物流成本管理的作用

物流成本管理在物流经营中占有重要地位，是企业对物流进行有效管理的手段。也是企业物流合理化的评价手段。降低物流成本是继增加销售和降低生产费用之后的第三利润源。加强对物流成本的管理对降低物流成本、提高物流活动的经济效益具有十分重要的作用。

首先，通过对物流成本的设计，可以了解物流成本的大小和它在生产成本中所占的地位，从而提高企业内部对物流重要性的认识，并且从物流成本的分布，可以发现物流活动中存在的问题。

其次，根据物流成本计算结果，制订物流计划，调整物流活动并评价物流活动效果，以便通过统一管理和系统优化降低物流成本。

最后，根据物流成本计算结果，可以明确物流活动中不合理环节的责任者。

总之，如能准确地计算物流成本，就可以运用物流成本数据大大提高物流管理的效率。

三、物流成本管理的内容

（一）物流成本预测

物流成本预测是指人们运用一定的技术方法，根据有关物流成本数据和企业具体的发展情况，对未来物流成本水平及其变动趋势做出科学估计。现代物流管理着眼于未来，它要求做好事前的成本预测工作，制定出目标成本，然后据此对成本加以控制，以促进目标成本的实现。在物流成本管理的许多环节都存在成本预测问题，如仓储环节的库存成本预测、流通环节的加工成本预测、运输环节的货物运输成本预测等。

（二）物流成本决策

物流成本决策是指结合其他技术、经济因素等有关资料，运用一定的科学方法进行研究、分析，决定采取的行动方针，进行可行性分析，然后从若干个方案中选择一个技术上先进、经济上合理的最佳方案的过程。从物流整个流程来看，有配送中心新建、改建、扩建的决策；有装卸搬运设备、设施的决策；有流通加工合理下料的决策等。进行物流成本决策、确定目标物流成本是编制物流成本计划的前提，也是实现物流成本的事前控制、提高效益的重要途径。

（三）物流成本计划

物流成本计划是指根据成本决策所确定的方案、计划期的生产任务、降低成本的要求及有关资料，通过一定的程序，运用一定的方法，以货币形式规定计划期物流各环节耗费水平和成本水平，并提出保证成本计划顺利实现而采取的措施。物流成本计划是物流企业计划体系中的重要组成部分，是物流成本决策的具体化和数量化，同时也是企业组织物流成本管理工作的主要依据。物流成本计划有月度计划、季度计划、年度计划和短期计划、中期计划、长期计划等计划体系。

（四）物流成本控制

物流成本控制是根据计划目标，对成本发生和形成过程及影响成本的各种因素和条件施加主动的影响，以保证实现物流成本计划的一种行为。成本控制是现代企业管理的一个重要方面，因为成本偏高，会失去产品的市场竞争力，同时也会削弱企业的竞争能力，导致企业盈利性下降，甚至会威胁企业的生存。

从整个经营过程来看，物流成本控制包括物流成本的事前控制、事中控制和事后控制。物流成本的事前控制活动主要有物流配送中心的建设控制，物流设施、设备的配备控制，物流过程改进控制等。物流成本的事中控制是对物流作业过程的实际劳动耗费的控制，包括设备耗费的控制、人工耗费的控制、劳动工具耗费和其他费用支出的控制等。物流成本的事后控制是通过定期对过去某个阶段物流成本控制的总结、反馈来控制物流成本。

通过物流成本控制，可以及时发现存在的问题，并采取纠正措施，保证成本目标的实现。

（五）物流成本核算

物流成本核算是指根据企业确定的成本核算对象，采用与之相适应的成本计算方法，按规定的成本项目，通过一系列的物流费用汇集与分配，从而计算出各物流活动成本核算对象的实际总成本和单位成本的过程。

（六）物流成本分析

物流成本分析是在物流成本核算及其他有关资料的基础上，运用一定的方法揭示物流成本的变动，找出影响成本升降的主客观因素的过程。通过物流成本分析，企业可以检查和考核物流成本计划的完成情况，并发现问题，总结经验。

以上各项物流成本管理活动的内容是相互配合、相互依存的一个有机整体。物流成本预测是物流成本决策的前提，物流成本计划是物流成本决策所确定目标的具体化，物流成本控制对物流成本计划的实施进行监督，以保证目标的实现，物流成本分析是对目标是否实现的检验。

任务三　物流成本学说

一、物流成本冰山理论

物流成本冰山理论指出，在企业中，绝大多数物流发生的费用，是被混杂在其他费用之中，而能单独列入企业会计项目的，如直接支付的运费、仓库保管费、装卸搬运费、包装费等，只是其中很小的一部分，这一部分是可见的，常常被人们误解为物流费用的全部，其实这些费用只不过是浮在水面上的，能被人所见的"冰山"的　角而已。因为在企业内部，大部分的物流成本未作为物流费用单独计算，而是混杂在制造成本、销售成本以及一般经费之中，难以明确掌握。比如，公司以 500 元/单位的价格购买设备的配件，这一费用在财务上自然归入制造成本。实际上，这 500 元当中，包含了一定比例的物流费用。再如，自有货运汽车司机的人工费与销售部门等其他部门工作人员的人工费混列于人工费项目下；货运汽车的折旧费、修理费与其他设施设备的折旧费、修理费一起列入折旧费、修理费的开支项目，购买原材料所支付的物流费用是计算在原材料成本中的；自运运输费和自用保管费计入营业费用；与物流有关的利息和其他利息计入财务费用。如果把制造成本、原材料成本、销售费用和财务费用中与物流相关的部分费用划分出来，并单独加以汇总计算，就会对物流费用的全部有进一步的了解。

日本早稻田大学教授西泽修，根据这种情况，提出"物流冰山说"（见图1-3）。物流冰山说的用意，在于让人们不要只看到冰山的一角，而要了解冰山的全部，即不要只看到明显的物流费用，而要掌握全部的物流费用，以此引起人们对物流成本的重视。后来，该学说逐渐发展为物流成本冰山理论。

研究表明，解决上述问题的根本方法就是进行物流成本计算，将混入其他费用项目的物流成本全部抽出来，使人们清晰地看到潜藏在水下的物流成本，挖掘出"第三利润源"。

但理论研究与实际管理毕竟是有区别的。根据物流成本冰山理论，要把隐藏在水面下的物流成本全部核算出来是不可能的。传统的会计体系不仅不能提供足够的物流成本分摊

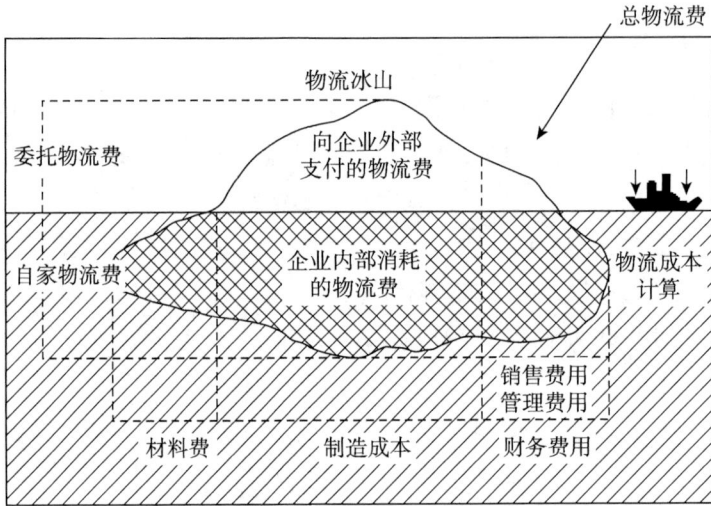

图 1-3　物流冰山说

数据，而且也没有这个必要。在企业物流管理中，也不可能为了建立物流独立核算体系而破坏其他若干成熟的财务会计核算体系，实际上真正需要纳入管理的是有影响的数据。

在现实工作中，仍然只是把"冰山浮出水面的一角"作为物流成本核算的对象。其主要的核算范围包括运输成本、仓储成本、保管成本、装卸搬运成本、包装成本、流通加工成本、配送成本、物流信息管理成本等。在许多企业中，包装成本仍然单独核算，没有进入物流成本核算体系中。

二、"黑大陆"学说

"黑大陆"学说的基本思想与"物流冰山说"类似。由于物流成本在财务会计中被分别计入了生产成本、管理费用、销售费用、财务费用和营业外费用等项目，因此，在损益表中所能反映的物流成本在整个企业成本中只占很小的比重，物流的重要性不会被认识到，这就是物流被称为"黑大陆"的主要原因。

由于物流成本管理存在的问题以及有效管理对企业赢利、发展的重要作用，1962 年，世界著名管理学家彼得·德鲁克在《财富》杂志上发表了《经济的黑色大陆》一文，他将物流比作一块未开垦的土地，强调应高度重视流通以及流通过程中的物流管理。彼得·德鲁克指出："流通是经济领域里的黑色大陆。"这里彼得·德鲁克虽然泛指的是流通，但是由于流通领域中物流活动的模糊性非常突出，是流通领域中人们认识不清的领域，所以"黑大陆"学说主要是针对物流而言的。

三、"第三利润源"说

第三利润源的说法是日本早稻田大学教授西泽修提出的。三个利润源着重开发生产力的三个不同要素：第一个利润源的挖掘对象是生产力中的劳动对象；第二个利润源的挖掘对象是生产力中的劳动者；第三个利润源的挖掘对象则是生产力中劳动工具的潜力，同时注重劳动对象与劳动者的潜力，因而更具有全面性。

从历史发展来看，在生产力相对落后、社会产品处于供不应求的历史阶段，由于市场商品匮乏，制造企业无论生产多少产品都能销售出去，于是就大力进行设备更新改造，扩大生产能力，增加产品数量，降低生产成本，以此来创造企业剩余价值，即"第一利润源"。当产品充斥市场，转为供大于求，销售产生困难时，也就是第一利润源达到一定极限，很难持续增长时，便采取扩大销售的办法寻求新的利润源。人力资源领域最初是廉价劳动，其后则是依靠科技进步提高劳动生产率，降低人力消耗或采用机械化、自动化设备降低劳动耗费，从而降低人工成本，增加利润，即"第二个利润源"。然而，在前两个利润源潜力越来越小、利润开拓越来越困难的情况下，物流领域的潜力被人们重视，于是出现了西泽修教授的"第三利润源"说。

第三利润源是对物流潜力及效益的描述。经过半个世纪的探索，人们已肯定"黑大陆"虽不清，但绝不是不毛之地，而是一片富饶之源。尤其是经受了1973年石油危机考验，物流已牢牢树立了自己的发展地位。

第三利润源的理论最初认识主要基于以下几个方面：

第一，物流是可以完全从流通中分离出来自成体系的。其有目标、有管理，因而能进行独立的总体判断。

第二，物流和其他独立的经济活动一样，不是总体的成本构成因素，而是单独赢利因素，因此物流可以成为"利润中心"。

第三，从物流服务角度来说，通过有效的物流服务，可以给接受物流服务的生产企业创造更好的赢利机会，使物流成为生产企业的"第三利润源"。

第四，通过有效的物流活动，可以优化社会经济系统和整个国民经济的运行，降低整个社会的运行成本，提高国民经济的总效益。

经济界一般是从物流可以创造微观经济效益来看待"第三利润源"的。

四、效益悖反理论

效益悖反理论又称为物流成本交替损益规律、物流成本二律背反效应。效益悖反是物流领域中很常见、很普遍的现象，是物流领域中内部矛盾的反映和表现。

物流成本具有交替损益性的基本特征。所谓交替损益性是指改变系统中任何一个要素，都会影响其他要素。具体地说，要使系统中任何一个要素增益，必将对系统中其他要素产生减损的作用。虽然在许多领域中这种现象都是存在的，但物流领域中这个问题似乎尤其严重。物流成本的交替损益性主要表现在以下两个方面：物流服务水平与物流成本之间的交替损益性和物流各功能活动之间的交替损益性。这也被叫作物流成本的"二律背反"。

（一）物流成本与物流服务水平的效益悖反

物流成本与物流服务水平的效益悖反是指物流服务水平的提高必然带来企业业务量的增加和收入增加，但也导致企业的物流成本增加，使企业效益下降，即高水平的物流服务必然伴随着高水平的物流成本，而且，物流服务水平与物流成本之间并非线性关系，如图1-4所示。在没有很大技术进步的情况下，企业很难做到提高物流服务水平的同时降低物流成本。物流服务水平与物流成本的关系，如图1-4所示。如果物流服务水平处于低水平阶段，追加成本 ΔX，物流服务水平就上升到 Y_1'；如果物流服务水平处于高水平阶段，同样追加 ΔX，则物流服务水平就上升到 Y_2'，但 $\Delta Y' < \Delta Y$。

从图1-4中我们可以看出，投入相同的物流成本并非可以得到相同的物流服务水平提高。

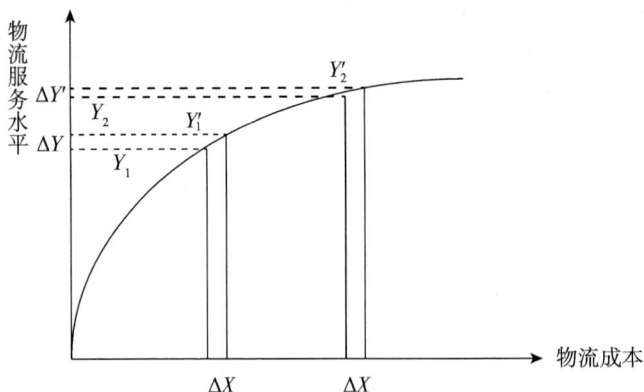

图1-4　物流服务水平与物流成本的关系

与处于竞争状态的其他企业相比，在处于相当高的物流服务水平的情况下，要想超过竞争对手，同时维持更高的服务水平，就需要更多的投入。美国营销专家菲利普·科特勒指出："物流的目的必须引进投入与产出的系统效率概念，才能得出较好的定义。"即把物流看成由多个效益悖反的要素所构成的系统，避免为了达到某个单一目的，而损害企业整体利益。

一般在对物流服务水平和物流成本做决策时，以价值工程理论为指导，可以考虑以下四种方法。

1. 保持物流服务水平不变，尽量降低物流成本

在不改变物流服务水平的情况下，通过改进物流系统来降低物流成本，提高物流价值。这种通过优化系统结构、降低物流成本来维持一定物流服务水平的方法，称为追求效益法。

2. 提高物流服务水平，增加物流成本

这是许多企业提高物流服务水平的做法，是物流企业面对特定客户或面临竞争对手时所采取的具有战略意义的做法。

3. 保持物流成本不变，提高物流服务水平

这是一种积极的物流成本对策，是一种追求效益的办法，也是一种有效的利用物流成本性能的方法。

4. 用较低的物流成本，实现较高的物流服务水平

这是一种增加效益且具有战略意义的方法。物流企业只有合理运用自身的资源，才能

获得这样的成果。

（二）物流各功能活动的效益悖反

现代物流是由运输、包装、储存、装卸、搬运及配送等物流活动组成的集合。物流各功能活动的效益悖反是指物流各项功能活动处于一个统一且矛盾的系统中，在同样的物流总量需求和物流运营条件下，一种功能成本的削减会使另一种功能成本增多。

例如，减少物流网络中仓库的数目并减少库存，必然会使库存补充变得频繁而增加运输的次数，即库存成本的降低，使得运输成本增加；将铁路运输改为航空运输，虽然增加了运费，却提高了运输速度，减少了库存，降低了库存费用。

再如包装问题，在产品销售市场和销售价格皆不变的前提下，假定其他成本要素也不变，那么包装方面少花的每一分钱都会转到收益上，即包装越省，利润越高。但是，一旦商品开始流通，如果由于包装简陋造成商品大量损坏，那么将进一步导致储存、装卸、运输功能要素的工作损失和效益的减少。显然包装活动的效益是以其他功能要素的损失为代价的。我国流通领域每年因包装不善出现的上百亿元的商品损失，就是这种"效益悖反"的实证。所以在设计物流系统时，要综合考虑各方面因素的影响，使整个物流系统达到最优。

由此可见，物流系统就是以成本为核心，按最低成本的要求，使整个物流系统化。它强调的是调整各要素之间的矛盾，把它们有机地结合起来，使物流总成本最低。

企业物流成本的效益悖反关系实质上是研究企业物流的经营管理问题，即将管理目标定位于降低物流成本并取得较大的经营效益。在物流成本管理中，物流成本是作为一种管理手段而存在的。一方面，物流成本能真实地反映物流活动的状态；另一方面，物流成本可以成为评价所有物流活动的共同尺度。

企业物流管理肩负着"降低物流成本"和"提高物流服务水平"两大任务。整个物流合理化，需要用总成本评价，这反映出企业物流成本管理的效益悖反特征及企业物流对整体概念的重要性。

五、其他物流成本学说

除了上述较有影响的物流成本学说外，还有一些物流成本学说在物流学界广为流传。

1. 成本中心说

成本中心说的含义是：物流在整个企业战略中，只对企业的营销活动成本产生影响。物流是企业成本重要的产生点，因而解决物流的问题，并不只是要合理化、现代化，也不只为了支持和保障其他活动，重要的是通过物流管理和物流的一系列活动降低成本。所以，成本中心既是指主要成本的产生点，又是指降低成本的关注点。物流是"降低成本的宝库"等说法正是对成本中心说认识的形象表述。

2. 利润中心说

利润中心说的含义是：物流可以为企业提供大量直接和间接的利润，是形成企业经营利润的主要活动。非但如此，对国民经济而言，物流也是国民经济中创利的主要活动。物流的这一作用，被表述为"第三利润源"。

3. 服务中心说

服务中心说代表了美国和欧洲等一些国家和地区学者对物流的认识。这种学说认为，物流活动最大的作用并不在于为企业节约了消耗、降低了成本或增加了利润，而是在于提高企业对用户的服务水平，进而提高企业的竞争能力。因此，他们在使用描述物流的词汇上选择了"后勤"一词，特别强调其服务保障的职能。通过物流的服务保障，企业以其整体能力来压缩成本，增加利润。美国著名物流学家詹姆斯·约翰逊及唐纳德·伍德等曾指出："物流学是一门充满活力的新的学科领域。""为使市场经济达到使企业和客户在适当的时候，花费最小的成本费用，获得他们所需要的产品和服务这一目标，一个有效的物流系统是关键。"

4. 系统说

一说到物流是第三利润源，就有一些企业经营者急于求成，动辄通过降低物流成本来提高效益。这种做法是对"物流是第三利润源"提法的误解。物流产生的利润实际上是物流成本和物流利润的一种重新划分，它至少包括 3 个部分：物流速度的提高、物流费用的降低、用户满意度的提高。

物流费用的降低当然可以直接体现出物流利润的增加，但物流速度的提高所产生的效益主要表现为生产周期的缩短、企业物资及资金流转速度的加快，用户满意度的提高有利于产品形象和企业形象的优化。这就是说，物流的大部分利润会间接转移到企业的整体效益上，因此不能仅从物流费用的降低简单地衡量物流利润。

5. 战略说

战略说是当前非常盛行的说法。实际上，学术界和产业界越来越多的人已逐渐认识到，物流更具有战略性，而且这种战略是企业发展的战略而不是一项具体操作性任务，这种看法把物流放在了很高的位置。企业战略是生存和发展，物流会影响企业总体的生存和发展。将物流和企业的生存和发展直接联系起来的战略说的提出，对促进物流的发展具有重要意义。高效、合理的物流管理，既能降低企业经营成本，又能为企业提供优质的服务；既能使企业获得成本优势，又能使企业获得价格优势。因此，企业不追求物流一时一事的效益，而从长远的角度考虑，将物流管理纳入企业战略管理的范围。

项目小结

本项目阐明了物流成本的含义，介绍了物流成本的构成和分类，以及物流成本管理的内容，重点阐述了物流成本的影响因素及降低物流成本的途径，最后介绍了几种物流成本学说。

同步测试

一、判断题

1. "黑大陆"学说是一种历史学的研究结论。 （ ）

2. 物流成本是以物流活动的整体为对象。 （ ）

3. 在许多企业中仓储成本是物流总成本的一个重要组成部分，物流成本常常取决于仓储管理成本。 （ ）

4. 加强物流成本的核算，建立成本考核制度可以降低物流成本。 （ ）

5. 信息管理系统的管理与维护费随着信息流量的变化而变化。 （ ）

二、选择题

1. 实践表明，企业实际物流成本的支出往往要超过企业对外支付物流成本额的（ ）倍以上。

A. 3 B. 5 C. 7 D. 10

2. 降低物流成本是企业的（ ）。

A. "第一利润源" B. "第二利润源"

C. "第三利润源" D. "第四利润源"

3. 根据"物流冰山说"，浮在水面之上的部分是（ ）。

A. 企业内部消耗的物流费 B. 向企业外部支付的物流费

C. 委托的物流费用 D. 自家物流费

4. 第二个利润源的挖掘对象是生产力中的（ ）。

A. 劳动者 B. 劳动对象 C. 劳动产品 D. 劳动工具

5. 物流活动中所消耗的物化劳动和活劳动的货币表现称为（ ）。

A. 物流成本 B. 物流收益 C. 物流价值 D. 物流价格

6. 物流成本的削减，对（ ）具有乘数效应。

A. 企业利润的减少 B. 企业资产的增加

C. 企业利润的增加 D. 企业资产的减少

三、简答题

1. 什么是物流成本？物流成本如何分类？

2. 简述物流成本的特点及其影响因素。

3. 什么是物流成本管理？物流成本管理的作用有哪些？

4. 简述物流成本管理的主要内容。

5. 简述降低物流成本的方法和措施。

6. 简述"物流冰山说"。

2021年物流运行情况分析及2022年展望

2021年，我国物流呈现坚实复苏态势，实体经济持续稳定恢复拉动物流需求快速增长，物流供给服务体系进一步完善，供应链韧性提升，有力地促进宏观经济提质增效降本，物流实现"十四五"良好开局。2022年物流业务活动仍将趋于活跃，物流产业转型升级加速，全年物流有望延续稳中有进的发展态势。

一、物流支撑经济稳定恢复，构建新发展格局

（一）物流需求增势良好，支撑经济稳定恢复

2021年，物流需求规模再创新高，社会物流总额增速恢复至正常年份平均水平。全年社会物流总额335.2万亿元（见图1-5），是"十三五"初期的1.5倍。按可比价格计算，同比增长9.2%，两年年均增长6.2%。从年内走势看，由于受下半年散发新冠病毒感染疫情（以下简称"疫情"）和上年同期基数较高等因素影响，走势前高后低。一季度同比增长24.2%，上半年增长15.7%，前三季度增长10.5%。

社会物流总额（亿元）

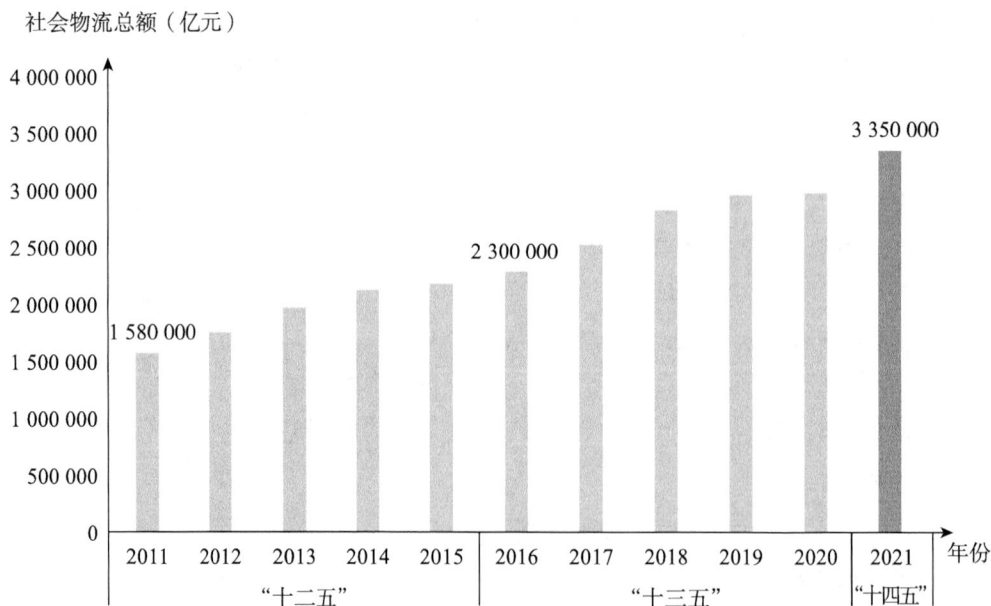

图1-5　2011—2021年社会物流总额

从社会物流总额与GDP的对比来看，与疫情前的2018年、2019年不同，2020年以来社会物流总额增速持续高于GDP增长（见图1-6），物流需求系数持续提升，显示在疫情压力持续存在的情况下，生产、出口、消费等实物物流恢复保持良好势头，实体经济是物流需求复苏的主要支撑。

从社会物流总额结构看，物流需求结构随经济结构调整、产业升级同步变化。工业物

项目一 初识物流成本

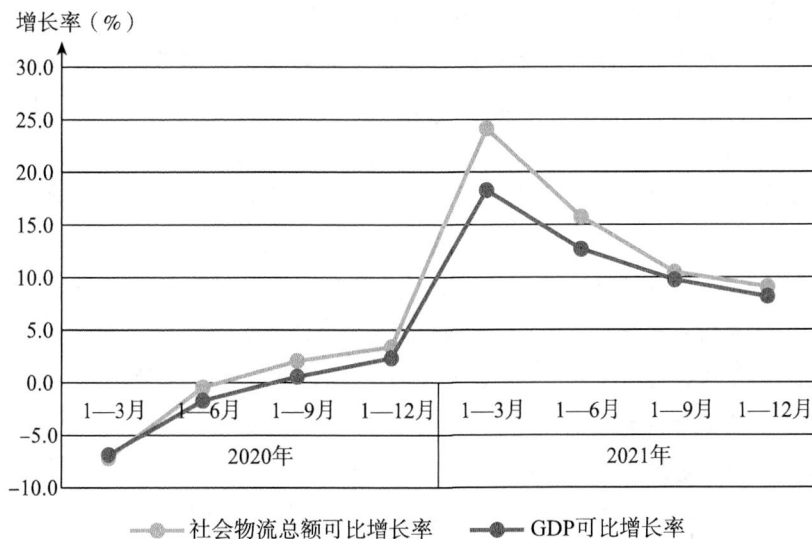

图 1-6 2020—2021 年各季度社会物流总额及 GDP 可比增长率

流总体稳中有进，国际进口物流下行压力较大，民生消费物流保持平稳增长。产业升级带来的高技术制造物流需求发展趋势向好，引领带动作用增强。

创新动能有效增强，工业制造物流需求较快增长。全年工业物流需求总体保持较快增长。2021 年工业品物流总额同比增长 9.6%，增速比上年加快 6.8 个百分点；两年平均增长 6.1%，增速接近疫情前水平。其中制造业中出口相关以及高新制造业物流需求发展较好，全年装备制造业、高技术制造业物流需求比上年增长 12.9%、18.2%，增速高于全部工业平均水平 3.3、8.6 个百分点，是工业物流恢复的主要拉动力。

进口物流下行压力趋升，高新技术类产品进口稳步增长。四季度以来高基数效应叠加国内需求减弱，进口物流量下行压力趋升，2021 年进口物流量由上年的增长 8.9% 转为下降 1.0%。从年内走势看，上半年各月保持平稳增长，三季度以来由增转降。从结构来看，主要大宗进口量有所趋缓，其中铁矿砂及其精矿、原油需求延续下跌趋势，同比下降 3.9%、5.4%。高新技术产品进口量则保持较快增长，有力支撑产业结构的升级转型，全年机电产品类、集成电路进口量同比增长 38%、16.9%。

消费物流保持恢复性增长，新业态、新模式快速增长。2021 年，单位与居民物品物流总额同比增长 10.2%，连续多月保持 10% 以上。从年内走势看，民生物流总额增速有所趋缓，增速比前三季度回落 3.6 个百分点。疫情影响下，电商、网络购物已经成为居民消费的重要渠道，带动电商快递业务量加速扩张。中国电商物流指数显示，2021 年总指数平均值为 110.3 点，较 2020 年回升 2.4 个点，需求端总业务量和农村业务量增速超过 20%；供给端恢复较快，库存周转指数、人员指数、实载率指数、成本指数均值均超过 2019 年水平。全年全国实物商品网上零售额增长 12.0%，国家邮政局数据显示，全年快递业务量完成 1 085 亿件。

（二）顺应需求升级新变化，物流市场活力进一步增强

2021 年物流体系建设稳步推进，适应市场物流需求变化，物流供给服务保持快速增

长，支撑产业链、供应链韧性提升。全年物流业总收入 11.9 万亿元，同比增长 15.1%。从年内走势看，各季度物流业总收入均保持 15% 以上的增速，两年年均增速在 8.5% 以上，市场规模稳步扩大。物流行业实现快速发展，市场活力进一步增强，具体体现在以下方面：

一是物流企业竞争力提升，行业集中度提高。物流产业经受了国际严峻环境和国内疫情等多重考验，服务能力有所增强，头部企业竞争力提升。截至 2021 年年末，全国 A 级物流企业近 8 000 家，50 强物流企业收入合计 1.4 万亿元，同比增长 16.6%。物流行业各领域龙头企业加快兼并重组和上市步伐，央企物流"国家队"重组整合拉开序幕，中国物流集团正式成立。市场集中度进一步提升，50 强物流企业收入合计占物流业总收入的比重提升至 13%，是近年来的最高水平。

二是物流活动恢复势头良好，行业处于高位景气区间。2021 年全年物流业景气指数平均为 53.4%，较上年提高 1.7 个百分点。物流企业业务量及订单指数均位于较高景气水平，且总体水平有所提升，物流主体活力进一步激发。从年内走势看，一季度景气指数平均为 53%，实现良好开局，二季度回升至 55.9% 的高点，下半年指数出现一定波动，三季度回落至 51.3%，四季度缓中趋稳回升到 53.2%，物流业韧性提升，实现良好开局。

（三）物流供应链韧性提升，畅通国内国际双循环

2021 年是构建新发展格局的起步之年，国际环境复杂严峻、国内疫情多发散发多重因素倒逼我国物流运行效率、供应链响应水平加速提升，物流在畅通经济内外循环，保障产业链畅通稳定方面发挥了重要作用，助力单位物流成本稳中有降。从物流成本统计来看，2021 年社会物流总费用 16.7 万亿元，与 GDP 的比率为 14.6%（见图 1-7），比上年回落 0.1 个百分点，在连续三年持平后首次回落。结合近年经济数据同时对比美日等国分析显示，国民经济产业结构调整对物流成本下降存在边际递减效应。"十三五"时期服务业增加值占 GDP 的比重每上升 1 个百分点，社会物流总费用与 GDP 的比率下降仅为 0.1% 左右。疫情以来，服务业受到较大冲击致，其比重有所趋缓，对我国社会物流总费用与 GDP

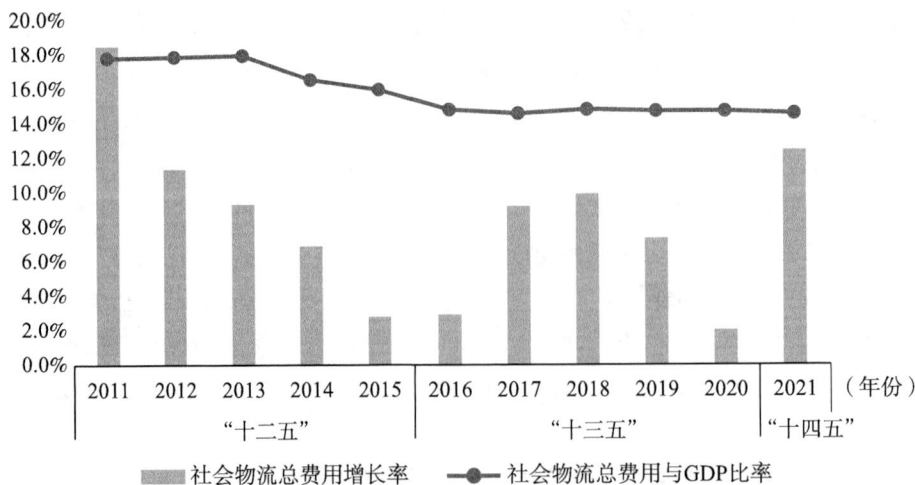

图 1-7 2011—2021 年社会物流总费用及其与 GDP 的比率

的比率影响进一步减弱。在此背景下，这一比率的下降更多来自物流供应链自身运行效率的改善提升效应。

一是物流畅通性提升，助力国内国际双循环。物流服务在协助产业链流程优化的基础上，更是在畅通国内大循环、促进国内国际双循环发挥了重要作用，助力物流成本稳中有降。

从运输环节看，运输物流结构进一步调整优化，保障了国内产业链、国际贸易循环畅通。多式联运业务加速发展，运输方式间的协同性提升。全年完成集装箱多式联运量620万标准箱，开通联运线路450条，年均增速在15%左右，明显高于港口集装箱增长水平。国际物流供应链安全畅通保障水平、国际运输协同性、便利化水平均有稳步提升。全年中欧班列开行约1.5万列，同比增长22%，开行国际货运航班7.4万班，同比增长25.8%，完成国际航线货邮运输量241.5万吨、国际及港澳台快递19.3亿件，同比分别增长20.2%、17.4%。

从保管环节看，上下游企业物流、资金流更为畅通，工业企业存货、应收账款周转加快。2021年年末，规模以上工业企业产成品存货周转天数、应收账款平均回收期分别为16.8天、49.5天，较上年末分别减少0.9天、2.0天，仓储及装卸搬运费用小幅回落0.1个百分点。

二是物流与产业融合加速，协同一体化水平提升。近年来，工业、商贸企业采用供应链协同推进生产经营的理念明显提升，特别是疫情以来物流上下游协同合作的水平提升，物流业总收入与社会物流总费用的比率为72%，显示专业物流服务的广度、密度、深度不断增加。同时，物流集成能力和一体化服务能力持续增强，进一步实现产业、企业间的协同发展，产业链资源整合、资源的优化配置加速推进。头部物流企业发挥引领带动作用，大力推进提供一体化供应链物流服务。2021年，50强物流企业供应链一体化收入合计增速在20%~30%，明显高于运输、仓储等单一物流业务；供应链一体化业务首次成为企业的主要收入来源（一体化物流业务收入占比近4成）。

二、"十四五"开局之年，物流运行环境改善

（一）物流政策环境良好，产业地位稳中有升

2021年是"十四五"规划的开局之年，党中央、国务院高度重视构建现代物流体系，物流产业地位稳中有升。交通运输部、发展改革委、商务部、农业农村部等多部委针对我国物流产业的发展规划、体系构建、组织管理、服务标准等多个方面密集出台了一系列政策，为我国物流产业健康发展提供了坚实的政策保障。

中共中央、国务院印发《国家综合立体交通网规划纲要》，提出到2035年要建成"全球123"快货物流圈，国内1天送达、周边国家2天送达、全球主要城市3天送达。国务院印发《2030年前碳达峰行动方案》，交通运输绿色低碳行动纳入"碳达峰十大行动"。《"十四五"现代流通体系建设规划》对现代流通体系建设进行了战略性布局、系统性谋划，提出一系列可操作、可落地的重点任务，为进一步扩大流通规模，提高流通效率，推动流通领域创新，激发流通企业活力提供有力支撑。《"十四五"冷链物流发展规划》提出到2025年布局建设100个左右国家骨干冷链物流基地，同时针对冷链物流"最先一公

里"和"最后一公里"等行业难题提出了科学可行的指导方案，规划提出打造"三级节点、两大系统、一体化网络"的冷链物流运行体系。国家发展改革委发布"十四五"首批国家物流枢纽建设名单，国家物流枢纽增至70家，支持重大物流基础设施互联成网，形成枢纽经济新增长极。国务院办公厅印发的《推进多式联运发展优化调整运输结构工作方案（2021—2025年)》提出到2025年，多式联运发展水平明显提升，基本形成大宗货物及集装箱中长距离运输以铁路和水路为主的发展格局，全国铁路和水路货运量比2020年分别增长10%和12%左右，集装箱铁水联运量年均增长15%以上，运输结构调整进入新阶段。

（二）物流基础设施环境改善，综合物流网络加快完善

2021年，国家设施综合立体交通网络加快完善，基础设施薄弱环节得到改善，物流基础设施在疫情防控、经济恢复中发挥了更为关键的作用。

宏观层面，物流基础设施网络建设稳步推进，投资额增速稳中有进。全年物流相关固定资产投资超过3.6万亿元，同比增长3.4%。全年新改（扩）建高速公路超过9 000千米，新增及改善高等级航道约1 000千米，新颁证民用运输机场9个，新增城市轨道交通运营里程超过1 000千米。重大工程建设加快推进，川藏铁路及配套公路、引江济淮航运工程、连云港30万吨级航道二期工程等重大项目建设有序推进，京哈高铁、京新高速公路全线贯通。

微观层面，疫情以来物流企业网络化布局步伐加快，基础设施服务能力进一步提升。从仓储设施来看，2021年中国50强企业仓储服务能力同比增长7.3%，数字化及智能化基础设施的技术创新应用比例达到100%。

（三）物流供需环境改善，服务价格维持较好水平

2021年，物流供需关系有所改善，公路、快递等完全竞争行业供大于求、恶性低价竞争等局面有所缓解，年内物流服务价格处于较好水平。物流业景气指数中的物流服务价格指数全年平均为50.1%，高于上年1.5个百分点。

水运方面，海运市场供不应求，价格普遍高于上年，全年各月均位于较高水平。2021年中国沿海散货运价指数平均为1 299.35点，同比增长25%；中国出口集装箱运价指数平均为2 615.54点，同比增长165.7%。

公路方面，物流运输市场供需略有改善，加之油价上涨，价格水平处于近年较高水平。全年中国公路物流运价指数平均为100.3%，同比增长1.9%。特别是第四季度以来公路市场供需关系有所改善，运价指数连续三个月回升，12月更是升至102.5%的年内最高水平。

快递方面，行业恶性价格战局面得到扭转。受益于政策监管拐点，行业价格战将暂告一段落，部分头部企业单票价格有所回升。国家邮政局数据显示，截至2021年年末快递业务整体单价为9.70元/件，环比上升2.2%。

三、贯彻新发展理念，未来物流产业机遇挑战并存

2022年，我国物流业发展面临挑战。从外部环境来看，疫情冲击仍难以避免，加之百年变局加速演进等多重因素影响，外部环境更趋复杂严峻和不确定。国际货币基金组织预计能源价格上升和供应链中断风险将导致更高、更广泛的通胀，联合国预测劳动力短缺、

供应链中断和通胀压力，是全球经济复苏面临的巨大阻力。从国内来看，我国经济发展面临需求收缩、供给冲击、预期转弱三重压力。从物流行业自身来看，发展中仍有痛点。

一是微观经营成本持续上涨。原材料成本、劳动力成本等共同推高物流企业经营成本。2021年1月到11月，重点物流企业物流业务成本增长33.0%，连续多月保持高位增长。此外，资金成本上涨依然明显，资金回款压力较大。营商环境调查企业显示有7成以上的物流企业平均账期超过1个月，11月末应收账款回收期比上年延长5%左右，周转效率连续两年有所下降。

二是物流行业长期微利运营。2021年在物流需求及服务价格的带动下，行业利润有所反弹，2021年1月到11月，重点物流企业收入利润率为4.3%，比上年同期提高0.5个百分点。但与行业自身相比，仍低于疫情前5%左右的水平。与上游工业企业相比，盈利水平、回升力度依然偏低（规模以上企业全年营业收入利润率为6.81%，比上年提高0.76个百分点）。

三是劳动力存在结构性缺口。根据营商调查报告显示，有40.3%的企业表示物流基层操作员工方面存在用工紧张。劳动密集型的物流行业，快递员、货车司机、船员等领域劳动力普遍存在短缺。尽管上述领域用工工资不断上涨，但仍然面临供应不足。

物流业发展也具有多种积极因素和有利条件，机遇多于挑战。2022年是经济逐步回归常态运行的一年，随着国家"十四五"规划全面实施，以及2021年中央经济工作会议部署的稳经济政策措施加快落实，投资、消费和外贸的物流需求将持续恢复，物流业务活动将保持较好水平，物流产业转型升级加速，预计全年物流业延续稳中有进发展态势，社会物流总额增速或将保持6%左右。

从长期来看，物流业发展面临新机遇。"十四五"时期，我国物流业发展将迎来新的战略机遇期，要加快推动现代物流体系建设，形成内外联通、安全高效的物流网络，实现现代物流质的稳步提升和量的合理增长，培育壮大具有国际竞争力的现代物流企业，引领现代物流体系建设迈入新征程。

首先，物流需求总体有望保持稳健。生产生活秩序稳定，促进了经济持续发展和社会大局稳定。同时我国拥有完备的产业体系，未来物流需求仍将处于增量扩张阶段。

其次，物流市场主体活力依然强劲。2020年以来，物流供应链韧性明显提升，经受了疫情、经济结构调整等诸多挑战。未来物流产业适应市场需求变化供给增长弹性较强，物流市场规模仍具有较大增长空间。

最后，物流将着力畅通国民经济循环。未来五年，供给侧结构性改革将进一步深化。着力于畅通国内大循环，突破供给约束堵点，打通生产、分配、流通、消费各环节，物流业将通过数字化改造等创新手段，加快形成内外联通、安全高效的物流网络，促进产业升级。在经济高质量发展、供应链协同、物流服务质量提升等因素带动下，预计"十四五"期间，物流效率进一步提升，全社会物流费用水平平稳回落。

项目二 物流成本预测与决策

知识目标

1. 掌握物流成本预测与决策的含义；
2. 理解和掌握常用的物流成本预测的方法；
3. 理解和掌握常用的物流成本决策的方法。

技能目标

1. 能选择相应的方法进行物流成本预测；
2. 能选用相应的决策方法进行物流成本决策。

案例导入

2022年我国前4个月出口增长10.3%，菜鸟国际干线智能决策助力国货出海

据海关总署公布数据，2022年前4个月，我国进出口总值为12.58万亿元人民币，比去年同期（下同）增长7.9%。其中，出口6.97万亿元，增长10.3%；进口5.61万亿元，增长5%。

为满足跨境电商持续增长带来的跨境履约问题，菜鸟持续加码海外物流基础设施建设，例如比利时列日、马来西亚吉隆坡等智慧物流枢纽的投产运营，启用9大海外分拨中心等。

2022年3月，菜鸟启用墨西哥分拨中心，这是菜鸟在美洲建设的首个分拨中心，也是菜鸟在全球启用的第9个分拨中心。墨西哥分拨中心启用之后，菜鸟拉美地区部分物流产品时效提升约10%，结合菜鸟的数智物流技术，送往当地的包裹将拥有更详细的物流履约信息，让商家和消费者能更快更准确知道包裹所处的位置。

目前，菜鸟每周有8班包机飞往拉美地区，连接中国香港、美国迈阿密和洛杉矶、巴西圣保罗和智利圣地亚哥。结合菜鸟跨境物流全链路的建设及干线，中国跨境商家包裹物流时效从以往的40~50天，缩短至最快12天送达海外消费者。

同时，菜鸟积极与生态伙伴共建全球数智航空物流网络，并通过更多数智化技术为跨境商家提供更优物流解决方案，如干线智能决策能基于单量预测，为客户提供运力采购计

划和配舱指导，缩短包裹滚存时间，打造更优运力成本，助力国货出海，实现跨境无忧。

据悉，2021年第四季度，菜鸟国际日均跨境包裹已超500万件，继续并肩国际物流巨头，其中"5美元10日达"物流产品已覆盖20个国家，助力更多跨境商家"以一杯咖啡的价格送全球包裹"。

任务一 物流成本预测

预测，就是对未来进行预计和推测。它是根据已知推测未来，根据过去和现在的状况预计将来的趋势，是对未来不确定的事件预先提出的看法和判断。

成本预测，是以预测理论为指导，根据有关历史成本资料、成本信息数据，在分析目前技术经济条件、市场经营环境等内外条件变化的基础上，对未来成本水平及发展趋势所做的定性描述、定量估计和逻辑推断。

成本预测是确定目标成本和选择达到目标成本最佳途径的重要手段。加强成本预测工作，可以挖掘企业内部潜力，即以尽可能少的人力、物力、财力实现企业的经营目标，保证企业获得最佳的经济效益。从这种意义来说，成本预测过程实际上是成本决策过程。

成本预测，可以是近期的，也可以是远期的，如月度和季度的成本预测。近期成本预测一般只对成本完成情况进行估计，不全面考虑降低成本的措施，如企业负责人在月底前，预测哪些成本项目将超支，从而采取措施，以期消除超支现象。远期成本预测在预计成本完成情况的同时，须全面考虑降低成本的措施。

一、成本预测的意义

凡事预则立，不预则废。成本预测是企业经济预测的重要组成部分，是成本管理的重要环节。在社会主义市场经济中，技术更新加速，市场经济下竞争加剧，企业进行有效的成本预测，对提高经济效益，降低成本，在竞争中求生存、求发展，有着十分重要的现实意义。

（一）成本预测是成本决策的依据

预测的要点在于揭示和描述经济变动趋势，从而为确定经营目标和方向提供依据。但预测本身并不是目的，其目的在于提供反映未来状况的信息，以便做出尽可能合理的定性分析和尽可能精确的定量分析，为成本决策提供有科学依据和有说服力的数据。通过成本预测，对未来经营活动中可能出现的有利和不利因素进行全面、系统、尽可能准确的分析，以避免成本决策的片面性和局限性，将未来不确定性的程度降低到最低。

（二）成本预测是成本计划的基础

计划是对未来的具体要求和部署，预测是对未来事件的描述，两者通过决策环节联结。预测提出可行的备选方案，决策从备选方案中确定最佳的可行方案，计划则是对决策确定的最佳方案做出实施的具体规划。所以，成本预测是企业编制成本计划过程中必不可少的科学分析阶段，是成本计划的基础工作。没有成本预测，也就无所谓成本决策，更谈不上对决策所选定的方案进行成本计划。

（三）成本预测是企业管理的必然要求

企业为了增强自身的竞争能力和适应能力，必然要通过成本预测预计企业产品在市场竞争中的地位和获利水平，并不断将本企业的成本水平与采用新技术、新设备、新工艺后的成本水平比较，克服盲目性，增强竞争能力。实践证明，市场经济越发展，成本预测越重要。

二、成本预测步骤

（一）提出一个初步目标成本

初步目标成本的提出方法有两种：第一种是选择某一先进成本水平作为目标，如可选取国内外同行业的先进成本水平，也可选取企业历史上的最好成本水平，还可以根据定额成本的降低率来进行确定；第二种是先确定目标利润，在收入（扣除税金）中减去目标利润即为初步目标成本。

（二）收集预测资料

物流成本指标是一项综合性指标，涉及企业的生产技术、生产组织和经营管理等方面。在进行物流成本预测前，必须尽可能全面地收集相关的资料，并应注意去粗取精、去伪存真。

（三）建立预测模型

在进行预测时，必须对已收集到的相关资料，运用一定的数学方法进行科学的加工处理，建立科学的预测模型，借以揭示有关变量之间的规律性联系。

（四）评价与修正预测值

以历史资料为基础建立的预测模型可能与未来的实际状况有一定的偏差，且数量方法本身就有一定的假定性，因此必须采用一些科学方法对预测的结果进行综合的分析和判断，对存在的偏差及时予以修正。

三、成本预测的基本方法

（一）时间序列预测法

这种方法的基本思路是把时间序列作为一个随机变量的一个样本，应用概率统计的方法，尽可能减少偶然因素的影响，做出在统计意义上较好的预测。

1. 简单平均数法

$$某期预测值 = \frac{该期之前的 \, N \, 期值之和}{N}$$

N 的取值可以根据实际需要而定。

例 2-1 某物流公司 2021 年各月的实际物流成本如表 2-1 所示，预测 2022 年 1 月的物流成本。

2022 年 1 月的物流成本 = （51+53+55+52+51+53+58+60+65+61+66+67）/12≈57.7（万元）

表 2-1　　　　　　　　某物流公司 2021 年各月的实际物流成本　　　　　　　单位：万元

月份	1	2	3	4	5	6	7	8	9	10	11	12
物流成本	51	53	55	52	51	53	58	60	65	61	66	67

2. 趋势移动平均法

此法建立在过去的成本趋势及其规律性依然不变的假定上。其基本计算公式如下：

某期预测值＝最后一期移动平均数+推后期数×最后一期趋势移动平均数

例 2-2 某物流公司 2021 年各月的实际物流成本如表 2-1 所示，请按趋势移动平均法预测该物流公司 2022 年第一季度各月的物流成本（设按三期移动平均）。

表 2-2　　　　某物流公司 2022 年第一季度各月的物流成本预测计算表

时间（月）	实际物流成本	三期平均	变动趋势	三期趋势平均数
1	51			
2	53	53		
3	55	53.33	+0.33	
4	52	52.67	-0.67	-0.33
5	51	52.00	-0.67	+0.22
6	53	54.00	+2.00	+1.44
7	58	57.00	+3.00	+3.00
8	60	61.00	+4.00	+2.67

时间（月）	实际物流成本	三期平均	变动趋势	三期趋势平均数
9	65	62.00	+1.00	+2.33
10	61	64.00	+2.00	+1.22
11	66	64.67	+0.67	
12	67			

根据表 2-2 的有关数据，可按上述公式进行物流成本的预测：

2022 年 1 月物流成本 = 64.67+2×1.22 = 67.11（万元）

2022 年 2 月物流成本 = 64.67+3×1.22 = 68.33（万元）

2022 年 3 月物流成本 = 64.67+4×1.22 = 69.55（万元）

显然，采用趋势移动平均法计算若干期的平均数和趋势平均数时，前后各个时期所用的是同一个权数，即认为这些数据对未来的预测值具有同等的影响。因此，用此法预测的结果与实际情况往往差异较大。为了弥补这一缺陷，可以采用指数平滑法进行预测。

3. 指数平滑法

设以 F_n 表示下期预测值，F_{n-1} 表示本期预测值，D_{n-1} 表示本期实际值，a 为平滑数（其取值范围为 $0<a<1$），则 F_n 的计算公式为：

$$F_n = F_{n-1} + a(D_{n-1} - F_{n-1}) = aD_{n-1} + (1-a)F_{n-1}$$

由上式类推下去，可得展开式：

$$F_n = aD_{n-1} + a(1-a)D_{n-1} + a(1-a)^2 D_{n-2} + \cdots +$$
$$a(1-a)^{t-1} D_{n-t+1} + (1-a)^t F_{n-t}$$

可见，指数平滑法在预测时分别以 a、$a(1-a)$、$a(1-a)^2$ 等系数对过去各期的实际数进行了加权。远期的实际值影响较小，因而其权数也较小；近期的实际值影响较大，因而其权数也较大。显然，这种预测方法更符合客观实际，但 a 的确定具有较大的主观因素。

例 2-3 某物流公司 2022 年 1~9 月的实际物流运作成本分别为 930 000 元、850 000元、900 000 元、880 000 元、925 000 元、900 000 元、950 000 元、940 000 元、955 000元。设 2022 年 1 月的物流运作成本预测值为 915 000 元，$a=0.5$，请按指数平滑法预测该物流公司 2022 年 10 月的物流运作成本。

可按公式计算如下：

$F_1 = 915\,000$（元）

$F_2 = 0.5 \times 930\,000 + (1-0.5) \times 915\,000 = 922\,500$（元）

$F_3 = 0.5 \times 850\,000 + (1-0.5) \times 922\,500 = 886\,250$（元）

$F_4 = 0.5 \times 900\,000 + (1-0.5) \times 886\,250 = 893\,125$（元）

$F_5 = 0.5 \times 880\,000 + (1-0.5) \times 893\,125 = 886\,562.5$（元）

$F_6 = 0.5×925\ 000+（1-0.5）×886\ 562.5 = 905\ 781.25$（元）

$F_7 = 0.5×900\ 000+（1-0.5）×905\ 781.25 ≈ 902\ 890.63$（元）

$F_8 = 0.5×950\ 000+（1-0.5）×902\ 890.63 ≈ 926\ 445.32$（元）

$F_9 = 0.5×940\ 000+（1-0.5）×926\ 445.32 ≈ 933\ 222.66$（元）

$F_{10} = 0.5×955\ 000+（1-0.5）×933\ 222.66 ≈ 944\ 111.33$（元）

通过计算可得该物流公司 2022 年 10 月的物流运作成本预测值为 944 111.33 元。

（二）回归分析法

它是通过对观察值的统计分析来确定它们之间的联系形式的一种有效的预测方法。从量的方面来说，事物变化的因果关系可以用一组变量来描述，因为因果关系可以表述为变量之间的依存关系，即自变量与因变量的关系。运用变量之间这种客观存在的因果关系，可以使人们对未来状况的预测更加准确。

回归分析法分为一元线性回归预测和多元线性回归预测，这里我们重点介绍一元线性回归预测。

利用一元线性回归分析法时，首先要确定自变量 x 与因变量 y 之间是否线性相关及其相关程度，判别的方法主要有散布图法与相关系数法。所谓散布图法，就是将有关的数据绘制成散布图，然后依据散布图的分布情况判断 x 与 y 之间是否存在线性关系。所谓相关系数法，就是通过计算相关系数 r 判别 x 与 y 之间的关系。相关系数可按下列公式进行计

算：$r = \dfrac{\sum x_n y_n - n\,\overline{xy}}{\sqrt{\left[\sum x_n^2 - n(\overline{x})^2\right]\left[\sum y_n^2 - n(\overline{y})^2\right]}}$，判断标准如表 2-3 所示。

表 2-3　　　　　　　　　相关系数相关性判断

相关系数的数值	$\lvert r \rvert > 0.7$	$0.3 < \lvert r \rvert < 0.7$	$\lvert r \rvert < 0.3$	$\lvert r \rvert = 0$
因变量与自变量的关系	强相关	显著相关	弱相关	不相关

在确认因变量与自变量之间存在线性关系之后，便可建立回归直线方程：

$$y = a + bx$$

式中，y 为因变量，x 为自变量，a、b 为回归系数。

根据最小二乘法原理，可得到求 a、b 的公式：

$$a = \frac{\sum x_n^2\,\overline{y} - \overline{x}\sum x_n y_n}{\sum x_n^2 - n(\overline{x})^2}$$

$$b = \frac{\sum x_2 y_2 - n\,\overline{xy}}{\sum x_n^2 - n(\overline{x})^2}$$

例 2-4　某物流公司 2021 年各月实际发生的机械工作小时和机械维修成本如表 2-4 所示，请采用回归分析法预测该车间 2022 年第一季度的机械维修成本。

表2-4 某物流公司2021年各月实际发生的机械工作小时和机械维修成本

月份	机械工作小时（小时）	机械维修成本（元）
1	500	364
2	460	358
3	380	330
4	420	340
5	360	320
6	480	356
7	390	354
8	394	362
9	430	352
10	460	344
11	396	360
12	504	370

（1）设以 y 代表机械维修成本，x 代表机械工作小时，根据表2-4提供的数据可得计算列表，如表2-4所示。

表2-5 计算列表

月份	x_i	y_i	$x_i y_i$	y_i^2	x_i^2
1	500	364	182 000	132 496	250 000
2	460	358	164 680	128 164	211 600
3	380	330	125 400	108 900	144 400
4	420	340	142 800	115 600	176 400
5	360	320	115 200	102 400	129 600
6	480	356	170 880	126 736	230 400
7	390	354	138 060	125 316	152 100
8	394	362	142 628	131 044	155 236
9	430	352	151 360	123 904	184 900
10	460	344	158 240	118 336	211 600
11	396	360	142 560	129 600	156 816
12	504	370	186 480	136 900	254 016
合计	5 174	4 210	1 820 288	1 479 396	2 257 068

（2）为判断 x 与 y 之间是否存在线性关系，应计算相关系数，即：

$$r=\frac{1\ 820\ 288-12\times431.17\times350.83}{\sqrt{[2\ 257\ 068-12\times(431.17)^2][1\ 479\ 396-12\times(350.83)^2]}}=\frac{5\ 079.55}{7\ 952.17}=0.638\ 76$$

注：$\bar{x}\approx431.17$，$\bar{y}\approx350.83$。

根据前述的判断标准，可以判定 x 与 y 之间呈显著相关状态。

（3）建立回归直线方程：

$$a=\frac{2\ 257\ 068\times350.83-431.17\times1\ 820\ 288}{2\ 257\ 068-12\times431.17^2}=\frac{6\ 993\ 589.48}{26\ 177.17}=267.16$$

$$b=\frac{1\ 820\ 288-12\times431.17\times350.83}{2\ 257\ 068-12\times431.17^2}=\frac{5\ 079.55}{2\ 6177.17}=0.19$$

$y=267.16+0.19x$

（4）预测各月的机器维修成本

设该物流公司 2022 年第一季度的机械工作小时预计分别为 496、512、526，则：

2022 年 1 月机械维修成本预测值 $=267.16+0.19\times496=361.40$（元）

2022 年 2 月机械维修成本预测值 $=267.16+0.19\times512=364.44$（元）

2022 年 3 月机械维修成本预测值 $=267.16+0.19\times526=367.10$（元）

任务二　物流成本决策

经营管理的重心在于决策，合理的决策为经营目标的实现提供了行为起点。成本决策是为了实现成本目标，根据客观的可能性，在成本预测所提供的成本信息基础上，运用一定的决策技巧和方法，从多个成本备选方案中选择最优化成本方案的行为过程。

一、成本决策的意义

一般意义上的决策，就是为达到期望的目标，根据事物现状、环境条件及有关信息，对未来可能采取的行为做出选择的过程。人们在日常工作和生活中，无时无刻不在做决策，以规划自己的行为。正确的决策产生正确的行为，得出满意的结果。反之，一旦决策失误，可能造成无可挽回的损失。因此，决策的作用在于保证行为的合理有效性。

（一）成本决策是现代成本管理的重要特征

管理的重心在于经营，经营的重心在于决策。决策正确与否，直接关系到企业的兴衰成败。决策者的职位越高，管辖范围越广，其决策对未来行为的影响也越大。所以，正确的决策是企业合理生产、经营的前提和基础。现代成本管理由成本决策、成本控制、成本分析等环节构成，成本决策是现代成本管理的前提环节。而且，成本决策决定着其后成本目标计划的先进性和成本目标实施的可能性，直接影响企业经营管理水平和经济效益。成本决策具有较大的综合性，它对其他经营决策起着指导性作用。

（二）成本决策是经营环境和经济效益的客观要求

随着市场经济的发展，社会分工越来越细，企业外部经营环境急剧变化，企业与外界的联系日趋复杂，企业内部的生产规模和生产过程在不断扩大和变得复杂，影响决策的因素日趋增加，决策产生的影响也越来越大。企业必须加强自身的竞争能力和适应能力，依赖于科学的成本决策不断扩大市场、降低成本、提高经济效益。决策的产生和完善，标志着企业的经营管理已由过去经验式的定性管理发展到科学的定量管理。

二、成本决策的基本要素

决策者要进行有效而合理的决策，取决于三个基本要素：合理的决策目标、科学的决策方法和适当的评价标准。在成本决策中，同样要受这三个基本要素的影响。进行成本决策的过程，就是在一定决策目标下运用决策方法进行定性和定量分析，并对决策结果做出评价和判断的过程。

建立目标是决策的前提，它决定着决策的性质。同一个经营问题，如果所建立的决策目标不同，那么决策的性质及其所拟订的方案也会随之改变。同样，所要求的决策目标通常都有一定的附加约束条件，是一种有条件的决策目标。同时，成本本身也可能成为其他经营决策目标的约束条件。这些情况都是在确立决策目标时必须考虑的。

决策方法是进行决策的手段，方法本身是客观的，但方法的选择是主观的。不同方法的选择首先取决于决策目标的不同，其次还取决于决策期的长短、预测资料的完备程度和可靠程度及方案本身各变量的状态等。由于采用的决策方法不同，会造成不同的决策结果，因此，在具体进行决策时，一定要注意决策方法的约束条件，以及所需决策的事项是否适合某种决策方法。

为了便于对各种决策方案的优劣程度给予选择和评价，还必须计算出在执行某一方案、出现某种客观状况下，该方案的得失或损益的大小。从理论上看，评价决策方案优劣的标准应与决策目标的要求一致。在成本决策中，评价的直接标准当然是成本，但还要注意两个原则：首先，决策评价应坚持全面评价的原则，既要考虑经济上的合理性，又要考虑技术上的先进性，同时还要考虑方案的社会效益；其次，决策评价应坚持最优化原则。因此，决策结果的最优是相对于次优而言的，是一种对决策者而言较满意的结果。

三、成本决策的基本程序

科学的决策程序贯穿于决策的全过程，也是决策顺利进行的基本保证。决策程序由若干相互联系的步骤组成，其基本步骤包括提出决策目标、拟订备选方案、选择最优方案和方案的实施准备。

（一）提出决策目标

决策目标是决策的出发点和归结点，没有明确的决策目标只会引起决策过程的混乱和决策的无效。成本决策的总目标是成本最低，在这个总目标下，要注意以下几点：一是需要与实际相结合；二是目标要具体明确，并尽可能量化；三是适当考虑目标的约束条件；四是正确处理多种目标间的相互关系。

（二）拟订备选方案

备选方案是能保证决策目标实现的可行方案。拟订备选方案的过程实际上是根据决策目标的要求对预测资料及其他相关信息进行设想、分析的过程。一个成功的决策应有一定数量和质量的可行方案作为保证，因此，一定要在具有可靠、充足的预测资料的前提下，制订多个可行的备选方案。在拟订备选方案时，还应注意两点：一是保持备选方案的全面和完整性；二是满足备选方案之间的相互排斥性。

（三）选择最优方案

拟订了各种备选方案后，就应对备选方案进行分析评价、效果对比，论证各方案所达到的成本水平和经济效果。选择最优方案的关键是设定适当的评价标准，特别是在多目标决策中更应注意择优标准的多重性和综合性。

（四）方案的实施准备

在实施前，还应根据选定的方案，落实实施方案各环节的措施，以保证达到决策目标。

四、成本决策的方法

成本决策的方法很多，应根据决策性质、决策内容和取得资料的不同进行选择。一般可将成本决策的方法按决策的性质划分为定性分析法和定量分析法两大类。

（一）定性分析法

定性分析法又称非数量分析法，它是依靠专家及有丰富知识和经验的专业人员，利用直观判断和逻辑推理对所提出的各种备选方案做出正确评价和选择的方法。也正因为定性分析法只是一种直观判断和逻辑推理，因此其没有固定的模式，视不同的分析对象和分析要求而灵活运用。一般来说，定性分析法包括以下几种。

1. 头脑风暴法

头脑风暴法又称思维共振法，即通过有关专家之间的信息交流，引起思维共振，产生组合效应，从而产生创造性思维。头脑风暴法是一种比较常用的群体决策方法，它鼓励提出任何类型的方案设计思想，同时禁止对各种方案的任何批判。因此，这种方法主要用于收集新设想。

在典型的头脑风暴会议中，群体领导者以一种明确的方式向所有参与者阐明问题，使参与者在完全不受约束的条件下，敞开思路，畅所欲言。在一定的时间内"自由"提出尽可能多的方案，不允许任何批评，并且所有方案都被当场记录下来，待后续讨论和分析。

头脑风暴法的创始人美国创造学家亚历克斯·奥斯本为这一决策方法的实施提出了以下四项原则：

（1）对别人的建议不做任何评价，将相互讨论限制在最低限度内。

（2）建议越多越好，在这个阶段，参与者不要考虑自己建议的质量，想到什么就说出来。

（3）鼓励每个人独立思考，广开思路，想法越新颖、奇异越好。

（4）可以补充和完善已有的建议以使它更具说服力。

头脑风暴法的目的在于创造一种畅所欲言、自由思考的氛围，诱发创造性思维的共振和连锁反应，产生更多的创造性思维。因此，头脑风暴法仅是一个产生思想的过程，而下面的几种方法则进一步提供了取得期望决策的途径。

2. 哥顿法

"哥顿法"是威廉·戈登提出的决策方法。该法与头脑风暴法相似，先由会议主持人把决策问题向会议成员（即专家成员）做笼统的介绍，然后由会议成员讨论解决方案，当会议进行到适当时机，决策者将决策的具体问题展示给会议成员，使会议成员的讨论进一步深化，最后由决策者根据讨论结果，进行决策。

3. 德尔菲法

德尔菲法是由美国著名的兰德公司首创并用于预测和决策的方法。该法以匿名方式通过几轮函询征求专家的意见，组织预测小组对每一轮的意见进行汇总和整理，然后再发给各专家。几轮反复后，专家意见逐渐趋于一致，最后由决策者进行决策。

德尔菲法是一种广为适用的预测决策方法，其基本步骤如下。

（1）确定预测主题。预测主题即预测所要解决的问题，既要具体明确，又要适合实际需要。

（2）选择专家。选择专家是德尔菲法的重要环节，因为预测结果的可靠性取决于所选专家对预测主题了解的深度和广度。选择专家时须解决以下四个问题。

①什么是专家？德尔菲法所选的专家是指在预测主题领域从事预测或决策工作 10 年以上的技术人员或管理者。

②怎样选专家？如果预测或决策主题较多地涉及组织内部情况或组织机密，则最好从内部选取专家。如果预测或决策主题仅关系某一具体技术的发展，则最好从组织外部挑选甚至从国外挑选。

③选择什么样的专家？所选专家不仅要精通技术，有一定的名望和权威性，还应具备一定的边缘科学知识。

④选择多少专家？专家人数要视所预测或决策主题的复杂性而定。人数太少会限制学

科的代表性和权威性；人数太多则难以组织。一般以 10~15 人为宜，对重大问题进行预测或决策时，专家人数可相应增加。

（3）制定调查表。决策者把预测或决策主题项目有次序地排列成表格形式，且项目应少而精。为使专家对德尔菲法有所了解，调查表的前言部分应对德尔菲法进行介绍。

（4）预测过程。德尔菲法决策一般要分四轮进行。第一轮把调查表发给各专家，调查表只提出决策主题，让各专家提出应决策的事件。第二轮由决策者把第一轮调查表进行综合整理，归并同类事件，排除次要事件，做出第二轮调查表反馈给各专家，由各专家对第二轮调查表所列事件做出评价，阐明自己的意见。第三轮由决策者对第二轮的结果进行统计整理后再次反馈给每个专家，以便其重新考虑自己的意见并充分陈述理由，尤其是要求持不同意见的专家充分阐述理由，因为他们的依据经常是其他专家所忽略的或未曾研究的问题，而这些依据又会对其他成员的重新判断产生影响。第四轮是在第三轮基础上，让各专家再进行预测，最后由决策者在统计分析的基础上做出判断。

（5）得出决策结论。经过多次反馈后，一般是意见渐趋一致，或对立的意见已十分明显，此时便可把资料整理出来，得出决策结论。

德尔菲法具有以下几个特点。

匿名性：为克服专家之间因名望、权力、尊重等因素的影响，德尔菲法采用匿名函询的方式征求意见，以保证各成员能独立地做出自己的判断。

多轮反馈：通过多轮反馈可使各成员充分借鉴其他成员的意见并对自己的意见不断修正。

统计性：德尔菲法属于定性决策，但对专家成员的意见通过统计的方法予以定量处理。

德尔菲法的缺点是比较烦琐，预测所花费的时间和成本比较高。由于耗时比较长，当需要进行一个快速决策时，这种方法通常行不通。

（二）定量分析法

定量分析法是运用一定的数学原理，将决策所涉及的变量与决策目标之间关系，用一定的数学模型或公式表达并据以决策的分析方法。由于决策的方案中数据预测结果的确定性程度有强有弱，所采用的决策方法也不尽相同。根据数学模型涉及的决策问题的性质（或者说根据所选方案结果的可靠性）的不同，定量分析方法一般分为确定型决策方法、风险型决策方法和不确定型决策方法三类。

1. 确定型决策方法

确定型决策方法的特点是只要满足数学模型的前提条件，模型就给出特定的结果。属于确定型决策方法的模型很多，如盈亏平衡点法、线性规划法等。这里主要介绍盈亏平衡点法。

盈亏平衡点法又称量本利分析法或保本分析法，是进行产量决策常用的方法。该方法的基本特点是把成本分为固定成本和可变成本两部分，然后与总收益进行对比，以确定盈亏平衡时的产量或某一盈利水平的产量。其中，可变成本与总收益为产量的函数，当可变成本、总收益与产量为线性关系时，总收益（Y）、总成本（C）和产量（Q）的关系如图2-1所示。

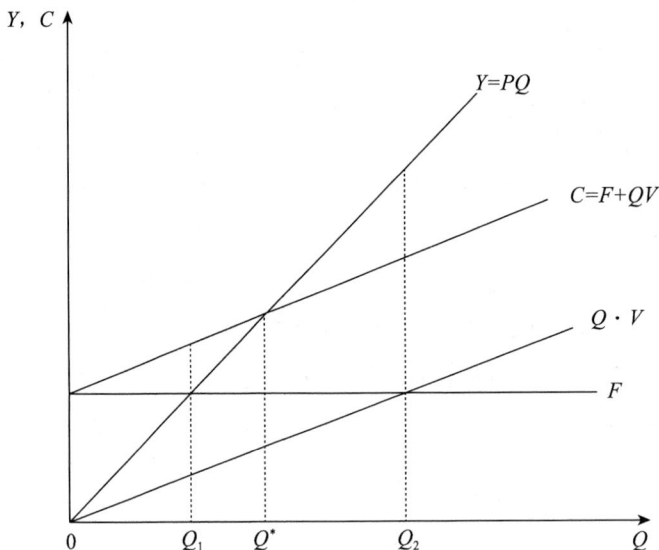

图2-1 总收益、总成本和产量的关系

则盈亏平衡点的产量可表示为：

$$Q^* = \frac{F}{P-V}$$

上式中有四个变量，其中 Q^* 为盈亏平衡点，F 为固定成本，P 为产品销售单价，V 为单位可变成本，给定任何三个变量，即可求出另外一个变量的值。

例2-5 某物流公司提供某种物流服务，其固定成本为50万元，单位可变成本为10元/件，物流服务单位售价为15元/件，其盈亏平衡点的产量为：

$$Q^* = \frac{F}{P-V}$$

$$= 500\,000 / (15-10) = 100\,000（件）$$

例2-6 某物流公司提供某种物流服务，其固定成本为50万元，物流服务单位售价为80元，本年度该物流服务订单为1万件，问物流服务单位可变成本降至什么水平才不至于亏损？

据题意有：　　　　　　$10\,000 = 500\,000 / (80-V)$

解之得：　　　　　　$V = 30（元/件）$

2. 风险型决策方法

在比较和选择决策方案时，如果未来情况是两种以上，管理者不知道到底哪种情况会发生，但知道每种情况发生的概率，这种情况下选择任何一个方案都存在一定的风险，则可采用风险型决策方法。常用的风险型决策方法是决策树法。

风险型决策的标准是期望值。所谓期望值实质上是各种状态下加权性质的平均值。当决策指标为收益时，应选取期望值最大的方案；当决策指标为成本时，应选取期望值最小的方案。一个方案的期望值是该方案在各种可能状态下的损益值与其对应的概率的乘积之和。期望值决策既可用表格表示，也可用树状图表示，后者称为决策树法。下面以决策树法为例说明风险型决策方法的应用。

决策树法是用树状图来描述各方案在不同情况（或自然状态）下的收益，据此计算每种方案的期望收益从而做出决策的方法。

决策树的基本形状如图 2-2 所示。图 2-2 显示了具有两个方案的两种自然状态的决策树结构。

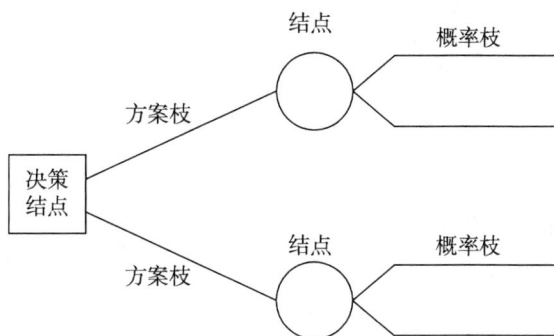

图 2-2　决策树的基本形状

例 2-7　某物流中心拟建设新的物流中心。据市场预测，所提供的物流服务销路好的概率为 0.7，销路差的概率为 0.3。有以下三种方案可供企业选择。

方案 1，新建大物流中心，需投资 300 万元。销路好时，每年可获利 100 万元；销路差时，每年亏损 20 万元。服务期为 10 年。

方案 2，新建小物流中心，需投资 140 万元。销路好时，每年可获利 40 万元；销路差时，每年仍可获利 30 万元。服务期为 10 年。

方案 3，先建小物流中心，3 年后销路好时再扩建物流中心，需追加投资 200 万元，服务期为 7 年，估计每年获利 95 万元。问哪种方案最好？

绘制该问题的决策树，如图 2-3 所示。

方案 1（结点①）的期望收益为：$[0.7×100+0.3×（-20）]×10-300=340$（万元）。

方案 2（结点②）的期望收益为：$（0.7×40+0.3×30）×10-140=230$（万元）。

至于方案 3（结点③），由于结点④的期望收益 465（95×7-200）万元大于结点⑤的期望收益 280（40×7）万元，所以销路好时，扩建比不扩建好。方案 3（结点③）的期望收益为：$（0.7×40×3+0.7×465+0.3×30×10）-140=359.5$（万元）。

计算结果表明，在三种方案中，方案 3 最好。

需要说明的是，在上面的计算过程中，我们没有考虑货币的时间价值，这是为了使问题简化。但在实际中，多阶段决策通常要考虑货币的时间价值。

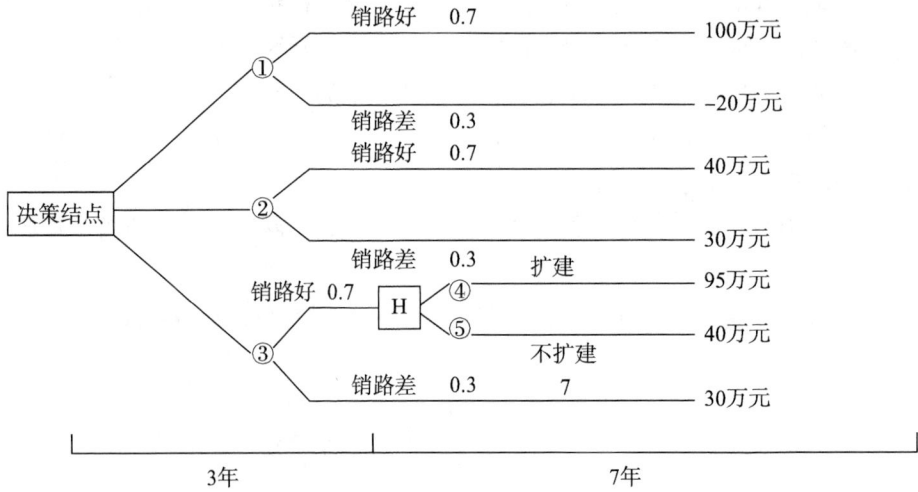

图2-3 多阶段决策的决策树

3. 不确定型决策方法

常见的不确定型决策方法有以下几种。

（1）冒险法（大中取大法）。大中取大法又称乐观法，是指愿承担风险的决策者在方案取舍时以各方案在各种状态下的最大损益值为标准（即假定各方案最有利的状态发生），在各方案的最大损益值中取最大者对应的方案。

例如，某物流企业拟开发新的物流服务，有三种设计方案可供选择。因不同的设计方案提供的服务性能各不相同，在不同的市场状态下的损益值也各异。有关资料如表2-6所示（损益值数据只为说明问题，不考虑单位）。

表2-6　　　　　　　　　　　各方案损益值

设计方案	市场状态			
	畅销	一般	滞销	max
Ⅰ	50	40	20	50
Ⅱ	70	50	0	70
Ⅲ	100	30	−20	100

在不知道各种状态的概率时，用大中取大法选择方案的过程如下：

①在各方案的损益中找出最大者；

②在所有方案的最大损益值中找最大者，即 max {50，70，100} =100，它所对应的方案Ⅲ就是用该法选出的方案。

（2）保守法（小中取大法）。小中取大法又称悲观法，是指决策者在进行方案取舍时以每个方案在各种状态下的最小值为标准（即假定每个方案最不利的状态发生），再从各方案的最小值中取最大者对应的方案。

仍以表2-6的数据为例，用小中取大法决策时，先找出各方案在各种状态下的最小值，即｛20，0，-20｝，然后再从中选取最大值，即 max｛20，0，-20｝=20，对应的方案 I 即为小中取大法选取的决策方案。该方案能保证在最坏情况下获得不低于 20 单位的收益，而其他方案则无此保证。

（3）折中法。冒险法和保守法都是以各方案不同状态下的最大或最小极端值为标准的。但多数情况下决策者既非完全的保守者，亦非极端冒险者，而是在介于两个极端的某一位置寻找决策方案，即采用折中法。折中法的决策步骤如下：

①找出各方案在所有状态下的最小值和最大值。

②决策者根据自己的风险偏好程度给定最大值系数 α（$0<\alpha<1$），最小值的系数随之被确定为（$1-\alpha$）。α 也叫乐观系数，是决策者冒险（或保守）程度的度量。

③用给定的乐观系数 α 和对应的各方案最大、最小损益值计算各方案的加权平均值。

④取加权平均最大的损益值对应的方案为所选方案。

仍以表 2-6 所给的数据为例，计算各方案的最小值和最大值，如表 2-7 所示。

表 2-7　　　　　　　　　　　　各方案的最小值和最大值

方案	min	max	加权平均值（$\alpha=0.75$）
I	20	50	42.5
II	0	70	52.5
III	-20	100	70

设决策者给定最大值系数 $\alpha=0.75$，最小值系数则为 0.25，各方案加权平均值如下：

方案 I：$20\times0.25+50\times0.75=42.5$

方案 II：$0\times0.25+70\times0.75=52.5$

方案 III：$(-20)\times0.25+100\times0.75=70$

取加权平均值最大者：max｛42.5，52.5，70｝=70，对应的方案 III 即最大值系数 $\alpha=0.75$ 时用折中法选取的方案。

用折中法选择方案，主要取决于决策者风险偏好程度的乐观系数的确定。上例中，如 α 取 0.75，$1-0.75=0.25$，方案的选择结果是 I 而非 III。当 $\alpha=0$ 时，结果与保守法相同；当 $\alpha=1$ 时，结果与冒险法相同。这样，保守法与冒险法便成为折中法的两个特例。

（4）后悔值法（大中取小法）。后悔值法是用后悔值标准选择方案的方法。所谓后悔值是指在某种状态下因选择某方案而未选取该状态下的最佳方案而少得的收益。如在某种状态下选择某方案，其损益值为 100，而该状态下诸方案中最大损益值为 150，则因选择该方案要比最佳方案少收益 50，即后悔值为 50。用后悔值法进行方案选择的步骤如下：

①计算损益值的后悔值矩阵。方法是用各状态下的最大损益值分别减去该状态下所有方案的损益值，从而得到对应的后悔值。

②从各方案中选取最大后悔值。

③在已选出的最大后悔值中选取最小值，对应的方案即为用后悔值法选取的方案。

仍以表2-6的数据为例，计算出的后悔值矩阵如表2-8所示。

表2-8 后悔值矩阵

设计方案	市场状态			
	畅销	一般	滞销	max
Ⅰ	50	10	0	50
Ⅱ	30	0	20	30
Ⅲ	0	20	40	40

各方案的最大后悔值为｛50，30，40｝，取其最小值，min｛50，30，40｝＝30，对应的方案Ⅱ即为用后悔值法选取的方案。

（5）等概率法。当无法确定某种自然状态发生的可能性大小及其顺序时，可以假定每个自然状态具有相等的概率，并以此计算各方案的期望值，进行方案选择，这种方法也称莱普勒斯法。由于假定各种状态的概率相等，等概率法实质上是简单算术平均法。

仍以表2-6的数据为例，各方案有三种状态，因此每种状态的概率为1/3，各方案的平均值为：

方案Ⅰ：$50×1/3+40×1/3+20×1/3=110/3$

方案Ⅱ：$70×1/3+50×1/3+0×1/3=40$

方案Ⅲ：$100×1/3+30×1/3+（-20）×1/3=110/3$

max｛110/3，40，110/3｝＝40，所以应选方案Ⅱ。

项目小结

本项目主要讲述了物流成本预测和物流成本决策的相关知识，重点介绍了物流成本预测和物流成本决策的各种方法，尤其是定量方法。物流成本的预测方法有时间序列预测法和回归分析法，物流成本决策的方法有定性分析法和定量分析法，定量分析法的类型有确定型决策方法、风险型决策方法和不确定型决策方法。

同步测试

一、选择题

1. 下列各项中，属于因果预测分析法的是（   ）。

A. 趋势移动平均法   B. 简单平均数法   C. 回归分析法   D. 指数平滑法

2. 下列各项中，不属于定量分析法的是（   ）。

A. 判断分析法   B. 简单平均数法   C. 回归分析法   D. 指数平滑法

3. 如果某企业规模小，技术装备不良，担负不起较大的经济风险，则该企业应采用（   ）。

A. 保守法   B. 冒险法   C. 折中法   D. 等概率决策准则

4. 某物流企业每月固定成本 2 000 万元，单价 200 元，计划提供服务 50 万次，欲实现使企业不亏损，其单位变动成本应为（　　）。

A. 120 元/件　　　　　B. 130 元/件　　　　　C. 140 元/件　　　　　D. 160 元/件

5. 通过一组专家共同开会讨论，进行信息交流和相互启发，从而诱发专家们发挥其创造性思维，促进他们产生"思维共振"，达到相互补充并产生"组合效应"的预测方法为（　　）。

A. 头脑风暴法　　　　B. 德尔菲法　　　　C. PERT 预测法　　　D. 趋势判断预测法

6. （　　）是从最好情况出发，带有一定冒险性质，反映了决策者冒进乐观的态度。

A. 折中法　　　　　　B. 冒险法　　　　　　C. 保守法　　　　　　D. 等概率决策准则

二、简答题

1. 物流成本预测的方法有哪几种？

2. 物流成本预测的步骤有哪些？

3. 物流成本决策的方法有哪几种？

4. 用于物流成本决策的定量分析法的类型有哪些？

三、计算题

某物流中心 2022 年 1～10 月的实际物流运作成本依次为 50 万元、52 万元、48 万元、49 万元、42 万元、43 万元、47 万元、51 万元、52.4 万元、50.6 万元。该年 1 月的成本预测值为 49 万元，设平滑系数 a 为 0.3。应用指数平滑法预测该物流中心 2022 年 11 月的物流运作成本。

项目三 物流成本预算

1. 了解物流成本预算的意义与体系；
2. 掌握物流成本预算的编制方法。

1. 能根据具体情况选择物流成本预算编制的方法；
2. 能完成简单的物流成本预算编制。

📖 **案例导入**

深圳航空有限责任公司的预算管理

深圳航空有限责任公司（以下简称"深航"）的管理者对企业发展和航空运输有独到的认识，通过认真分析外部经营环境，找准市场定位，实施有效战略，为企业确定了正确的前进方向。深航认为，市场竞争取胜之道无非两条：一是"巧取"；二是"豪夺"。深航本身规模实力不具备"豪夺"的条件，只能"巧取"，尤其是在涉及企业长远利益的战略目标、方针的设计上，必须做到"巧""准""稳"。为此，他们全面分析国内各航空企业的战略选择和战略布局，注意避开国企在战略选择上的一些失误、失策及其他欠缺之处，同时以美国西南航空公司低成本运作模式作为参照系，科学地确定公司的战略目标和方针，为公司的长远发展奠定坚实可靠的基础，从根本上确立公司在市场竞争中的优势。

如何让航线成本核算成为航空公司制定有效营销策略的重要依据？如何有效控制企业经营成本？如何实现低成本战略，在市场竞争中脱颖而出？深航建立了完善的预算体系。

深航的预算管理工作由财务部负责，财务部每年10月下达预算样表，两周内集团本部的各部门及下属二级公司根据自身情况编制本公司预算。根据深航的管理需求，按照各部门的费用项目进行预算控制，部分费用项目要求进行事前控制，预算体系为以下两个部分：①财务预算，即按照会计科目和辅助项制定预算样表；②费用预算，即按照收支项目和部门制定预算样表。

预算管理工作一般分三个步骤。

（1）预算编制。财务部门制定预算样表，并垂直分解样表到各部门，各部门填制预算样表。

（2）预算分析。以预算为基准，对照实际执行的结果，考察预算差异和预算执行进度，并提出改进措施。

（3）预算控制。各部门通过权限设置实时查询本部门的预算执行情况，并进行分析。

从 2001 年开始，深航开始实行全面预算管理，坚持以降低成本作为预算管理的总体指导思想，将一切经济业务纳入预算管理，做到事前有预测，事中有控制，事后有反馈考核。

现代企业的发展离不开规范、严格、有效的财务管理，深航在实际工作中以财务管理为核心，科学的预算和有效的财务监督渗透到公司运营的各个方面，这使深航低成本战略落地生根，开花结果。

任务一　物流成本预算的意义与体系

一、物流成本预算的意义

物流成本预算包括预算编制和预算控制两项职能。作为计划本身与计划实施、控制的中间环节，物流成本预算具有重大的意义。

（一）物流成本预算可以使计划目标进一步明确化、具体化

企业的物流活动要有目标，它不仅要指明未来行动的方向，还要说明行动结果的数量要求，否则就无法实现对物流活动的有效控制。物流成本预算加强了计划目标的可比性，在计划执行过程中作为依据即时、明确地提供偏差信息，以便管理层采取有效措施，扩大收益或减少损失。同时，物流成本预算使计划目标明确化，便于个人与组织理解和把握，帮助其了解自身在企业整体工作中的地位和作用，从而强化了计划目标的指导性和激励性。

（二）物流成本预算可以协调企业的物流活动

企业物流的总体经营目标，如成本降低，必须层层分解为物流各部门、人员和经营环节上的具体目标才能够得到落实。而最重要的是各部门、个人和经营环节的具体目标在方向上必须与总体经营目标保持一致，总体经营目标才有可能最终实现。通过编制物流成本预算可以把各部门、个人和经营环节的目标有机地结合起来，明确他们之间的数量关系，有助于各部门和经营环节通过正式渠道加强内部沟通并互相协调，并从整个物流系统的角度紧密配合，最终使企业取得最大的经济效益。

（三）物流成本预算是控制日常物流活动的标准

在日常物流活动中，各项物流活动进展如何，是否符合预定进程，能否实现计划目标，都需要根据一定的标准进行分析和判断，以便及时采取措施。有了物流成本预算，有关部门和单位就可以以预算为依据，通过计量、对比，及时提供实际执行结果与预算标准之间的差异数额，分析其原因，采取有效的措施，保证预算任务和目标的顺利实现。

（四）物流成本预算是评价物流工作业绩的依据

物流成本预算在确立各部门、个人、经营环节行动目标的同时，也进一步明确了他们所承担的经济责任，使之能够被客观评价并具有可考核性，即通过实际数与预算数的比较分析，可以检查评价各部门、个人和经营环节的经济责任和计划任务的完成情况。

二、物流成本预算的体系

企业的物流成本可以按各种不同的标准进行分类核算，与此相适应，这些按照各种不同的标准进行分类编制的物流成本预算形式就构成了物流成本预算的体系，具体包括以下几个方面的内容。

（一）物流成本形态别预算

物流成本形态别预算指按物流成本的形态编制的物流成本预算，它包括物流人员工资、物流设备折旧费、耗用品费、修缮费以及各种其他费用的预算。这种形式的物流成本预算有利于评价和分析一定时期内企业物流的财务状况，但不利于企业的物流管理。

（二）物流成本功能别预算

物流成本功能别预算指按物流成本的功能编制的物流成本预算，它包括包装成本预算、运输成本预算和仓储成本预算等。这种形式的物流成本预算能够将预算同物流部门及其工作人员有机地结合起来，提高物流部门及其工作人员降低物流成本的积极性。只要将预算与实际进行比较，就能知道各物流部门的预算执行情况，便于明确责任，从而有利于物流成本的降低。

（三）物流成本对象别预算

物流成本对象别预算指按物流成本的发生对象编制的物流成本预算。该预算通常是按不同商品、不同地区或不同用户编制的。这种形式的物流成本预算包括主要商品的物流成本预算、主要采购和销售地区的物流成本预算及主要用户的物流成本预算。其中，主要商品的物流成本预算是按企业中若干主要商品编制的物流成本预算，它便于企业有效控制这些主要商品的物流成本支出，并进行重点管理，从而达到降低物流成本的目的。主要采购和销售地区的物流成本预算是指企业在采购和销售商品的主要地区所花费的物流成本的预算，它有利于控制企业在主要采购和销售地区的物流成本支出，便于在主要采购和销售地区采取措施完成预算，进而降低物流成本。主要用户的物流成本预算是指企业在采购和销售商品时，向不同用户支付的物流成本的预算。这种形式的预算有利于调整企业和用户之间服务与成本的关系，经过努力可以实现既不影响对用户的服务质量，也不会因过高的服务水平而花费巨额的物流成本，从而有利于物流成本的降低。可见，这三种形式的物流成本预算，其主要作用是通过编制不同商品、不同地区、不同用户的物流成本预算来实现重点管理，加强对企业物流成本支出的重点控制，从而提高对物流管理的有效性。

任务二　物流成本预算的编制方法

预算与控制密不可分。物流成本预算的编制既是一个计划过程，又是一个确定控制标准的过程。物流成本预算的执行过程也就是根据物流成本预算对实际物流经营过程进行控制的过程，即预算控制。一般而言，企业的物流活动及其所处的环境并非如此简单、明确，作为控制手段的预算必须根据其特点而采用不同的形式。实际上，管理人员在编制物流成本预算时，要考虑控制预算的要求，针对不同企业和不同特点的物流经营活动进行有效控制的需要，使用比一般预算方法更先进的方法编制物流成本预算。物流成本预算编制的具体方法和技巧是否恰当是物流成本预算控制能否成功的一个重要方面，常见的物流成本预算的编制方法有弹性预算法、零基预算法和滚动预算法。

一、弹性预算法

（一）弹性预算法的含义、特点与原理

采用固定预算法为企业物流成本编制预算时，其中的变动费用明细项目是根据预算期某一给定的业务量水平来确定其预计金额的。这种预算编制方法有着明显的缺点，即每当实际业务量与编制预算时所依据的业务量发生差异时，各费用明细项目的实际数与预算数就失去了可比的基础。而在实际中，由于市场行情的变化或季节的变化等原因，各月的实际业务量常常与预算产生差异，致使无法准确地评价和考核物流成本预算的执行情况，从而也就难以对其实施预算控制。因此，为了保证物流成本预算控制的有效性，就有必要编制物流弹性预算。

弹性预算法又称变动预算法，指按照不同业务量水平下收入、成本与物流经营活动之间的数量关系来编制预算的方法。具体来说，就是在编制物流成本预算时，预先估计预算期间业务量可能发生的变化，编制出一套能适应多种业务量水平的成本预算，以便分别反映在不同业务量水平下所应开支的费用水平。弹性预算法的特点是，在企业物流规模和业务量水平不断发生变化时，预算数额能够随着业务量水平的变化而做机动的调整，使之仍然能够准确、真实地反映某一特定物流经营规模和业务量不一致的情况。通过编制弹性预

算，也能够提供与实际业务量水平相适应的预算额，从而能够将预算指标与实际业绩进行比较，有利于对这些物流经营活动进行有效的控制。

由于物流成本中包含变动成本和固定成本两部分，因此在编制弹性预算时，应首先将预算中的全部成本分为固定成本和变动成本两部分（混合成本也应进一步细分为固定成本和变动成本）。在相关范围内，固定成本不随业务量的增减而变动，因此，不论业务量多少都无须变动原先的预算数；对于变动成本，则应按不同的业务量对原定的预算数进行适当调整。调整方法如下：假定原定物流成本预算总额为 Y，其中固定成本总额为 a，原计划业务量按物流商品流转额计算为 x，变动成本总额为 bx（b 为每单位物流商品流转额变动成本分配率），原预算中的物流成本预算总额为 $Y=a+bx$。假定实际业务量为 X，按实际业务量调整后的物流成本预算总额即 $a+bX$。

（二）物流成本弹性预算的编制步骤

1. 确定物流成本的成本依存度

所谓成本依存度是指成本总额对业务量的依存关系。弹性预算的编制以成本依存度的划分为基础，因此必须先确定各物流成本项目的成本依存度，将它们划分为变动成本、固定成本和混合成本。变动成本是随业务量变化而呈正比例变化的成本，如运输中的燃料费和包装消耗的直接材料费。固定成本是不受业务量影响的成本，如物流设施和设备的折旧费。混合成本是随业务量变化而变化，但与业务量变化不成正比例变化的成本，如物流机械设备的修理费。

2. 选取恰当的业务量计量对象

编制弹性预算时要随业务量水平的变化，计算出不同的计划成本。因此，应选择代表性和直观性较强的业务量作为计量对象，并要求所选取的计量对象与预算中的变动部分有直接联系。如销售部门的推销及管理费用预算的业务量计量对象可选取实物量，也可选取销售额，但销售额常常与价格有关，因此选取实物量作为业务量计量对象的代表性与直观性更强。经常选取的业务量有直接人工工时、运输吨公里、作业工人工资、机械运转时数等。

3. 确定各项物流成本与业务量之间的数量关系

根据各项物流成本与业务量之间的数量关系来确定哪些成本属于固定成本，哪些成本属于变动成本以及哪些成本属于混合成本，并将混合成本分解为固定成本和变动成本。混合成本的分解过程如下。

（1）设 $y=a+bx$，其中 y 为混合成本，a 为混合成本中的固定成本，b 为混合成本中单位业务量变动成本，x 为业务量。

（2）将已知的两个业务量和相应的混合成本代入方程，联立方程组，求解得出 a 与 b。

例如，已知某汽车的修理费，在运行 600 小时时是 600 元，在运行 540 小时时是 544 元，则可设方程

$$y = a + bx$$

代入数据，得到

$$600 = a + b \times 600$$

$$544 = a + b \times 540$$

解得

$$a \approx 40, \quad b \approx 0.933$$

即在这部分汽车修理费中，其中约有 40 元属于固定成本，其余为变动成本，汽车每运行一小时，约增加修理费 0.933 元。

4. 选择弹性预算的表达方式

弹性预算的表达方式主要有列表法和公式法两种。

(1) 列表法。列表法是先确定业务量变化范围，划分出若干个业务量水平，再分别计算各项物流成本项目的预算成本，汇总列入一个预算表格。确定业务量变动范围时应满足业务量实际变动需要，确定的方法有以下几种：

①把业务量范围确定在正常业务量的 70%～110%；

②把历史上的最低业务量和最高业务量分别作为业务量的下限和上限；

③对企业预算期的业务量做出悲观预测和乐观预测，分别作为业务量的下限和上限。

(2) 公式法。公式法是将所有物流成本项目分解为固定成本和变动成本两部分，确定预算成本计算式 $y = a + bx$ 中的系数，其中 a 为混合成本中的固定成本，b 为混合成本中单位业务量变动成本，x 为业务量。利用这个公式可计算任一业务量水平下的预算物流成本。

例 3-1 假定某物流公司业务量（物流商品流转量）在 30 000、25 000、20 000 和 15 000 件之间变化，物流成本弹性预算如表 3-1 所示。

表 3-1 物流成本弹性预算

成本明细项目	单位变动成本（元/件）	物流商品流转量			
		30 000 件	25 000 件	20 000 件	15 000 件
变动成本：					
包装费	0.4	12 000	10 000	8 000	6 000
运输费	0.6	18 000	15 000	12 000	9 000
搬运费	0.3	9 000	7 500	6 000	4 500
流通加工费	0.5	15 000	12 500	10 000	7 500
装卸费	0.2	6 000	5 000	4 000	3 000
小计		60 000	50 000	40 000	30 000
固定成本：					
保管费		15 000	15 000	15 000	15 000
订货处理费		15 000	15 000	15 000	15 000

成本明细项目	单位变动成本（元/件）	物流商品流转量			
		30 000 件	25 000 件	20 000 件	15 000 件
信息流通费		25 000	25 000	25 000	25 000
物流管理费		5 000	5 000	5 000	5 000
客户服务费		2 000	2 000	2 000	2 000
小计		62 000	62 000	62 000	62 000
物流成本		122 000	112 000	102 000	92 000

例 3-2 某配送中心流通加工正常情况下，每月消耗 30 000 工时，要求在正常工时 90%～120% 的变动范围内，以 10% 各项成本资料的变动间隔来编制弹性预算。各项成本资料如表 3-2 所示。

表 3-2　　　　　　　　　　　各项成本资料

成本项目	金额	成本项目	金额
车间维护费	5 200 元	材料费	0.42 元/工时
折旧费	8 200 元	维护费	0.40 元/工时
管理费	7 500 元	水电费	0.50 元/工时
保险费	6 600 元	机物料消耗费	0.38 元/工时
财产税	2 100 元	工人工资	0.60 元/工时

解： 根据上述资料将各项成本按照成本特性划分为固定成本和单位变动成本，然后根据工时间隔采用列表法来编制弹性预算，如表 3-3 所示。

表 3-3　　　　　　　　　　某配送中心成本弹性预算

成本项目	单位变动成本（元/工时）	27 000 工时	30 000 工时	33 000 工时	36 000 工时
变动成本：					
材料费/元	0.42	11 340	12 600	13 860	15 120
维护费/元	0.40	10 800	12 000	13 200	14 400
水电费/元	0.50	13 500	15 000	16 500	18 000
机物料消耗费/元	0.38	10 260	11 400	12 540	13 680
工人工资/元	0.60	16 200	18 000	19 800	21 600
变动成本合计		62 100	69 000	75 900	82 800

成本项目	固定成本（元）	27 000 工时	30 000 工时	33 000 工时	36 000 工时
固定成本：					
车间维护费/元	5 200	5 200	5 200	5 200	5 200
折旧费/元	8 200	8 200	8 200	8 200	8 200
管理费/元	7 500	7 500	7 500	7 500	7 500
保险费/元	6 600	6 600	6 600	6 600	6 600
财产税/元	2 100	2 100	2 100	2 100	2 100
固定成本合计	29 600	29 600	29 600	29 600	29 600
总计	—	91 700	98 600	105 500	112 400

例 3-3　某配送中心流通加工通常每月正常工时为 30 000 工时。要求：①利用公式法编制该配送中心的成本计算公式；②计算当消耗工时为正常工时的 90% 和 110% 时，该配送中心的总成本。

各项成本资料如下：

维护费：固定成本 4 000 元，另加 0.50 元/工时。

管理费：7 500 元。

折旧费：8 500 元。

工人工资：基本工资 1 000 元，另加 0.60 元/工时。

材料费：0.32 元/工时。

水电费：0.50 元/工时。

机物料消耗费：0.18 元/工时。

解：设该配送中心弹性预算成本计算公式为 $Y=a+bx$。通过分析计算，可知该配送中心的固定成本和单位变动成本分别为：

固定成本 = 4 000+7 500+8 500+1 000 = 21 000（元）；

单位变动成本 = 0.50+0.60+0.32+0.50+0.18 = 2.1（元/工时）。

所以，该企业的弹性预算成本计算公式为：

$Y=a+bx=21\ 000+2.1x$；

当消耗工时为正常工时的 90% 时，该企业的总成本为：

$Y=21\ 000+2.1\times30\ 000\times90\%=77\ 700$（元）；

当消耗工时为正常工时的 110% 时，该企业的总成本为：

$Y=21\ 000+2.1\times30\ 000\times110\%=90\ 300$（元）。

应该注意的是，弹性预算不仅适用于物流成本预算的编制和控制。实际上，任何随业务量的变化而变化的项目均可以采用这种方法为其编制预算，从而为预算控制提供坚实的基础。

（三）物流成本弹性预算的应用

1. 控制物流成本支出

物流成本弹性预算给出了不同业务量水平下的物流预算成本，使不同水平业务量都有成本限额，在成本发生时就能进行控制。

2. 考核物流业绩

物流成本弹性预算为不同的业务量提供了物流成本预算依据，在实践中应用非常广泛。如计划期末，将物流成本执行情况与预算进行比较，分析成本差异的原因，并评价各部门物流成本的执行情况。

二、零基预算法

按传统方法编制物流成本预算，一般以基期的各种物流成本项目的实际开支为基础，然后结合预算期内可能会使各种成本项目发生变动的有关因素，如业务量的增减等，确定预算期内应增应减的数额，即在原有的基础上增加或减少一定的百分率来编制物流预算，这种预算方法称为增量预算法。这种传统的方法过分受基期的约束，往往不能做到实事求是、精打细算，造成较大的浪费，使企业的物流资源运用效率下降。德州仪器公司提出了"以零为基础编制预算和计划的方法"，即零基预算法，该方法被认为是管理间接成本的有效方法。按照零基预算法的思想，企业在编制物流成本预算时，对于任何一个预算期、任何一种项目的开支，不是从原有的基础出发，即不考虑基期的开支水平，而是以零为起点，从根本上考虑各种成本项目的必要性和开支。编制物流成本零基预算的具体方法，大体可以分为以下三个步骤。

（一）提出物流成本预算目标

由企业物流各部门和员工根据本企业在预算期内的总体经营目标和各部门应当完成的任务，在充分沟通的基础上提出必须安排的物流成本项目，并为每个物流成本项目编写一套开支方案，明确成本开支的目的和金额。

（二）进行成本效益分析

对每个预算项目的所得与成本进行比较，以其计算、对比的结果衡量和评价各预算项目的经济效益，在权衡各个物流成本开支项目轻重缓急的基础上决定对所有预算项目资金分配的先后顺序。

（三）分配资金，落实预算

根据已确定预算项目的先后次序，将企业物流活动在预算期内可动用的资金或其他经济资源在有关项目之间进行合理分配，既要保证优先预算项目的资金需要，又要使预算期内各项物流经营活动得以均衡、协调发展。

例 3-4　假定某企业采用零基预算法编制下一年度物流成本预算,具体过程如下。

第一步,由物流部门根据企业下一年度的利润目标、销售目标、成本目标及物流部门具体承担的物流经营任务的要求,提出计划期各项成本及其水平,如表 3-4 所示。

表 3-4　　　　　　　　　　计划期各项成本及其水平

成本项目	金额（元）
物流部门人员工资及福利费	200 000
有关设备、仓库折旧费	50 000
生产要素采购费	35 000
广告宣传费	350 000
仓库挑选、整理、保管费	25 000
物流信息费	120 000

第二步,根据有关历史资料,对各种成本进行"成本效益"分析。

生产要素采购费和仓库挑选、整理、保管费属于变动成本,与特定的业务量相联系,是完成计划规定的物流业务活动必不可少的开支。

有关设备、仓库折旧费和物流部门人员工资及福利费属于固定成本,仍是企业必不可少的开支项目。

广告宣传费和物流信息费属于酌量性固定成本,根据以往的平均费用金额和相应的平均销售金额,计算成本收益比例,如表 3-5 所示。

表 3-5　　　　　　　　　　计算成本收益比例

明细项目	平均成本金额	平均收益金额	成本收益比例
广告宣传费	20 000	400 000	20
物流信息费	40 000	400 000	10

第三步,安排各项费用的开支顺序。

生产要素采购费和仓库挑选、整理、保管费是必须指定项目,须全额保证,列为第一层次;有关设备、仓库折旧费和物流部门人员工资及福利费,列为第二层次;广告宣传费成本收益水平高于物流信息费,列为第三层次;物流信息费列为第四层次。

最后,分配现有资金和落实预算,如果企业可供物流部门使用的资金为 730 000 元,则分配结果如表 3-6 所示。

表 3-6　　　　　　　　　　分配现有资金和落实预算

成本项目	金额（元）
生产要素采购费	35 000

成本项目	金额（元）
仓库挑选、整理、保管费	25 000
有关设备、仓库折旧费	50 000
物流部门人员工资及福利费	200 000
以上费用合计	310 000
广告宣传费	（730 000-310 000）×20/30＝280 000
物流信息费	（730 000-310 000）×10/30＝140 000

物流成本零基预算的优点是不受历史资料和先行预算的限制，对一切物流业务活动及其成本开支都要像第一次创立一样，以零为起点来考虑其必要性和重要程度，然后重新分配企业的物流预算资金，因此，这种预算方式可以有效地压缩经费开支，提高资金的使用效果和合理性。当然，零基预算法的工作量较增量预算法要繁重得多，所以企业可以每隔几年编制一次物流成本零基预算，而在其他时间仍编制增量预算。

三、滚动预算法

通常情况下，物流成本预算的预算期是一年，以便和会计年度相配合，对预算执行结果进行分析和评价。但是，这种固定以一年为期的预算，在实际运用中存在诸多的缺陷。比如，由于对预算年度中靠后月份的物流经营活动无法准确预测，企业在编制物流成本预算时只能对其进行大致的推测，这就使预算数往往不能符合实际情况，给预算执行造成很大的困难。再如，固定期间的预算，在执行一段时间后，往往会使管理人员只考虑剩余月份的物流经济活动，缺乏长期打算。为了解决上述问题，企业可采用滚动预算法编制物流成本预算。这种方法要求预算始终保持 12 个月的时间跨度，其中前几个月的预算详细完整，后几个月的预算可以笼统概括一些。每过一个月（或季度），就根据新的情况修订调整后几个月的预算使之逐渐细化，并在原有的预算期末补充一个月（或季度）的预算，逐期向后滚动。

由于滚动预算的预算期不是固定的，而是连续不断的，故又被称为永续预算。这种预算方法符合企业持续经营的一般假设，使预算具有连续性和完整性，帮助管理者通过动态的预算过程对企业未来较长一段时间的物流经营活动做出详细而全面的考虑。此外，滚动预算方法符合人们对事物的认识过程，允许对预算做出调整和修正以适应变化的实际情况，从而提高了预算的科学性和有效性。

项目小结

本项目介绍了物流成本预算的意义与体系及物流成本预算的方法。物流成本的形态、功能和发生对象三个方面构成了物流成本预算的体系；通过介绍原理、步骤和例题阐明了弹性预算法和零基预算法，并介绍了滚动预算法的基本原理。

同步测试

一、选择题

1. 物流企业经营业务预算的基础是（　　　）。

A. 生产预算　　　　　B. 现金预算　　　　　C. 销售预算　　　　　D. 成本预算

2. 预算在执行过程中自动延伸，使预算期永远保持在一年的预算称为（　　　）。

A. 固定预算　　　　　B. 滚动预算　　　　　C. 弹性预算　　　　　D. 概率预算

3. 为了克服固定预算的缺陷，可采用的方法是（　　　）。

A. 定期预算　　　　　B. 滚动预算　　　　　C. 弹性预算　　　　　D. 增量预算

二、简答题

1. 物流成本预算的含义和作用是什么？

2. 什么是物流弹性预算？如何编制？

3. 什么是物流零基预算？其编制步骤是什么？

4. 什么是滚动预算？为什么要编制滚动预算？

三、计算题

1. 某物流企业 2021 年的正常物流作业量为 10 000 工时，物流成本的有关资料如表 3-7 所示。

表 3-7　　　　　　　　　　　　物流成本的有关资料　　　　　　　　　　单位：元

成本项目	成本金额
变动成本：	
包装费	2 500
运输费	2 100
搬运费	1 860
装卸费	1 340
固定成本：	
保管费	2 000
订货处理费	6 500
物流管理费	3 550
客户服务费	1 050

根据表 3-7 的数据，以 10 个百分点为间隔，编制物流作业量在 80%~110% 的物流成本弹性预算。

2. 设某企业下一年度可用于行政管理和产品推销的资金额为 30 000 元，根据各部门讨论协商提出的预算项目和所需资金如表 3-8 所示。

表 3-8 预算项目和所需资金 单位：元

预算项目	预算资金
房屋租金	5 000
办公费	3 000
职工工资	5 000
差旅费	2 000
广告费	8 000
培训费	10 000

广告费和培训费的成本收益率分别为 20∶1 和 30∶1。请为该企业编制推销管理费用的零基预算。

3. 下面是某仓库流通加工组的弹性预算资料。已知正常业务量为 6 000 工时；电力消耗每工时 1 元；材料消耗每工时 0.1 元；折旧费 3 000 元；人员基本工资 1 000 元。混合业务量为 6 000 工时时，混合成本为 2 800 元；混合业务量为 5 400 工时时，混合成本为 2 740 元。

要求：①利用公式法将混合成本分解；②列出成本预算总额公式；③计算当业务量为正常业务量的 90% 和 110% 时的成本预算总额。

4. 已知某物流公司编制弹性预算的资料如下：

维护费：固定成本 2 000 元，另加每工时 0.08 元。

工人工资：基本工资 3 000 元，另加每工时 0.10 元津贴。

材料费：0.15 元/工时。

折旧费：5 000 元。

水电费：基数为 1 000 元，另加每工时 0.20 元。

要求：根据上述资料采用列表法编制弹性预算（在 3 000~6 000 工时范围内，按间隔 1 000 工时编制），填制表 3-9。

表 3-9 弹性预算

	单位变动成本（元/工时）	3 000 工时	4 000 工时	5 000 工时	6 000 工时
变动成本					

	固定成本（元）	3 000 工时	4 000 工时	5 000 工时	6 000 工时
固定成本					
合计					

项目四　物流成本控制

知识目标

1. 了解物流成本控制的意义；
2. 理解物流成本控制的种类；
3. 掌握责任成本法；
4. 掌握目标成本法；
5. 掌握价值工程的应用。

技能目标

1. 能根据实际运作对成本进行控制；
2. 能正确选用成本控制的方法。

案例导入

美国布鲁克林酿酒厂的物流成本控制

布鲁克林酿酒厂在美国分销布鲁克林拉格啤酒和布朗淡色啤酒，虽然在美国还没有成为全国性名牌产品，但在日本市场已达到每年200亿美元的市场份额。这靠的是物流成本控制。

1. 布鲁克林酿酒厂运输成本的控制

布鲁克林酿酒厂于1987年11月装运了它的第一箱布鲁克林拉格啤酒到达日本，并在最初的几个月里使用了各种航空承运人。最后，日本金刚砂航空公司被选为布鲁克林酿酒厂唯一的航空承运人。金刚砂航空公司之所以被选中，是因为它向布鲁克林酿酒厂提供了增值服务。金刚砂航空公司在其国际机场的终点站接收啤酒，并在飞往东京的商业航班上安排运输，金刚砂航空公司通过其日本报关行办理清关手续。这些服务有助于保证产品完全符合新鲜度要求。

2. 布鲁克林酿酒厂物流时间与价格的控制

啤酒之所以能达到新鲜度要求，是因为物流作业可以让酿造后的啤酒在1周内直接运达客户手中，而海外装运啤酒的平均订货周期为40天。虽然布鲁克林拉格啤酒在美国是一种平价啤酒，但在日本，它属于溢价产品，布鲁克林酿酒厂能够获得极高的利润。

3. 包装成本控制

布鲁克林酿酒厂通过装运小桶装啤酒而不是瓶装啤酒来降低运输成本。虽然小桶装啤酒的重量与瓶装啤酒相等，但降低了玻璃瓶和啤酒损毁的风险。此外，小桶装啤酒对保护性包装的要求也比较低，这将进一步降低装运成本。

任务一　物流成本控制的意义与种类

一、物流成本控制的意义

物流成本控制在企业物流成本管理过程中具有重大的意义，对提高企业物流活动的竞争力至关重要。物流成本控制的意义主要表现在以下几个方面。

（一）激发职工对物流成本控制的责任感

建立物流成本控制制度，把物流成本按相关标准划分成经济责任，层层落实到部门、个人，把工作考核与物流成本控制指标紧密联系到一起，这样不仅可以增强各部门和个人的责任感，促进他们在各自的责权范围内对物流成本行使控制权，还能降低物流成本、提高企业的经济效益。

（二）加强企业管理部门对物流各部门的业绩考核监督

物流成本控制使物流各部门的业绩考核目标更加明确能够有效改变物流过程中职责不清、功过难分的现象，进而充分调动物流各部门的积极性和创造性，达到降低物流成本的目的。

（三）节约并合理利用资金

组织物流活动需要投入大量的人力、物力和财力，如果处理不当，就会造成很大的损失和浪费。应把物流设备和物流活动看作一个系统，各物流要素同处于该系统之中，并发挥着各自的功能和作用。提高物流效率可以减少资金占用，缩短物流周期，降低储存费用，从而达到节省物流成本的目的。

物流成本控制是物流成本管理的重要环节，它贯穿于整个物流过程。物流成本控制制度能够把事前物流成本预算和日常的物流成本控制有机结合起来，因此它是加强物流成本管理、提高物流效率的重要步骤。

二、物流成本控制的种类

一般情况下，物流成本控制可按成本控制发生的时间先后划分为物流成本事前控制、物流成本事中控制和物流成本事后控制三类。

（一）物流成本事前控制

物流成本事前控制主要涉及物流系统的设计，如物流配送中心的建设，物流设施、设备的配备，物流作业过程改进控制、物流信息系统投资控制等。通常采用以下几种方法进行物流成本事前控制。

1. 目标成本法

目标成本法是指经过物流成本预测和决策，确定目标成本，并将目标成本分解，结合责任制，层层控制物流成本的方法。

2. 预算法

预算法是指用制定预算的办法来制定控制标准。有的企业根据年度的生产销售计划来制定预算，并把它作为物流成本控制的标准。采用这种方法特别要注意应从实际出发来制定预算。

3. 定额法

定额法是指建立定额和费用开支限额，并将这些定额和限额作为控制标准进行成本控制的方法。在企业里，凡是能建立定额的地方，都应把定额建立起来。实行定额控制的方法有利于物流成本控制的具体化和经常化。

在采用上述方法确定物流成本控制标准时，一定要进行充分的调查研究和科学计算。同时还要正确处理物流成本指标与其他技术经济指标的关系（如与质量、生产效率等的关系），从完成企业的总体目标出发，进行综合平衡，防止片面化。

据估计，物流成本的 60%~80% 在物流系统设计阶段就已经确定，因此物流成本事前控制是极为重要的环节，它直接影响日后物流作业各流程的成本。

（二）物流成本事中控制

要根据控制标准，经常对物流成本形成的各个项目进行检查、评比和监督。不仅要检查指标本身的执行情况，而且要检查和监督影响指标的各项条件，如设备、工作环境等。

物流成本事中控制通常采用标准成本法，即对物流活动过程中发生的各项费用（如设备耗费、人工耗费、劳动工具耗费和其他费用支出等）按预订的成本标准进行严格审核和监督，通过计算差异、分析差异和及时的信息反馈来纠正差异。

（三）物流成本事后控制

物流成本事后控制是指对目标成本的实际发生情况进行分析评价，揭示问题，查明原因的过程。该过程为以后进行成本控制和制定新的成本目标提供依据。针对物流成本差异发生的原因，应查明责任者，分清情况和轻重缓急，并提出改进措施，加以贯彻和执行。对于重大差异项目的纠正，一般采用下列程序。

1. 提出课题

从各种物流成本超支的原因中提出降低物流成本的课题。这些课题首先应当是各方都关心的，物流成本降低潜力大且可能实行的项目。提出的课题具体应包括课题的目的、内容、依据和能达到的经济效益。

2. 讨论和决策

课题选定后，应发动有关部门和人员进行广泛的研究和讨论。对于重大课题，要提出多种解决方案，然后对各种方案进行对比分析，最后从中选出最优方案。

3. 确定方案实施的方法、步骤及负责执行的部门和人员

4. 贯彻执行确定的方案

在执行方案的过程中，要及时监督和检查。在方案实施后，要核算经济效益，衡量是否达到了预期的目标。

物流成本控制是加强物流成本管理的一项重要手段。经过一系列的物流成本控制，可以有效分析物流成本居高不下的原因，并找到相应的对策，促使企业不断提高物流管理水平和经济效益。

任务二　责任成本控制

责任成本是以具体的责任单位（部门或个人）为对象，以其承担的责任为范围所归集的成本，也就是特定责任中心的全部可控成本。责任成本是按照谁负责谁承担的原则，以责任单位为计算对象来归集的，反映的是责任单位与各种成本的关系。

一、采用责任成本法对物流成本进行控制的意义

采用责任成本法，对合理确定与划分各物流部门的责任成本、明确各物流部门的成本控制范围，进而从总体上有效控制物流成本有着重要的意义，具体表现在以下几个方面。

（一）使物流成本的控制有了切实保障

将各责任部门、责任人的责任成本与其经济效益密切结合，可将降低成本的目标落实到具体责任部门及责任人，使其自觉地把成本管理纳入本部门或个人的本职工作范围，进而使成本控制落到实处。

（二）使物流成本的控制有了主动性

建立责任成本制，可促使企业内部各物流部门及个人主动寻求降低成本的方法，积极采用新材料、新工艺、新能源、新设备，充分依靠科学技术降低物流成本。

二、责任单位的划分

(一) 责任单位的划分原则

计算责任成本的关键是判别每一项物流成本的责任归属。通常情况下，可以按以下原则进行判别。

①若某责任单位通过自己的行动能有效地影响某项成本的数额，那么该单位就要对这项成本负责。

②若责任单位有权决定是否使用某种物流服务，那么该单位就应对这种物流服务的成本负责。

③某管理人员虽然不直接决定某项物流成本，但是上级要求他参与有关事项，从而对该项成本的支出施加了重要影响，则他也要对该成本承担责任。

(二) 责任单位的划分内容

通常可按照物流活动过程中特定的经济任务来划分责任单位。由于物流企业或企业物流部门内部各个活动环节相互衔接并相互交叉，形成了一个纵横交错的严密网络，所以通常情况下将成本责任单位分为横向责任单位和纵向责任单位。

横向责任单位是指企业为了满足生产经营管理的需要而设置的平行职能机构。它们之间的关系是协作关系而非隶属关系。横向责任单位主要包括供应部门、销售部门、劳资部门、设计部门、技术部门、设备管理部门、计划部门、质量管理部门等。

纵向责任单位是指企业及其职能部门为了适应分级管理的需要，自上而下层层设置的各级部门或单位。纵向责任单位之间虽然是隶属关系，但因其在成本的可控性上有其各自的责任与职权，所以有必要在责任单位划分上将其区别出来。纵向责任单位主要包括总公司、分公司、班组、个人等。

三、责任成本的计算

为了明确各单位责任的执行情况，必须定期对其进行责任成本的计算与考核，以便对各责任单位的工作做出正确的评价。责任成本的计算方法有直接计算法和间接计算法。

(一) 直接计算法

直接计算法是将责任单位的各项责任成本直接加和汇总，以求得该单位责任成本总额的方法。其计算方法为：

$$某责任单位责任成本 = 该单位各项责任成本之和$$

(二) 间接计算法

间接计算法是以该责任单位的物流成本为基础，扣除该责任单位的不可控成本，再加上从其他责任单位转来的责任成本。其计算公式为：

$$某责任单位责任成本 = 该责任单位发生的全部成本 - 该责任单位的不可控成本 +$$
$$其他责任单位转来的责任成本$$

这种方法不需要逐笔计算各责任单位的责任成本，所以计算的工作量比直接计算法小。在运用此法时，应合理确认该责任单位的不可控成本和从其他责任单位转来的责任成本。

四、责任成本法在物流企业中的具体应用

在实际工作中，通常利用责任成本对责任单位的业绩进行考核。考核主要涉及成本控制报告、差异调查和奖励与惩罚等，考核的目的是纠正偏差。

（一）成本控制报告

成本控制报告也称为业绩报告，其目的是将责任中心的实际成本与限额比较，以判断成本控制的业绩。成本控制报告的主要内容包括实际成本的资料、控制目标的资料和两者之间的差异与产生差异的原因。良好的业绩报告应该符合下列要求：报告的内容应与其责任范围一致；报告的信息要适合使用人的需要；报告的时间要符合控制的要求；报告的列示要简明、清晰和实用。

（二）差异调查

通过成本控制报告，人们可以注意到偏离目标的表现。但成本控制报告只是提供了问题的线索，产生差异的原因很多，人们只有通过调查研究，才能找到原因，分清责任，并采取纠正行动，进而收到降低成本的实效。

（三）奖励与惩罚

奖励是对超额完成任务的回报，是表示赞许的一种方式。目前奖励的主要方式是奖金，也会涉及加薪和晋升等。惩罚是对不符合期望行为的回报。惩罚的作用在于维持物流企业运转所要求的最低标准，包括产量、质量、成本、安全、出勤等。如果达不到最低标准，物流企业将无法正常运转。惩罚手段主要是批评和扣发奖金，有时涉及降职、停止晋升和免职等。惩罚的目的是避免类似行为的重复出现，包括被惩罚人的行为和物流企业其他人的行为。

（四）纠正偏差

纠正偏差是成本控制系统的目的。如果一个成本控制系统既不能解释成本差异及其产生的原因，又不能解释应由谁对差异负责，那么这种成本控制系统仅是一种数字游戏，白白浪费了工作人员的时间。纠正偏差是各责任单位主管人员的主要职能。称职的主管人员能通过调查研究找到具体原因，并有针对性地采取纠正措施。纠正偏差的措施通常包括：

①重新制订计划或修改目标；
②采取人事管理手段增加人员，选拔和培训主管人员或者撤换主管人员；
③改进指导和领导工作，给下属更具体的指导，实施更有效的领导。

五、物流责任成本的综合管理

（一）合理划分物流责任中心

根据企业管理体制和经营管理的需要，划分若干责任中心（责任单位），并明确各责任中心应承担的经济责任和拥有的经济权利。例如，运输部门负责运输费用，仓储部门负责仓储费用。

（二）确定物流责任目标

把物流成本目标分解到每一个责任中心，确定其相应的责任目标。各责任中心只对各自的可控成本负责。物流责任目标的确定不仅明确了责任中心的工作任务，也为其提供了业绩考核标准。

（三）建立物流责任计算系统

为考核物流成本履行情况，需要建立一套完整的物流责任计算系统，计算和考核有关责任预算的执行情况，评价各有关责任中心的工作并及时反映存在的问题。

（四）建立内部协调制度

各责任中心的部门利益不同，为此往往需要建立监督与协调机制来规范各责任中心的运作。例如，运输部门的经理就不认同为了降低库存成本而增加运输成本的观点，因为他的业绩是通过运输成本的降低来衡量的。

（五）定期编制业绩报告

业绩报告是有关责任中心在一定时期内经营情况的集中反映，是责任中心预算执行结果的概括说明。定期编制业绩报告能使各责任中心及时发现存在的问题，最大限度地降低物流费用水平。

（六）考评物流工作业绩

物流工作业绩的考评也是物流责任控制的重要一环。对于只发生物流费用的责任中心，其考评指标有成本节约额和成本节约率。而对除了发生物流费用外，还向企业内部其他部门或外部客户收取服务费的物流责任中心，其考评指标有毛利和营业利润等。

任务三　目标成本控制

一、目标成本法的含义

目标成本法在物流成本控制中也发挥着重要作用。目标成本法是从战略的高度来分析，并与战略目标相结合，使成本控制与企业经营管理全过程的资源消耗和资源配置协调起来而产生的成本控制方法。其目的是更有效地实现成本控制的目标，使客户需求得到最大限度的满足。

目标成本法是一种全过程、全方位、全人员的成本管理方法。全过程是指从产品生产到售后服务的一切活动；全方位是指从生产过程管理到后勤保障、质量控制、企业战略、员工培训和财务监督等企业内部各职能部门各方面的工作，以及企业竞争环境的评估、供应链管理、知识管理等；全人员是指从高层经理人员到中层管理人员、基层服务人员和一线生产员工。目标成本法在作业成本法的基础上考察物流作业的效率、人员的业绩、物流的成本，进一步厘清每项资源的来龙去脉和每项物流作业对整体目标的贡献。传统成本法局限于事后的成本反映，而没有对成本形成的全过程进行监控；作业成本法局限于对现有作业的成本监控，没有将物流的作业环节与客户的需求紧密结合。而目标成本法则保证企业的产品以特定的功能、成本及质量生产，然后以特定的价格销售，并获得令人满意的利润。

目标成本法与传统成本法的明显差异在于，它不局限于企业内部来计算成本。因此，它需要更多的信息，如企业的竞争战略、产品战略及供应链战略。有了这些信息，企业就可以在产品开发、设计阶段到制造阶段，以及整个物流的各环节进行成本管理。在目标成本法应用的早期，企业通常通过市场调查来收集信息，了解客户愿意为这种产品支付的价格，扣除需要得到的利润，这样计算出来的结果就是产品在制造、分销和产品加工处理过程中所允许的最大成本，即目标成本，用公式可表示为：产品目标成本＝售价－利润。

一旦建立了目标成本，企业就应想方设法来实现目标成本。为此，要应用价值工程等方法，重新设计物流过程与分销物流服务体系。一旦企业寻找到在目标成本点满足客户需求的方法，或者企业产品被淘汰以后，目标成本法的工作流程也就宣告结束。目标成本法将客户需求置于企业制定和实施产品战略的中心地位，将满足和超越客户在产品品质、功能和价格等方面的需求作为实现和保持产品竞争优势的关键。

二、目标成本法的三种形式

企业物流的方式不同，选择的目标不同，采用的目标成本法也不同。一般来说，目标成本法主要有三种形式，即基于价格的目标成本法、基于价值的目标成本法和基于作业成本管理的目标成本法。

（一）基于价格的目标成本法

基于价格的目标成本法最适用于接收订单生产或者供货的企业，这种情况下客户的需求相对稳定，这样企业所提供的产品或服务变化较少，也就很少引入新产品。目标成本法的主要任务就是在获取准确的市场信息的基础上，明确产品的市场接受价格和所能得到的利润，并且为成员的利益分配提供较为合理的方案。在基于价格的目标成本法的实施过程中，企业之间达成利益水平和分配时间的一致是最具成效和最关键的步骤，即保证所有物流过程中的企业都获得利益，而且达成的价格应能充分保障企业的长期利益和可持续发展。

（二）基于价值的目标成本法

市场需求变化较快，需要产品有相当的柔性和灵活性，特别是在交易型物流关系的情况下，往往采用基于价值的目标成本法。为了满足客户的需要，企业向市场提供具有差异性的高价值产品。由于这些产品的生命周期不长，所以增大了物流运作的风险。因此，必须重构物流过程，以使企业的核心能力与客户的现实需求完全匹配。有效地实施基于价值的目标成本法，通过对客户需求的快速反应，能够实质性地增强企业的整体竞争能力。然而，为了实现企业冲突的最小化及减少参与物流的阻力，企业必须始终保持公平的合作关系。基于价值的目标成本法以所能实现的价值为导向，进行目标成本控制，即按照物流过程中各种作业活动创造价值的比例分摊目标成本。这种按比例分摊的成本成为支付给企业的价格。一旦确定了物流作业活动的价格或成本，就可以运用这种目标成本法来识别能够在许可成本水平下完成的物流作业活动，并选择对企业最有利的物流方案。

许多企业发现他们始终处于客户需求不断变化的环境中，然而，变换物流程序的成本非常高，要使企业物流顺利进行，企业必须找到满足频繁变化的客户需求的方法。在这样的物流环境下，基于价值的目标成本法仍可按照价值比例分摊法在物流作业活动间分配成本，从而确定物流各项作业成本，以保证物流过程中的各种成本正好与许可的目标成本相一致。

（三）基于作业成本管理的目标成本法

这种方法要求所有客户的需求是一致、稳定和已知的，通过协同安排实现物流过程的长期稳定。为有效运用这种方法，要求物流过程能够控制和减少总成本，并使企业能由此获益。因此，企业必须尽最大的努力建立物流作业成本模型，并通过对整体物流过程的作业分析，找出其中不增值部分，进而从物流作业成本模型中扣除不增值作业，以设计改善成本管理的作业方案，实现物流总成本的合理化。

目标成本法的作用在于激发和整合企业的物流过程，以连续提升物流企业的成本竞争力。因此，基于作业成本管理的目标成本法实质上是以成本加成定价法的方式运作，企业的物流价格由完成增值物流作业活动的成本加市场利润构成。这种定价方法促使企业剔除无效物流作业活动。诚然，企业通过"利益共享"获得的利益必须足以使他们用于物流的完善与发展，而不被优化局部物流成本的力量左右。

目标成本法追求物流总成本的合理化，而不是物流某项功能成本的最小化。物流成本控制的目标是通过企业物流过程各环节的共同努力，创造企业物流的整体竞争优势。而传统成本管理方法追求的是企业单个部门的成本最低或使客户满意程度最大化，这些可能会损害企业物流的整体绩效。为了适应基于目标成本法的物流成本控制管理模式，企业必须剔除传统成本管理方法，实施目标成本法，以有效提高客户满意程度，增强整个企业的竞争力。

三、物流目标成本的制定程序

物流目标成本的制定程序会因企业物流活动内容的不同而不同，但大体上可以分为五个阶段。

（一）初步确定物流目标成本

在这一过程中，首先根据企业经营目标确定预计服务收入，其次根据企业的物流经营决策确定目标利润。物流目标成本可以根据预计服务收入减去物流目标利润的差额来确定，即物流目标成本＝预计服务收入－物流目标利润。其中物流目标利润的计算方法有以下两种。

1. 目标利润率法

目标利润率法是根据目标利润率指标测算企业物流目标利润的一种方法，其计算公式为：

$$物流目标利润＝预计服务收入×同类企业平均服务利润率$$

或：

$$物流目标利润＝本企业净资产×同类企业平均净资产利润率$$

或：

$$物流目标利润＝本企业总资产×同类企业平均总资产利润率$$

例4-1　某企业物流运输的同类企业平均服务利润率为17.764%，预计本年服务量为408万吨千米，服务的市场价格为1元/吨千米，则：

$$物流目标利润＝408×1×17.764\%≈72.5（万元）$$

$$物流目标总成本＝408×1－72.5≈335.5（万元）$$

$$物流目标单位成本＝335.5÷408≈0.82（元/吨千米）$$

采用目标利润率法的理由是：本企业必须达到同类企业的平均报酬水平，才能在竞争中生存。有的企业甚至使用同类企业先进水平的利润率来预计目标成本，其理由是别人能做到的事情本企业也应该做到。

2. 上年利润基数法

上年利润基数法是指在上年物流利润的基础上计算物流目标利润的方法。未来不会重复历史，要预计未来的变化（利润增长率），要考虑环境的改变和自身的进步。有时候上级部门会对利润增长率有明确的要求，这也促使企业采用上年利润基数法进行物流目标利润预测。

按上述方法计算出的物流目标成本，只是初步设想。它不一定完全符合实际，还需要对其可行性进行分析。

（二）对物流目标成本进行可行性分析

物流目标成本的可行性分析是指对初步测算得出的物流目标成本是否切实可行做出的分析和判断，具体包括预计服务收入的分析、物流目标利润的分析和物流目标成本的分析。

企业分析预计服务收入时，可以进行市场调研，调查客户需要的物流服务功能和特色，也可以对竞争者进行分析，掌握竞争者物流服务的功能、价格、品质和服务水平等，并与本企业进行对比。企业在进行客户需求研究和竞争者分析之后，可以通过比较确定预计服务收入的可行性。企业分析物流目标利润时，应与企业的中长期目标及利润计划相配合，同时考虑销售、利润、投资回报、现金流量、物流服务的品质、成本结构、市场需求、销售政策等因素的影响。企业分析物流目标成本时，需要根据自身实际成本的变化趋势、同类企业的成本水平，充分考虑成本节约的能力，分析物流目标成本的可行性。

（三）物流目标成本分解

物流目标成本分解是指设立的物流目标成本通过可行性分析后，将其自上而下按照企业的组织结构逐级分解，最终落实到有关的责任中心的过程。物流目标成本的分解通常不是一次完成的，需要通过一定的循环，不断修订，有时甚至需要修改原来设立的目标才能完成。物流目标分解的方法有以下几种。

1. 按管理层次分解

这是一种将物流目标成本按总公司、分公司、班组、个人进行分解的方法，是一种自上而下的过程。

2. 按管理职能分解

这是一种将物流目标成本在统一管理层次按职能部门进行分解的方法。例如，推广部门负责推广费用，配送部门负责配送费用，运输部门负责运输费用，劳资部门负责工资成本，后勤部门负责燃料和动力费用，行政部门负责办公费用等。

3. 按服务结构分解

这是一种把物流目标成本分成各种材料消耗成本或人工成本，分派给各责任中心的方法。

4. 按服务形成过程分解

这是一种将物流目标成本按服务设计、服务材料采购、服务的提供、服务的推广过程分解，形成每个过程的目标成本的方法。

5. 按成本的经济内容分解

这种分解方法把物流目标成本分解成固定成本和变动成本，再把固定成本进一步分解成折旧费、办公费、差旅费、修理费等项目，把变动成本分解为直接材料费、直接人工费等。

（四）实现目标成本

实现目标成本，先要将企业目前的物流成本与目标成本进行比较，并计算出成本差距，然后运用价值工程、成本分析等方法寻求最佳的物流过程设计，用最低的成本达到客户的需求。如果此时计算出的最佳物流过程设计下的成本仍高于目标成本，则重复应用上述手段寻求最佳成本。

（五）物流目标成本的追踪考核与物流目标成本的修订

此项工作包括对企业物流活动的财务目标和非财务目标完成情况的追踪考核，调查客户的需求是否得到满足和市场变化对物流目标成本的影响等事项，并根据上述各阶段物流目标成本的实现情况对其进行修订。

四、物流目标成本分析

物流目标成本确定后，企业就要组织物流、技术、采购、生产、销售、会计等方面的人员重新设计物流过程与分销物流服务方式，以实现物流目标成本。其中，价值工程是评价设计方案的一种系统性、基础性的方法。

（一）价值工程的含义

企业物流成本的各项费用，虽然大多数是在物流经营过程中发生的，但企业的物流活动应该发生哪些费用，数量是多少，在很大程度上是由物流活动开始前的物流系统设计所决定的。因此，要实现物流成本的控制，可以在物流系统设计阶段，通过对物流系统的价值工程分析，选择最佳方案并确定相应的最低目标成本。

价值工程是以功能分析为中心，使物流的各项作业达到适当的价值。它具有以下含义。

首先，价值工程是以最低的成本去实现某项物流作业活动的必要功能，以使物流作业达到最佳价值。功能是某项物流作业所负担的职能或所起的作用。功能以满足消费者的需求为前提条件，功能的提高是无限的，但它同时受客户需求和成本的制约。价值工程就是要确定物流服务的必要功能，避免功能过多（物流服务功能多于或高于客户所必需的）和功能不足（功能达不到客户的要求）现象的发生。成本则是指物流服务的寿命周期成本，即实现物流服务的必要功能在整个物流服务过程中发生的成本。价值工程就是在保证物流服务必要功能的前提下，使其寿命周期成本最低。这里的价值要从功能和成本的关系上来理解，即物流服务功能和物流服务成本的比值，它反映了物流服务物美价廉的程度。物流服务功能与物流服务成本之间的关系如下：

$$V = \frac{F}{C}$$

其中：V 代表价值；C 代表物流服务成本；F 代表物流服务功能。

价值工程是根据物流服务成本和物流服务功能的内在联系，通过科学的比较分析，从中找出最佳价值。由于物流服务功能受客户需求的限制，而客户的需求又受物流服务的寿命周期成本的制约，因此，开展价值工程既不能脱离客户成本的约束，片面追求高功能，也不能脱离客户的需求，片面追求低成本，造成物流服务的必要功能不足。价值工程的真正目的在于既实现物流服务的必要功能，又要降低物流服务的寿命周期成本，追求物流服务的最佳价值。要实现这个目的，只能从提高功能和降低成本两个方面入手。

其次，价值工程的核心问题是对物流服务活动进行功能分析。在进行物流过程和物流服务方式设计时，着重对物流服务功能进行分析研究，确定实现必要功能最佳方案的有效方法。通过功能分析可以发现哪些功能是客户需要的，哪些功能是不必要的，哪些功能是过剩的，哪些功能是不足的，并在改进方案中提出新的解决方法，去掉不必要的功能，削减过剩功能，补足不足的功能，从而使物流服务功能更加合理，以达到既能满足客户需求，保证必要的功能，又能降低物流服务的寿命周期成本的目标。

再次，价值工程作为一整套的科学方法，是运用集体智慧的一项有组织的活动。由于价值工程既要降低成本，又要提高功能，涉及企业物流经营活动的方方面面，因此，要有效开展价值工程活动，就需要将各部门的专业人员组织起来，紧密配合，充分发挥集体的力量。

（二）价值工程的程序

价值工程活动就是一个发现和解决问题的过程，所研究的问题包括：价值工程的对象是什么？用途是什么？成本是多少？价值是多少？有无实现同样功能的其他方法？新方案的成本是多少？价值工程的具体开展包括如下几个阶段。

1. 正确选择对象

企业没有必要对所有的物流服务活动都进行价值分析，也没有必要对一项物流服务活动的所有方面都进行价值分析，而应该有所选择。一般而言，要选择那些频率比较高、服务量比较大或成本高的物流服务活动作为分析研究的对象。

2. 收集信息

根据对象的性质、范围和要求，收集可靠的信息，包括企业的基本情况，如经营方针、产品品种、产量、质量等；有关的技术和经济资料，如本企业或同类物流服务活动的内容、方式、流程及成本；客户的有关意见，如客户对物流服务的要求、目前存在的问题等。

3. 进行功能、成本和价值分析

首先，要把价值工程的对象所具有的功能进行细致研究，了解它们的作用，即了解分析对象在物流服务活动过程中所采取的每个流程、每道工序、每项作业对构成物流服务活动的最终价值起了什么作用，承担了什么职能，没有他们是否影响物流活动的使用价值，有无其他形式代替等。所有这些工作就是给每个分析对象的功能下定义的过程，实际上也是发现问题的过程。其次，就是对已下定义的功能进行分类和整理，厘清哪些是基本功能，哪些是辅助功能，哪些是客户需要的功能，哪些是客户不需要的功能，哪些是过剩功能，哪些是不足功能，以及各功能之间的关系。通过功能整理可以具体把握需要改进的功能范围，为进一步提出功能改进方案提供依据。最后，要进行功能评价。功能评价的具体步骤如下：先是针对不同的分析对象进行评价，然后与现实成本进行比较。最后求出各分析对象的价值系数。功能评价有许多方法，下面介绍评分法、功能价值和成本降低幅度评价法。

（1）评分法的含义。评分法采用 5 分制、10 分制和 100 分制给物流服务活动各方面的重要性打分。例如，改进某物流服务方式的三种备选方案，从及时性、流程复杂性、操作方便、耗时、准确性、安全性等方面按 10 分制评分，具体内容如表 4-1 所示。

表 4-1   功能评分表

方案	及时性	流程复杂性	操作方便	耗时	准确性	安全性	总分
1	5	10	10	7	4	9	45
2	9	5	8	5	6	4	37
3	9	8	10	8	7	9	51

由表 4-2 可知，方案 2 总分最低，初选淘汰。然后根据估计成本再做比较，估计成本比较如表 4-2 所示。

表 4-2   估计成本比较

方案	一次固定费用	直接材料人工费用	总成本
1	30	150	180
3	20	164	184

最后进行价值分析。设方案 1 的成本系数为 100，则方案 3 的成本系数为：

$$（184/180）\times 100 \approx 102.22$$

所以，方案 1 和方案 3 的价值系数分别为：

$$V_1 = 45/100 = 0.45$$

$$V_3 = 51/102.22 \approx 0.499$$

对比后选择方案 3。

（2）功能价值和成本降低幅度评价法。该方法按功能评价系数分配目标成本，并求出功能价值或成本降低幅度，其中：

功能价值=实现某项功能的目标成本/实现某项功能的实际成本

成本降低幅度=实现某项功能的目标成本-实现某项功能的实际成本

由于一个物流服务环节往往不止一个功能，而且一个功能往往需要不止一个物流服务环节。因此要将市场和技术预测确定的物流服务目标成本，根据有关功能的复杂性和重要程度（功能评价系数），按一定标准分摊到此功能上。其计算公式为：

某个物流服务环节的目标成本=该项物流服务方式的目标成本×该物流服务环节的功能评价系数

功能价值和成本降低幅度如表4-3所示。

表4-3　　　　　　　　　　　　功能价值和成本降低幅度

物流服务环节	现实成本	按功能评价系数分配目标成本	功能价值	成本降低幅度
A	237	240	1.012	-3
B	168	180	1.071	-12
C	105	90	0.857	15
D	281	180	0.641	101
E	76	90	1.184	-14
F	133	120	0.902	13
合计	1 000	900		100

4. 确定最优方案

根据上面计算和分析的结果，按客户的需求，提出若干改进价值的新方案，再把各种方案进行分析和评价后，选择功能不变、成本更低或功能更高的最优方案。原则上应选择功能价值大于1或小于1的物流服务环节作为改善对象，因为功能价值为1，说明该物流服务环节的功能与成本平衡，不必作为改善对象；功能价值大于1说明功能重要性大的物流服务环节实际分配到的成本较少；功能价值小于1说明功能重要性较小的物流服务环节占用了过多的实际成本。因此，可将后两种情况列为提高或降低成本分配的对象。

根据表4-3可知，物流服务环节C、D、F的功能价值都小于1，尤其是D偏低，有降低成本的潜力。

寻求最优的改善方案是价值工程活动的关键，这需要组织各部门集思广益，集中物流、生产、财务、采购部门的人员，一起讨论、评价各方案的可行性，如果测算出的最佳物流服务费仍高于目标成本，则要继续重复上述活动。

5. 求出目标成本

根据筛选出的最优方案进行目标成本的计算，也就是将物流服务的目标成本按功能评价系数分配给各有关的物流服务环节，算出各物流服务环节的目标成本，并将其作为对物流服务成本水平实行有效事前控制的依据。

五、物流目标成本的控制

企业物流成本管理的多层次和物流过程的多环节，使物流成本控制涉及企业生产经营活动的各个领域，因而，必须建立纵横交错、责任分明、互相衔接和制约的目标成本控制体系。该体系以企业总体物流目标成本控制为核心，横向以各职能管理部门和物流单位为目标成本控制分中心，纵向以各物流活动环节的目标成本控制为基础，实施"横向到边，纵向到底"的目标成本管理，使各责任成本中心的控制状态与企业总体控制目标产生互动与共振。

企业的目标成本控制在实施时，应针对企业物流活动不同环节采取不同的控制策略与措施，以保证预期目标成本的完成与实现。

（一）运输成本的控制

运输成本是运输物料、商品所耗用作业的费用，是影响物流成本的重要因素。运输成本控制的关键点主要有运输方式、运输价格、运输时间、运输的准确性、运输的安全可靠性以及运输批量水平等。控制方式是加强运输服务方式与价格的权衡，从而选择最佳的运输服务方式。

（二）仓储成本的控制

仓储成本是指货物在储存过程中所需要的费用。控制的关键点主要有简化出入库手续、增加仓库的有效利用和缩短储存时间等。控制方式主要有强化仓储各种费用的核算与管理。

（三）包装成本的控制

包装起保护商品、方便储运、促进销售的作用。包装成本控制的关键是包装的标准化和减少包装材料的耗费。控制方式有：选择包装材料要进行经济效益分析；运用价值分析的方法优化包装的功能和成本；开展包装的回收和旧包装的再利用等；努力实现包装尺寸的标准化，包装作业的机械化；有条件时组织散装物流。

（四）装卸搬运成本的控制

装卸搬运成本是物品在装卸搬运过程中所支出费用的总和。装卸搬运活动是衔接物流各环节活动正常进行的关键。装卸搬运成本控制的关键点主要有管理好储存的物料与商品，减少装卸搬运过程中商品的损耗率、装卸时间、装卸搬运次数等。控制方式有：合理选择装卸搬运设备，防止机械设备无效作业，合理规划装卸方式和装卸作业过程，如减少装卸次数，缩短操作距离等。

（五） 流通加工成本的控制

商品进入流通领域后，按照客户的要求进行的加工活动，称为流通加工，由此而支付的费用为流通加工成本。不同企业的流通加工过程不同，流通加工成本控制的要点是选择反映流通加工特征的经济指标，如流通加工的速度等，观察并测算这些指标，同时对比标准值与观察值之间的差异，必要时进行适当的控制。控制方式有：合理确定流通加工的方式，合理确定加工能力和改进流通加工的生产管理。

六、物流目标成本的考核

物流目标成本的考核是建立物流目标成本控制体系的重要环节，考核目的在于充分调动职工的积极性，发挥激励机制的作用，将企业的兴衰同管理者和生产者的经济利益紧密挂钩，同时运用目标激励、榜样激励、参与管理激励、自我价值实现激励等，使全体职工的聪明才智和创造能力得到充分体现。

物流目标成本的考核分为两大部分。

第一部分是对物流目标成本计划完成情况的考核。由于物流目标成本计划是按各物流部门和各物流活动环节纵横体制制定与分解下达的，因而目标成本考核同样按这一纵横体制设计，即公司对各职能部门实行归口成本指标考核，对物流单位则实行综合成本指标考核，同时，各职能管理部门又对物流单位实行分解分项归口成本指标考核，形成互相牵制的双重考核体系。

第二部分是对超额完成目标成本计划的考核。对于超额完成物流目标成本计划的部门、单位和个人，采取上不封顶的激励措施，按超额完成的情况，加大经济激励和精神奖励的力度，以充分肯定他们对企业发展所做的贡献。

📝 项目小结

本项目介绍了物流成本控制的意义与种类、责任成本控制和目标成本控制。其中，从采用责任成本法对物流成本控制的意义、责任单位的划分、责任成本的计算、责任成本法在物流企业中的具体应用及物流责任成本的综合管理等方面对责任成本控制加以阐述，而对于目标成本控制则是从目标成本法的含义、目标成本法的三种形式、物流目标成本的制定程序、物流目标成本分析、物流目标成本的控制和物流目标成本的考核六个方面加以阐明。

同步测试

一、选择题

1. 物流成本控制分为物流成本事前控制、物流成本事中控制和物流成本事后控制所依据的是（　　）。

A. 成本控制发生的时间先后　　　　　B. 成本控制的原理

C. 成本控制的手段　　　　　　　　　D. 成本控制的对象

2. 物流成本事中控制通常采用的方法是（　　）。

A. 目标成本法　　　B. 预算法　　　C. 定额法　　　D. 标准成本法

二、简答题

1. 物流成本控制的含义和作用是什么？

2. 如何进行物流责任成本控制？

3. 什么是物流目标成本？如何确定物流目标成本？

4. 价值工程的含义与特点是什么？主要应在哪些方面引用价值工程手段进行物流成本控制？

案例分析

施工企业如何控制把握物流成本

中国路桥集团公路一局禹阎高速公路 C05 项目经理部（以下简称"C05 项目经理部"）位于陕西省韩城市，隶属于中国路桥集团公路一局第三工程公司（以下简称"一局第三公司"），是 2001—2002 年度四大重点工程之一。该工程业主为陕西省高速公路有限公司，其工程主体为芝川河特大桥，双向四车道，桥高 65 米，长 3 200 米，总投资 4 亿元人民币，大桥建成以后将成为西北地区第一座特大桥，作为陕西省公路标志性建筑屹立于黄河岸边。C05 项目经理部承建该桥的南段，包括 1 200 米主桥和 600 米的引桥，造价 2 亿元左右，工期 40 个月。该工程于 2001 年 9 月开始施工建设，已完成上亿元的投资。工程的投资可谓浩大，但关于构成工程实体的各种物料的采购、仓储、运输等非生产环节的费用，相比于以前同类型的项目有很大的节约，这一切都得益于四个字——物流管理。承建该工程的一局第三公司成立于 1971 年，是隶属于中国路桥集团公路一局的独立注册的国家二级企业，是一个以承建国内外高等级公路和高技术桥梁、兼营其他土木建筑、水运码头和其他战场工程的经济实体。

C05 项目中标以后，一局第三公司十分重视，从人力、物力、财力各方面都给予强大的保证。项目领导班子成员在项目经理的领导下，按公司的任命，组建了项目领导集体，项目部其他技术人员和管理人员陆续到位，总共 50 余人。但施工队伍进场近两个月，除了建好的供居住的临时房屋外，形成工程实体的钻桩工作还没有一丝进展。这期间随着工程的深入，征地、拆迁、水力、电力、地方关系等关键问题都成了项目人员的议论话题。领导班子开会，往往是吵来吵去，没有结果。这时，项目经理逐渐意识到，当前的问题不是某一特定方面的工程问题，而是领导班子成员之间相互不信任的问题。针对这些问题，一些措施开始实行：确定三位副经理的一线经理职能，分别主抓主桥、引桥和拌和站，二线职能——总工程师、总经济师、财务总监各负其责，为一线服务，建立矩阵式组织结构的项目经理负责制，确立成员之间的沟通、协调、配合机制。

经过一段时间的改革与调整，项目的各项工作都有了很大进展，领导班子成员各司其职。大桥主体的物资消耗往往占到工程总造价的一半以上，芝川河特大桥C05标合同价约2亿元人民币，其中有1亿多元的材料成本，因此，加强施工项目的物资成本管理，是保证及时供应、降低工程成本、创优质工程的重要环节，也是节约物耗、减少资金占用、加速资金周转、争取经济效益的关键所在。

在公路施工的材料中，三大主材——钢材、水泥、地材占了大部分，其中，钢材的价值最大。而随着市场经济的激烈化，钢材的采购成本浮动很大，所以钢材的采购在施工企业的材料管理中是关键的关键，且实行招标采购还有下列特定的环境：

（1）招标双方在公开招标过程中所花费的管理费用对C05标3 000万元左右的钢材总量来说显得微乎其微。

（2）由设计图纸所确定的钢材规格、数量清楚明确，且存在变更的可能性一般很小。

（3）在国内市场上，可供公路施工所用的钢材生产厂家有几十家，而一个地区之内有能力作为供应商的企业也是大量存在。

（4）钢材供应商出于对风险因素的考虑，对这一大宗交易更是希望通过公平、公开、公正的投标方式来获得。

（5）从进场到钢材的实际下料需求之间，有两个月甚至更长的时间来实施公开招标的过程。

在C05标中对材料物资实行供应管理工作的职能部门是材料部，部门的主管领导是总经济师，在其领导下，负责整个工程施工所有材料的搜寻、采购、运输、仓储和供应工作。对于钢材的采购招标工作，以材料部人员为主体，在总经济师以及部门主管的领导下成立采购招标小组，另外，从相关部门抽调人员，如经营部门、质检试验部门、财务部门以及一线的生产人员。

采购招标小组成立以后即开始行使其职能。

第一步，确定需求，界定描述采购的规格、数量等，进行采购招标的准备工作。由生产技术人员根据施工图纸进行规格、数量汇总，同时给出产品所需遵守的国家标准等，还需排出符合生产进度要求的物资需求计划。财务人员给出开行的付款条件以及付款方式等。材料预算人员需根据市场形势等因素给出价格参考，最后由招标小组共同制定出符合规范的招标文件。

第二步，通过市场分析及供应商评价，确定出潜在的钢材供应商，然后对钢材供应商进行资格预审。在这里，所需的信息来源渠道有信息网络资源、供应商名录以及以往的合格供方记录等，搜寻出足够数量可供筛选的钢材供应商名单，另外，考虑其规模、能力、供应经验、财务状况、表现记录等，对其进行评估，确定出有兴趣、可满足供应要求的合适的钢材供应商。

第三步，公开招标。采购招标小组向合适的钢材供应商发出招标文件，邀请其进行投标。此时，还需考虑的原则是：

(1) 向所有竞标者提供的条件必须是相同的。

(2) 所有参与方必须遵守保密条款。

(3) 必须给竞标者足够的时间和信息准备标书。

(4) 合同条款必须有明确的规定，项目所有涉及的要求必须在招标邀请文件中陈述清楚。

第四步，接受并评估标书。在公平、公正的基础上，采购招标小组所有人员均参加评估过程，考虑所有必要的因素，按不同指标的权重进行打分，最后进行汇总。此时，需考虑的因素有原始工地落地价、财务成本、支付方式、钢材质量和技术保证（生产厂家）以及其他特定的因素。

第五步，选择最合适的钢材供应商。通过第四步对供应商投标文件的全面权衡，最后给各个供应商判定等级，确定最低的标底，作为推荐的签约方。

项目部通过钢材采购招标，选择出了合适的供应商，通过合同明确双方的权利和义务，保证了及时供应，又使总的获取成本最少。经统计分析，采用了钢材招标以后，钢材的平均采购价格比以前类似情况而未公开招标的供应价格每吨低 50 元左右，总成本能节约几十万元。

1. 在上述案例中，C05 项目经理部是如何进行物流成本控制的？

2. 如果你是采购招标小组的负责人，你应如何编制采购计划使工程顺利进行？

项目五　物流成本核算

知识目标

1. 掌握物流成本核算对象；
2. 掌握物流成本核算的方法。

技能目标

1. 能根据实际找出成本核算对象；
2. 能熟练应用作业成本法。

案例导入

作业成本法的产生与发展

对作业成本的研究最早可追溯到 20 世纪 40 年代，最早提出的概念是"作业会计"。美国会计学家埃里克·科勒教授在其作品中首次对作业、作业账户设置等问题进行了讨论，并提出"每项作业都设置一个账户""作业就是一个组织单位对一项工程、一个大型建设项目、一项规划以及一项重要经营的各个具体活动所做出的贡献"。随后乔治·斯托布斯教授认为，"作业会计"是一种和决策有用性目标相联系的会计，研究作业会计首先应明确"作业""成本"和"会计目标——决策有用性"三个概念。1971 年乔治·斯托布斯在具有重大影响的《作业成本计算和投入产出会计》一书中，对"作业""成本""作业成本计算"等概念做了全面阐述，引发了西方会计学者对传统的成本会计系统的全面反思。

1988 年，哈佛大学的罗宾·库珀在夏季号《成本管理》杂志上发表了《一论 ABC 的兴起：什么是 ABC 系统？》。库珀认为产品成本就是制造和运送产品所需全部作业的成本的总和，成本计算的最基本对象是作业；ABC 赖以存在的基础是作业消耗资源、产品消耗作业。接着罗宾·库珀又连续发表了《二论 ABC 的兴起：何时需要 ABC 系统？》《三论 ABC 的兴起：需要多少成本动因并如何选择？》和《四论 ABC 的兴起：ABC 系统看起来到底像什么？》。他还与罗伯特·卡普兰合作在《哈佛商业评论》上发表了《计量成本的正确性：制定正确的决策》等论文，对作业成本法的现实意义、运作程序、成本动因选择、成本库的建立等重要问题进行了全面深入的分析，奠定了作业成本法研究的基石。

任务一　物流成本核算对象

对物流进行有效管理的前提是全面、系统地认识物流成本的构成。据有关专家测算，企业物流成本仅次于原材料本身的价值，在产品成本中占第二位，一般占产品成本的 15%～30%，有的甚至高达 40%。因此，对物流成本构成进行分析，合理地核算物流成本具有重要意义。

物流成本如何归集与核算，取决于评价与考核的成本核算对象。成本核算对象的选取方法不同，得出的物流成本结果也不同，从而也就导致了不同的成本评价对象与评价结果。因此，正确确定成本核算对象是至关重要的，是进行成本核算的基础。

一、成本核算对象

成本核算对象是指企业或成本管理部门为归集和分配各项成本费用而确定的、以一定时期和空间范围为条件而存在的成本核算实体。成本核算对象，就是成本发生后所达到的目的。"目的"是一个非常宽泛的概念，例如购买一辆轿车、使用一天钻床、执行一套流程、印刷一份杂志等，但有以下三个方面需要特别注意。

（一）成本核算对象

成本核算对象主要是指产品、服务或客户。

（二）决策者

在实行成本责任制的条件下，成本核算对象是指决策者，是核算人的责任成本。这与产品、服务或客户作为成本核算对象并非相互排斥，例如产品，其在生产过程所耗费的成本都是在决策者的决策下发生的，同时也是决策者的责任成本。

（三）作业

国外最新发展是将作业当作中间性的成本核算对象。作业是指具有特定目的的工作单位（如一个事件或一项交易等），是描述企业经营过程的一个基本的计量单位。换句话说，企业经营过程或产品的生产过程就是由一系列作业组成的。相关的作业连接起来称为作业链，实际上就是流程。优化的流程称为价值链，与企业战略密切相关。将作业当作中间性的成本核算对象，从而核算作业成本，最终再核算产品成本或责任成本，是一个非常有创见的思路。

物流成本核算对象的选取，主要决定于物流范围、物流功能范围、物流成本费用范围与物流成本控制的重点，同时还要综合考虑成本核算对象的基本构成要素。

物流企业的任何生产经营活动都是在一定的时空范围内进行的，时间上具有连续性和继起性，空间上具有并存性。因此，成本核算对象的三个基本构成要素包括：发生期间、发生地点和承担实体。

二、成本费用承担实体

成本费用承担实体，是指其发生并应合理承担各项费用的特定经营成果的体现形式，包括有形的各种产品和无形的各种劳务作业等。例如，工业企业的某种、某批或某类产品；服务行业的某一经营项目；施工企业的某项工程；运输业的运输劳务等。就物流企业来说，其成本费用承担实体主要是各种不同类型的物流活动或物流作业。

三、成本核算期

成本核算期，是指汇集生产经营费用、核算生产经营成本的时间范围。如工业企业按产品的生产周期和日历月份核算；服务业、劳务性企业一般按日历月份核算；农业种植业按一个轮作周期核算。物流企业的成本核算期根据物流作业性质来确定，如对于远洋货物运输作业来讲，航次时限较长，将航次作为生产周期，所以应以航次周期作为成本核算期。

四、成本核算空间及其选取

成本核算空间，是指成本费用发生并能组织企业成本核算的地点或区域。如工业企业的成本核算空间可按全厂、车间、分厂、某个工段或某一生产步骤划分；服务性企业可以按部门、分支机构或班组等单位来确定。物流企业成本核算空间一般根据物流活动范围、物流功能范围以及物流成本控制重点进行选取。

（一）对物流活动范围的选取

物流按其活动范围可分为两大类：企业内部物流与社会物流。企业内部物流是企业内部的物品实体流动，主要是企业内部的生产经营活动所发生的加工、搬运、储存、包装、装卸等物流活动。社会物流是企业外部的物流活动的总称，包括企业向社会的分销物流、购进物流、回收物流、废弃物物流等。

在这些活动中，究竟从哪里开始到哪里结束，才可以作为物流成本的核算对象？起止点的选取不同，其成本核算结果也就不同。显然对于某一物流企业或物流部门来讲，其物流成本核算对象的物流起止点在确定之后，不能任意改变，以符合成本核算上的可比性原则与一惯性原则。

对物流活动范围的选取，从物流成本核算对象的角度来讲，就是对物流活动过程在空间上的截取，也就是指对物流的起点与终点以及起点与终点间的物流活动过程的选取。

（二）对物流功能范围的选取

物流功能范围，是指在运输、搬运、储存、保管、包装、装卸、流通加工和物流信息处理等物流功能中，选取某种功能作为物流成本核算对象。把所有的物流功能作为成本核算对象与只把运输、保管这两种功能作为成本核算对象，所反映的物流功能范围的成本显然是不同的。

（三）物流成本控制重点的选取

物流成本核算对象的选取，应当放在成本控制的重点上。就物流企业来讲，物流成本的核算并非越全、越细越好，其成本核算对象也并非越全越好。过全、过细的成本核算是不必要的，也是不经济、不可取的。

物流成本核算对象的选取，常常取决于企业领导对各种物流活动代价的关心程度、成本数据收集的难易程度等。严格地讲，这些因素不能作为成本核算对象选取的依据。

成本控制的重点应包括：①按成本责任划定责任成本单位；②当前成本费用开支比重较大、有必要分清并分别核算不同部门及不同作业活动成本的物流活动；③新开发的物流作业项目等。

由于各个企业对上述三个成本要素的划分范围不尽相同，因此，即使生产或劳务作业类型相同的企业，在进行成本对比时也可能不完全具有可比性。

任务二　物流成本核算的方法

实际中常用的、适应一般生产组织和工艺过程特点以及成本管理需要的成本核算方法，主要有品种法、分批法、分步法和作业成本法。

一、品种法

品种法是以产品品种作为成本核算对象，归集生产费用，核算各种产品成本的一种方法。品种法适用于大批量简单生产的企业或车间。在大批量复杂生产的中小型企业，尽管生产可以间断，可以划分为若干步骤，但因生产规模小，管理上不要求按生产步骤控制生产费用和核算成本的，也可采用品种法核算产品成本。

（一）品种法的特点

1. 成本核算对象是产品品种

如果企业只生产一种产品，全部生产费用都是直接费用，可直接记入该产品成本明细账的有关成本项目中。如果企业生产多种产品，间接费用则要采取适当的方法，在各成本核算对象之间进行分配。

2. 成本核算期是定期的（每月月末）

成本核算期是日历月期，即按月定期核算产品成本。它与会计报告期一致，与产品生产周期不一定一致。

3. 存在完工产品和在产品之间分配费用的问题

如果月末有在产品，要将生产费用在完工产品和在产品之间进行分配。

（二）品种法核算成本的基本程序

利用品种法进行成本核算的基本程序如下。

①按产品品种，分成本项目设置"基本生产"明细账或成本核算单。

②按产品品种，分成本项目归集生产费用，如果生产一种产品，可采用直接归集的方法；如果生产多种产品，除直接费用采用直接归集的方法外，对于间接费用则通过分配进行归集。

③月末，如果不核算在产品成本，各个"基本生产"明细账汇集的生产费用，便是各种完工产品的实际总成本，再除以产量即可求得单位产品成本。

④如果需要核算包括在产品在内的实际总成本，需要将在产品换算成完工产品，再除以产量即可求得单位产品成本。

⑤如果需要核算在产品成本，应将"基本生产"明细账汇集的生产费用，在完工产品和在产品之间进行分配，以便核算完工产品总成本和单位产品成本。品种法核算程序如图5-1所示。

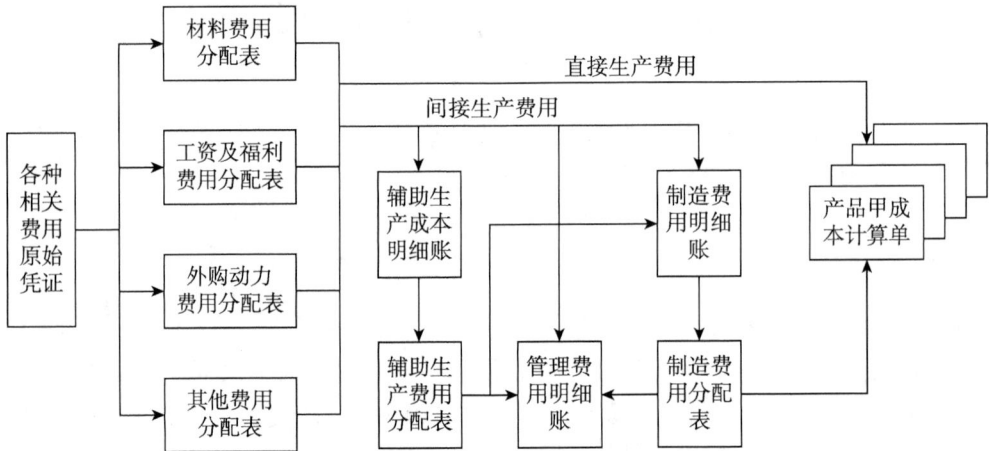

图5-1　品种法核算程序

二、分批法

分批法是按照产品的批别或订单作为成本核算对象归集生产费用，核算各批或各订单产品成本的一种方法。这种方法适用于单件小批量的复杂生产企业和车间，以及新产品试制等。

（一）分批法的特点

1. 成本核算对象是批别或订单

为了核算各批或各订单产品的成本，其成本核算对象是产品的批别或产品的订单。

2. 分批法是不定期的

各批（各订单）产品的实际成本总额，需待该批（该订单）产品完工后才能结出。因此，完工产品成本核算是不定期的，其成本核算期与生产周期一致，而与会计报告期不一致。

3. 不存在完工产品和在产品之间分配费用的问题

分批法成本核算期与产品生产周期基本一致，因而在核算月末产品成本时，一般不存在完工产品和在产品之间分配费用的问题。

（二）分批法核算成本的基本程序

利用分批法进行成本核算的基本程序如下。

①根据产品的批别或订单，设置"基本生产"明细账或成本核算单，以便归集生产费用，核算产品成本。

②各个基本生产车间、辅助生产车间应将各种费用的原始凭证，按其用途进行归类、整理，据以编制各种费用分配明细表，并在制造费用明细账和产品成本核算单中登记。

③根据"辅助生产"明细账汇集的费用，按照各车间、部门耗用辅助生产车间产品或劳务的数量进行分配。

④根据"制造费用"明细账汇集的费用，按一定标准在各批（各订单）产品之间进行分配。

⑤根据"成本核算单"汇集的生产费用和有关生产记录，核算完工产品成本和月末在产品成本。

分批法核算程序如图5-2所示。

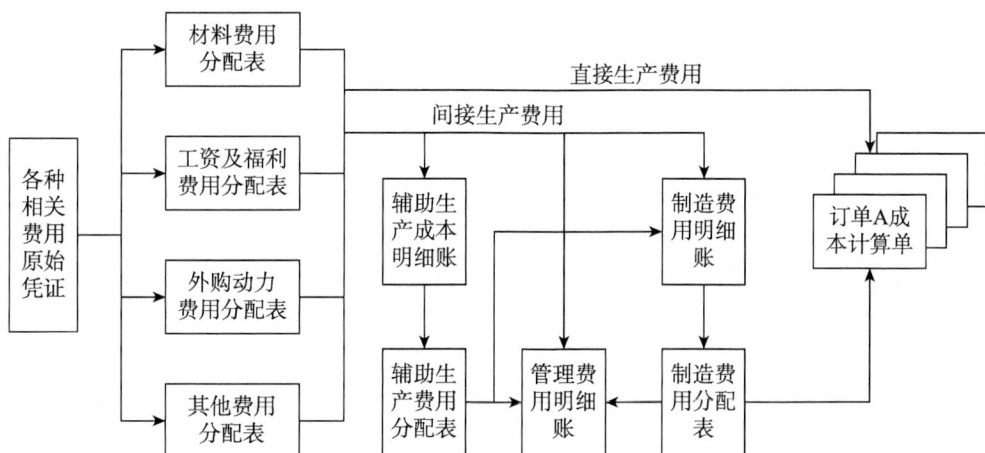

图5-2 分批法核算程序

例5-1 某物流中心按照购货单位的要求，小批量加工某些产品，采用分批法核算产品成本。该物流中心2021年11月投产甲产品10件，12月全部完工。该批产品成本核算单如表5-1所示。

表 5-1 产品成本核算单 单位：元

项目	直接材料费用	直接人工费用	制造费用	合计
11 月末余额	12 000	900	3 400	16 300
12 月发生费用				
据材料费用分配表	4 000			4 000
据工资及福利费用分配表		1 700		1 700
据制造费用分配表			8 000	8 000
合计	16 000	2 600	11 400	30 000
结转完工产品成本	16 000	2 600	11 400	30 000
单位成本	1 600	260	1 140	3 000

三、分步法

分步法是按照产品的生产步骤归集生产费用，核算各步骤和最终产品成本的一种方法。这种核算方法既要求核算各种产品的成本，又要求核算这些产品在各个生产步骤上的成本或份额。它适用于大批量的复杂生产企业或车间。

（一）分步法的特点

1. 成本核算对象

成本核算对象是各种成品的生产步骤。在分步复杂生产中，作为成本核算对象的生产步骤的确定，应视管理的需要而定。它不一定与实际的生产步骤一致。

2. 成本核算期是定期的（每月月末）

大批量复杂生产类型的生产周期较长，产品往往跨月连续生产并陆续完工，一般每月均有完工产品。其成本核算是按月定期进行的，成本核算期与会计报告期一致，而与产品的生产周期不一致。

3. 存在完工产品和在产品之间分配费用的问题

由于产品陆续完工，月末通常有在产品，因而，在各生产步骤各种产品的成本核算单上归集的生产费用，还应采用一定的分配方法，在各生产步骤、各产品的完工产品与月末在产品之间进行分配，以核算各产品、各生产步骤的完工产品成本和月末在产品成本。

（二）分步法核算成本的基本程序

在实际工作中，根据成本管理对各生产步骤成本资料的不同要求（是否要求核算半成品）和简化核算的要求，一般采用逐步结转分步法和平行结转分步法核算、结转各生产步骤的成本。

1. 逐步结转分步法

逐步结转分步法是按照成品加工的顺序，逐步核算并结转半成品成本，直到最后一个加工步骤才能核算成品成本的一种方法。它是按照成品加工顺序先核算第一个加工步骤的半成品成本，然后结转给第二个加工步骤，这时，将第一个加工步骤结转来的半成品成本加上本次加工步骤耗用的材料和加工费用，即可求得第二个加工步骤的半成品成本，按此顺序逐步转移累计，直到最后一个加工步骤才能核算出产成品成本。逐步结转分步法就是为了分步核算半成品成本而采用的一种分步法，也称核算半成品成本分步法。

2. 平行结转分步法

平行结转分步法是指在核算各步骤成本时，不核算各生产步骤所产半成品的成本，也不核算各生产步骤所耗上一生产步骤的半成品成本，而只核算本次生产步骤发生的各项其他费用，以及这些费用中应计入产成品成本的份额，将相同产品的各生产步骤成本明细账中的这些份额平行结转、汇总，即可核算出该种产品的产成品成本。这种结转各生产步骤成本的方法，称为平行结转分步法，也称不核算半成品成本分步法。

（1）成本核算对象和成本结转程序

采用平行结转分步法进行成本核算时，其成本核算对象是各种产成品及其经过的各生产步骤中的成本"份额"。而各生产步骤的产品生产费用并不伴随着半成品实物的转移而结转。

（2）产品生产费用在完工产品和在产品之间的分配

采用平行结转分步法时，各生产步骤的生产费用也要在其完工产品与月末在产品之间进行分配。但这里的完工产品，是指企业最后完工的产成品；这里的在产品是指各步骤尚未加工完成的在产品和各步骤已完工但尚未最终完成的产品。

例 5-2 某物流企业的加工中心加工甲产品，加工生产分两步在两个车间内进行，第一车间为第二车间提供半成品，第二车间加工完成后为产成品。各种生产费用归集与分配过程省略，数字在各成本核算单中列示。产成品和月末在产品之间分配费用的方法采用定额比例法；材料费用按定额材料费用比例分配，其他费用按定额工时比例分配。

甲产品定额材料如表 5-2 所示，假设该加工中心月末没有盘点在产品，月末在产品的定额资料要根据月初在产品定额资料加本月投产的定额资料减去产成品的定额资料核算求出。

表 5-2   甲产品定额材料

生产步骤	月初在产品		本月投入		产成品				
	材料费用（元）	工时（时）	材料费用（元）	工时（时）	单件定额		产量（件）	总定额	
					材料费用（元）	工时（时）		材料费用（元）	工时（时）
第一车间	67 650	2 700	98 450	6 300	293	14	500	146 500	7 000
第二车间		2 400		9 600	—	20	500		10 000

生产步骤	月初在产品		本月投入		产成品				
	材料费用（元）	工时（时）	材料费用（元）	工时（时）	单件定额		产量（件）	总定额	
					材料费用（元）	工时（时）		材料费用（元）	工时（时）
合计	67 650	5 100	98 450	15 900	—	34	—	146 500	17 000

根据甲产品定额资料、各种费用分配表和产成品产量月报，登记第一、第二车间甲产品成本核算单，如表5-3、表5-4所示。

表5-3　　　　　　　　　　　　第一车间甲产品成本核算单

项目	产成品产量（件）	直接材料费		定额工时（时）	直接人工费用（元）	制造费用（元）	合计（元）
		定额（元）	实际（元）				
月初在产品		67 650	61 651	2 700	7 120	10 000	78 771
本月生产费用		98 450	89 500	6 300	12 500	12 500	114 500
合计		166 100	151 151	9 000	19 620	22 500	193 271
分配率			0.91		2.18	2.5	
产成品中本步份额	500	146 500	133 315	7 000	15 260	17 500	166 075
月末在产品		19 600	17 836	2 000	4 360	5 000	27 196

表5-4　　　　　　　　　　　　第二车间甲产品成本核算单

项目	产成品产量（件）	直接材料费		定额工时（时）	直接人工费用（元）	制造费用（元）	合计（元）
		定额（元）	实际（元）				
月初在产品				2 400	8 590	8 150	16 740
本月生产费用				9 600	19 850	31 450	51 300
合计				12 000	28 440	39 600	68 040
分配率					2.37	3.3	
产成品中本步份额	500			10 000	23 700	33 000	56 700
月末在产品				2 000	4 740	6 600	11 340

根据第一、第二车间成本核算单，平行汇总产成品成本。甲产品成本汇总核算表如表5-5所示。

表 5-5　　　　　　　　　　　甲产品成本汇总核算表　　　　　　　　　　单位：元

生产车间	产成品数量	直接材料费用	直接人工费用	制造费用	合计
第一车间		133 315	15 260	17 500	166 075
第二车间			23 700	33 000	56 700
合计	500	133 315	38 960	50 500	222 775
单位成本		266.63	77.92	101	445.55

四、作业成本法

(一) 作业成本法的基本概念

作业成本法（Activity Based Costing，ABC）也称为作业成本会计或作业成本核算制度，它是以成本动因理论为基础，通过对作业进行动态追踪，反映、计量作业和成本核算对象的成本，评价作业业绩和资源利用情况的方法。

作业成本法是建立在作业消耗资源和产品消耗作业的前提之上的。根据这样的前提，作业成本法的基本原理可以概括为：依据不同的成本动因分别设置作业成本库（也称作业成本池），再分别以各成本核算对象所耗费的作业量分摊其在该作业成本库的作业成本，然后分别汇总各成本核算对象的作业总成本。作业成本法中各概念之间的关系如图 5-3 所示。

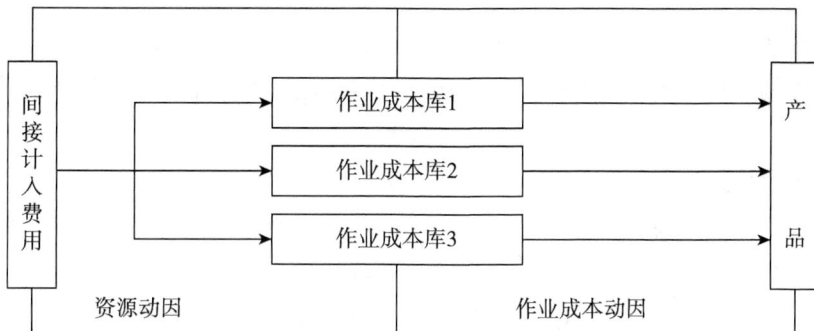

图 5-3　作业成本法中各概念之间的关系

1. 作业

作业是指企业为提供一定量的产品或劳务所消耗的人力、技术、原材料、方法和环境等的集合体，是企业为提供一定的产品或劳务所发生的以资源为重要特征的各项业务活动的统称。这就体现出作业作为一个中介，将资源耗费与产品成本相连接。因此，作业成本法的基本成本核算对象就是作业。

2. 成本动因

成本动因是指导致企业成本发生的各种因素，也是成本驱动因素。比如搬运成本的多少就与搬运次数、产品数量等有关，那么搬运次数、产品数量就是成本驱动因素。

成本动因按其对作业成本的形式及其在成本分配中的作用可分为资源动因和作业成本动因。这两个动因既是成本动因的两种分类，也是作业成本核算的两个阶段。

（1）资源动因

资源动因也称为作业成本核算的第一阶段动因，主要用在各作业中心内部成本库之间分配资源。它反映了资源消耗量与作业量之间的关系，即资源消耗量与作业量直接相关，与产品量无关。

资源动因可反映某项作业或某组作业对资源的消耗情况。比如加工所消耗的资源与加工次数、加工时间、加工数量直接相关，那么加工次数、加工时间、加工数量就是加工这项作业成本的资源动因。

（2）作业成本动因

作业成本动因也称为作业成本核算的第二阶段动因，主要用于将作业的成本分配到成本核算对象。作业成本动因与最终产品直接相关，反映了产品消耗作业的情况。

3. 作业中心与作业成本库

作业中心是成本归集和分配的基本单位，由一项作业或一组性质相似的作业组成。作业中心所包含的各项作业都是同一性质的，也就是它们的成本动因是相同的。作业中心的各项作业对资源的消耗会产生相应的资源成本，因此，作业中心也就是一个成本库，也称为作业成本库。

（二）作业成本法的核算程序

作业成本法是将物流间接成本和辅助资源准确地分配到物流作业、运作过程、产品、服务及客户中的一种成本核算方法。利用作业成本法进行物流作业成本核算时需要经过以下几个阶段。

1. 分析和确定资源

资源指支持作业的成本、费用来源。它是一定时期内为了生产产品或提供服务而发生的各类成本、费用项目，或者是作业执行过程中需要花费的代价。通常在企业财务部门编制的预算中可以比较清楚地得到各种资源项目。如运输是运输部门的一项作业，那么相应办公场所的折旧、运输人员的工资和附加费、电话费等都是运输作业的资源费用。

企业各项资源被确认后，要为每类资源设立资源库，并将一定会计期间的资源耗费归集到各相应的资源库中。

2. 分析和确定作业

作业是企业为了某一特定的目的而进行的作业耗费活动，是企业划分控制和管理的单元，是连接资源和成本核算对象的桥梁。物流过程中的每项活动都可以视为一项作业，如运输作业、包装作业、装卸搬运作业、流通加工作业等。

3. 确定资源动因，分配资源耗费至作业成本库

作业确认后，要为每项作业设立一个作业成本库，然后以资源动因为标准将各项资源

耗费分配至各作业成本库。资源动因反映了作业对资源的消耗情况，是把资源库价值分解到各作业成本库的依据。

4. 确定作业成本动因，分解作业成本至成本核算对象

作业成本动因是指作业被各种产品或劳务消耗的方式和原因，它是将作业成本库中的成本分配到成本核算对象中的标准，也是让作业耗费与最终产品相沟通的中介。

5. 核算物流作业成本

作业成本动因选定后，就可以按照同质的成本动因将相关的成本归集起来，有几个成本动因，就建立几个成本库。建立不同的成本库按多个分配指标（成本动因）分配间接费用是作业成本核算优于传统成本核算之处。

（三）作业成本法区别于传统成本法的主要特点

1. 以作业为成本核算对象

以作业为基本的成本核算对象，并将其作为汇总其他成本（如产品成本、责任中心成本）的基础。

2. 注重间接计入费用的归集与分配

作业成本法设置多样化的作业成本库，并采用多样化的成本动因作为成本分配标准，使成本归集明细化，从而提高成本的可归属性。

3. 关注成本发生的前因后果

产品的技术层次、项目种类、复杂程度不同，其耗用的间接费用也不同，但传统成本法认为所有产品都根据其产量均衡地消耗企业的所有费用。因此，在传统成本法下，产量高、复杂程度低的产品的成本往往高于其实际发生成本；产量低、复杂程度高的产品的成本往往低于其实际发生成本。

作业成本核算以作业为联系资源和产品的中介，以多样化的成本动因为依据，将资源追踪到作业，将作业成本追踪到产品，提供了相对准确的成本信息。作业成本核算以财务为导向，从分类账中获得主要成本（如间接费用）项目，进而将成本追踪到作业成本库，再将作业成本库的成本分配到各产品，侧重于对历史成本费用进行分析，是成本分配观的体现。

（四）作业成本法的意义

通过对作业成本法的基本原理的了解，可以看出它不单是一种成本核算方法，而且是成本核算与成本控制的有机结合。

1. 以作业为成本核算对象

从核算的角度来看，它是以作业（并非产品）为成本核算对象，通过对作业成本的核算，追踪产品成本的形成和积累过程，由此大大提高了核算过程的明细化程度和成本核算结果的精确度。从成本控制的角度来看，作业成本法通过对作业成本的确认、计量，为尽

可能消除不增值作业提供有用信息，从而促使这类作业减少到最低限度，以达到降低成本的目的。

2. 对间接费用的分配更为科学合理

作业成本法以作业成本为核算对象，实现了成本核算的灵活性，拓展了成本核算的范围，改进了成本分配方法，从而能为企业外部使用者提供更为正确的成本信息。

从作业成本法的核算过程看，它对直接费用的确认和分配与传统成本方法并无不同，所不同的只是对间接费用的分配。作业成本法将间接费用按相互之间的内在联系划归到若干个不同的成本库，再按各自的成本动因将它们分配到产品上去。这比传统的以直接人工工时或机器工时等单一标准统一分配间接费用更为科学合理。

3. 有利于企业内部管理

作业成本法为成本管理和控制提供了良好的出发点，优化了业绩评价尺度，从而更好地满足企业内部管理的需要。

作业成本法找到了产品与成本费用发生的联结点，即作业，使其所提供的成本信息可以深入作业层次。因而可以在生产工艺设计、生产过程中根据产品生产的需要，控制作业的数量。通过减少不增值作业来减少成本费用发生的动因，切断成本费用发生的源头，使成本费用发生得到有效控制，达到事前、事中成本控制的目的。

例 5-3 某企业产销 A、B 两种产品，这两种产品的生产工艺过程基本相同，两者的区别主要表现在所提供的物流服务上：A 产品实行的是大批量低频率的物流配送服务，每批为 4 000 件；B 产品实行小批量多频率配送服务，每批 10 件。该企业采用作业成本法核算产品的物流成本，所涉及的作业主要有七项：订单处理、包装、包装设备调整、运输装卸、质量检验、传票管理、一般管理。有关资料具体如下。

本月该企业共销售 A 产品 5 批，共计 20 000 件，B 产品 140 批，共计 1 400 件。

订单处理：全月有能力处理 1 008 份订单，本月实际处理订单 800 份，其中 A 产品订单 500 份，B 产品订单 300 份。

包装及包装设备调整：共 4 台包装机，全月总共可利用 640 机时，但不能全部用于包装，因为包装机调整会消耗一定时间。包装机每包装一批新产品时，则需要调整一次。在连续包装同一批产品件数达到 1 000 件时也需要调整一次。每台包装机调整一次需要 24 分钟。包装机如果用于包装 A 产品，每件需 1.5 分钟；如果用于包装 B 产品，每件则需 2 分钟。

运输装卸：全月共能提供 840 工时的生产能力，其中用于 A 产品运输装卸，每批需 2 小时；用于 B 产品运输装卸，每批则需 0.4 小时。

质量检验：A、B 两种产品的检验过程完全相同。该企业全月有能力检验 800 件产品，对于 A 产品，每批需要随机抽样 10 件进行检验；对于 B 产品，每批需要随机抽样 3 件进行检验。

传票管理：该企业采用计算机辅助设计系统完成传票管理。该系统每月共能提供 840 工时。本月用于 A 产品传票管理的工时数为 168 小时，用于 B 产品传票管理的工时数为

420 小时。

一般管理：本月人员及设施等利用程度为 75%。

A 产品每件消耗直接材料 1.5 元，B 产品每件消耗直接材料 1.8 元。

采用作业成本法核算上述两种产品成本的基本步骤如下。

第一步，确认和计量企业本月所提供的各类资源价值，将资源耗费价值归集到各资源库中。本月该企业所提供的各类资源价值如表 5-6 所示。

表 5-6　　　　　　　　　　　该企业所提供的各类资源价值

资源项目	工资	电力	折旧	办公
资源价值（元）	23 400	4 800	24 400	8 500

第二步，确认各种主要作业，建立作业成本库。主要作业有订单处理、包装、包装设备调整、运输装卸、质量检验、传票管理和一般管理。为每项作业分别设立作业成本库，用于归集各项作业实际消耗的资源。对于包装作业和包装设备调整作业，首先将两者合并一起核算各项资源耗用量，然后再按包装机调整所耗用的机时与可用于包装产品的机时之间的比例进行分配。

第三步，确认各项资源动因，将各资源库中汇集的资源价值分配到各作业成本库中。

工资资源价值的分配：工资费用消耗的动因在于各项作业"运用职工"，因此，应根据完成各项作业的职工人数和工资标准对工资费用进行分配。分配结果如表 5-7 所示。

表 5-7　　　　　　　　　　　　工资资源价值的分配

	订单处理	包装及包装设备调整	运输装卸	质量检验	传票管理	一般管理	合计
职工人数（人）	2	4	5	4	4	3	
每人月工资额（元）	800	1 200	1 000	1 250	1 000	1 000	
各项作业月工资额（元）	1 600	4 800	5 000	5 000	4 000	3 000	23 400

电力资源价值的分配：电力费用消耗的动因在于"用电"，可以由用电度数来衡量。已知每度电的价格为 0.5 元。具体结果如表 5-8 所示。

表 5-8　　　　　　　　　　　　电力资源价值的分配

	订单处理	包装及包装设备调整	运输装卸	质量检验	传票管理	一般管理	合计
用电度数（度）	400	3 200	2 500	2 800	360	340	9 600
金额（元）	200	1 600	1 250	1 400	1 80	170	4 800

折旧资源价值与办公资源价值的分配：折旧费用发生的原因在于各项作业运用了固定

资产。因此，可根据各项作业固定资产运用情况来分配折旧费用。这种运用通常具有"专属性"，即特定固定资产由特定作业所运用。各项办公费用也具有"专属性"，其分配方法与折旧费用的分配大体相同。有关分配结果如表5-9所示。

表5-9 折旧资源价值与办公资源价值的分配

	订单处理	包装及包装设备调整	运输装卸	质量检验	传票管理	一般管理	合计
折旧费用（元）	2 500	5 600	4 000	7 700	2 400	2 200	24 400
办公费用（元）	1 200	1 400	600	1 900	1 600	1 800	8 500

为了将包装设备调整与包装两项作业所耗用资源价值分开，需要核算包装机调整所消耗的机时。包装机调整次数：A产品需要20次，B产品需要140次，总调整次数为160次，需要消耗机时共计160×24/60＝64（小时），占包装机总机时的10%。包装机可用于包装的机时为640-64＝576（小时），占包装机总机时的90%。将上述"包装及包装设备调整"栏目中的数字乘10%即得包装机调整所耗用的资源价值量，其余90%为包装作业所耗用的资源价值量。将上述结果汇总得到表5-10。

表5-10 资源向各作业间的分配

	订单处理	包装设备调整	包装	运输装卸	质量检验	传票管理	一般管理
工资（元）	1 600	480	4 320	5 000	5 000	4 000	3 000
电力（元）	200	160	1 440	1 250	1 400	180	170
折旧（元）	2 500	560	5 040	4 000	7 700	2 400	2 200
办公（元）	1 200	140	1 260	600	1 900	1 600	1 800
合计	5 500	1 340	12 060	10 850	16 000	8 180	7 170

第四步，确定各项作业的成本动因。有关结果如表5-11所示。

表5-11 各项作业的成本动因

作业	作业成本动因
订单处理	订单处理份数
包装设备调整	包装调整次数
包装	开机小时数
运输装卸	工作小时数
质量检验	检验件数
传票管理	计算机时数

对于"一般管理"这项作业，其成本动因比较复杂，因此在核算 A、B 两种产品消耗该项资源价值时，予以另行处理。

第五步，计算有关作业成本动因分配率（一般管理的作业分配率为 0.13）。计算结果如表 5-12 所示。

表 5-12　　　　　　　　　　　作业成本动因分配率的计算结果

作业	订单处理	包装设备调整	包装	运输装卸	质量检验	传票管理
作业成本（元）	5 500	1 340	12 060	10 850	16 000	8 180
提供的作业量	1 008	160	576	840	800	840
作业动因分配率	5.46	8.38	20.94	12.92	20	9.74

第六步，计算 A、B 两种产品实际消耗的资源价值。

本月运输装卸作业实际消耗 656 工时，其中，运输装卸 A 产品消耗 5×2＝10（工时），运输装卸 B 产品消耗 140×0.4＝56（工时）。

本月包装机实际消耗 546.67 机时，其中，包装 A 产品消耗 20 000×1.5/60＝500（机时），包装 B 产品消耗 1 400×2/60＝46.67（机时）。

本月检验产品总数 470 件，其中，对 A 产品抽样 5×10＝50（件），对 B 产品抽样 140×3＝420（件）。

根据上述有关结果即可求出 A、B 两种产品实际消耗的资源价值。计算结果如表 5-13 所示。

表 5-13　　　　　　　　　　　A、B 两种产品实际消耗的资源价值

作业	作业分配率	实际耗用作业成本动因数			实际耗用资源（元）	
		A 产品	B 产品	合计	A 产品	B 产品
订单处理	5.46	500	300	800	2 730	1 638
包装设备调整	8.38	200	1 400	1 600	168	1 173
包装	20.94	500	47	547	10 470	984
运输装卸	12.92	600	56	656	7 752	724
质量检验	20	50	420	470	1 000	8 400
传票管理	9.74	168	420	588	1 636	4 000
一般管理	0.13	23 750	17 000	40 750	3 088	2 199
合计					26 844	19 118

A、B 两种产品所消耗的一般管理作业成本之和为：7 170×75%＝5 377.5（元）。可按 A、B 两种产品其他各项作业所消耗的资源成本之和的比例分配，具体如下：

A 产品耗用其他各项作业成本之和为：2 730＋168＋10 470＋7 752＋1 000＋1 636＝

23 756（元）；

　　B 产品耗用其他各项作业成本之和为：1 638+1 173+984+724+8 400+4 000=16 919（元）。

　　一般管理作业成本分配率=5 377.5/（23 756+16 919）=0.13。

　　A 产品实际耗用的一般管理作业资源成本=23 756×0.13=3 088（元）。

　　B 产品实际耗用的一般管理作业资源成本=16 919×0.13=2 199（元）。

　　第七步，计算 A、B 两种产品的物流总成本及单位成本。

　　A 产品直接材料=20 000×1.5=30 000（元）；

　　B 产品直接材料=1 400×1.8=2 520（元）；

　　A 产品物流总成本=30 000+26 844=56 844（元）；

　　B 产品物流总成本=2 520+19 118=21 638（元）。

　　第八步，计算未耗用资源，计算过程及有关结果如表 5-14 所示。

表 5-14　　　　　　　　　　　　　　未耗用资源

作业	作业分配率	未耗用作业动因数	未耗用资源成本（元）
订单处理	5.46	1 008-800=208	1 136
包装设备调整	8.38	1 600-1 600=0	0
包装	20.94	576-547=29	607
运输装卸	12.92	840-656=184	2 377
质量检验	20	800-470=330	6 600
传票管理	9.74	840-588=252	2 454
一般管理			1 793
合计			14 967

　　第九步，将上述有关结果汇总，即得 A、B 两种产品物流成本计算表，如表 5-15 所示。

表 5-15　　　　　　　　A、B 两种产品物流成本计算表　　　　　　　　单位：元

	耗用资源价值	A 产品		B 产品		未耗用资源成本
		单位成本	总成本	单位成本	总成本	
直接材料	32 520	1.5	30 000	1.8	2 520	0
订单处理	5 500	0.14	2 730	1.17	1 638	1 136
包装设备调整	13 400	0.01	168	0.84	1 173	0
包装	12 060	0.52	10 470	0.7	984	607
运输装卸	10 850	0.39	7 752	0.52	724	2 377
质量检验	16 000	0.05	1 000	6	8 400	6 600

	耗用资源价值	A产品		B产品		未耗用资源成本
		单位成本	总成本	单位成本	总成本	
传票管理	8 180	0.08	1 636	2.92	4 000	2 454
一般管理	7 170	0.15	3 088	1.58	2 199	1 793
合计	93 620	2.84	56 844	15.53	21 638	14 967

项目小结

本项目介绍了物流成本核算对象、成本费用承担实体、成本核算期，以及物流成本核算的方法（品种法、分批法、分步法和作业成本法），重点介绍了作业成本法。

同步测试

一、选择题

1. 现在越来越多的企业推行（　　），这是一种进行物流成本归集核算的有效方法。

A. 作业成本法　　　B. 经验法　　　C. 数量法　　　D. 规划论法

2. （　　）是物流成本管理的中心环节。

A. 物流成本核算　　　B. 物流成本控制　　　C. 物流成本分析　　　D. 物流成本预测

3. 作业成本法的产生最早可以追溯到 20 世纪，美国会计学家（　　）教授在其作品中首次对作业等问题进行了讨论。

A. 埃里克·科勒　　　B. 库珀　　　C. P·科特勒　　　D. 卡普兰

4. （　　）被认为是确定和控制物流成本最有前途的方法。

A. 作业成本法　　　B. 经验法　　　C. 数量法　　　D. 规划论法

5. 以下不属于物流成本核算对象的是（　　）。

A. 某种物流功能　　　B. 某一物流部门　　　C. 某一过程　　　D. 某一产品

二、简答题

1. 物流成本核算对象的基本构成要素是什么？

2. 简述作业成本法的基本原理。

3. 物流成本核算的方法有哪些？

4. 分步法核算有哪两种？

案例分析

安利降低物流成本的秘诀

同样面临物流资讯急缺、物流基建落后、第三方物流公司资质参差不齐的实际情况，国内同行的物流成本居高不下，而安利（中国）的储运成本仅占全部经营成本的4.6%。安利降低物流成本的秘诀：全方位物流战略的成功运用。

安利的"店铺+推销员"的销售方式，对物流储运有非常高的要求。安利物流储运系统的主要功能是将安利工厂生产的产品及向其他供应商采购的印刷品、辅销产品等先转运到位于广州的储运中心，然后通过不同的运输方式运抵各地的区域仓库（主要包括沈阳、北京及上海外仓）暂时储存，再根据需求转运至设在各省市的店铺，并通过家居送货或店铺等销售渠道推向市场。与其他公司不同的是，安利储运部同时还兼管着全国近百家店铺的营运、家居送货及电话订货等服务。所以，物流系统的完善与效率，在很大程度上影响着整个市场的有效运作。

但是，由于目前国内的物流资讯极为短缺，很难获得物流企业的详细信息，如从业公司的数量、资质和信用等，而国内的第三方物流供应商在专业化方面也有所欠缺，很难达到企业的要求。在这样的状况下，安利采用了适应中国国情的"安利团队+第三方物流供应商"的全方位运作模式。核心业务如库存控制等由安利统筹管理，实施信息资源最大范围的共享，使企业价值链发挥最大的效益。非核心环节，则通过外包形式完成。如以广州为中心的珠三角地区主要由安利的车队运输，其他绝大部分货物的运输都是由第三方物流公司来承担。另外，全国几乎所有的仓库均为外租第三方物流公司的仓库，而核心业务，如库存设计、调配指令及储运中心的主体设施与运作则主要由安利自己的团队统筹管理。目前已有多家大型第三方物流公司承担安利大部分的配送业务。安利会派员工定期监督和进行市场调查，以评估服务供货商是否提供具有竞争力的价格和符合公司要求的服务。这样，既能整合第三方物流的资源优势，与其建立坚固的合作伙伴关系，同时又通过对企业供应链的核心环节——管理系统、设施和团队的掌控，保持安利的自身优势。

从安利的物流运作模式来看，至少有两个方面是值得借鉴的。

首先，是投资决策的实用主义。在美国，安利仓库的自动化程度相当高，而在中国，很多现代化的物流设备并没有被采用，因为美国的土地和人工成本非常高，而中国这方面的成本比较低。两相权衡，安利弃高就低。"如果安利'中国'的销量上去了，有了需要，我们才考虑引进自动化仓库。"刚刚启用的安利新的物流中心也很好地反映出安利的"实用"哲学。新物流中心占地面积达40 000平方米，是原来仓库的4倍，而建筑面积达16 000平方米。这样大的物流中心如果全部自建的话，仅土地和库房等基础设施方面的投资就需要数千万元。安利采取和另一物业发展商合作的模式，合作方提供土地和库房，安利租用仓库并负责内部的设施投入。只用了1年时间，投入1 500万元，安利就拥有了一个面积充足、设备先进的新物流中心。而国内不少企业，在建自己的物流中心时将主要精力都放在了基建上，不仅占用了企业大量的周转资金，而且费时费力，效果并不见得很好。

　　其次，是在核心环节的大手笔投入。安利单在信息管理系统上就投资了 9 000 万元以上，其中主要的部分就是用于物流、库存管理的 AS400 系统，它使公司的物流配送运作效率得到了很大提升，同时大大降低了各种成本。安利先进的计算机系统将全球各个分公司的存货数据联系在一起，各分公司与美国总部直接联机，详细储存每项产品的生产日期、销售数量、库存状态、有效日期、存放位置、销售价值、成本等数据。有关数据通过数据专线与各批发中心直接联机，使总部及仓库能及时了解各地区、各店铺的销售和存货状况，并按各店铺的实际情况及时安排补货。在仓库库存不足时，公司的库存及生产系统也会实时安排生产，并预定补给计划，以避免个别产品出现断货情况。

项目六　运输成本管理

1. 了解运输的概念、功能和运输程序；
2. 明确运输成本的构成及影响因素；
3. 掌握运输成本的核算方法；
4. 了解运输不合理的原因；
5. 掌握使运输合理化的控制方法。

1. 能根据日常支出分类核算运输成本；
2. 能根据实际情况优化运输成本。

📖 **案例导入**

上海通用汽车循环取货运输成本降低三成

当生产需要某种零部件供给时，最简便的方法是从单个供应商处一次运输大量的零部件。然而，循环取货方式配送则是一次运输就从多个供应商处提取多品种、少批量的零部件。这种与工厂生产合拍的运输计划能保持工厂最小的库存。通过有效的路径设计，有效地控制大批量、低频次配送的费用。

上海通用汽车是一个典型的制造企业，各种车型零部件总量有5400多种。上海通用汽车在国内外还拥有180家供应商，以及北美和巴西两大进口零部件基地。为了达到降低库存又能够节约运输成本的目的，上海通用汽车启动了LLM（Leading Logistics Management）项目。具体的规划分成两个部分。

第一部分：分析供应商地点及货物量优化运输路线

路线对于运输成本会产生重大影响。路线的分析与制定采用了软件建模的方式，把所有国产件供应商地点及货物量经过一定的优化后组合成若干运输路线。

目前，上海通用汽车的80%供应商分布在上海市郊，少数供应商分布在江苏与浙江，这些数据都进入系统。供应商的交货量对建立网络来说是一个非常重要的参数。有些供应商的交货量非常大，那么这些供应商供应的货物就适合直接送工厂，而另一些供应商由于供货量比较小就需要在网络中整合。然而有时需要考虑装载量及卡车使用效率等问题，那些供货量较大的供应商的货物也需要整合到网络中，分几次运输。

第二部分：通过系统优化获得卡车货物最佳装载量

三维卡车货物装载优化是通过软件系统来辅助进行设计的。该软件系统能以图像方式模拟各种货物在卡车中的装载方式，计算各种货物的最佳装载位置，整个车辆在多次装载前后的重量、重心位置等，并能通过系统优化获得非常高的装载量，达到增加单车运量，提高安全系数甚至节省燃油的目的。

此外，由于循环取货是 24 小时工作制，因此合理安排司机与卡车是非常重要的，这不仅需要考虑工厂生产对货物到达的需求，还需考虑司机工作的时间安排、人体工程等因素，这对于节约成本同样是至关重要的。

从 2003 年 3 月起，上海通用汽车开始全面运行该循环取货方式。上汽通用汽车的财务分析显示，通过该方式，零部件运输成本每年可以节约 300 万元人民币，下降了 30% 以上。

可以看出，循环取货方式是一个优化的物流系统网络，其特色是多频次、小批量、定时性。通过有效的运输线路规划和物流体系设计，起到了降低运输成本的作用。

任务一 运输成本认知

一、运输概述

（一）运输的概念与功能

运输是物流系统中的核心功能之一，是物品借助于运力在空间上所发生的位置移动。通俗地讲，运输是对人和物的载运及输送。本书中专指"物"的载运及输送。它是在不同地域范围间（如两个城市、两个工厂之间，或一个大企业内相距较远的两车间之间），以改变"物"的空间位置为目的的活动。和搬运的区别在于，运输是较大范围的活动，而搬运是在同一地域之内较小范围的活动。

运输在物流系统中提供两大功能：物品转移和物品储存。

物品转移是运输的主要功能，也就是物品在供应链中的移动。运输的主要目的就是以最少的时间、财务和环境资源成本，将物品从供应地转移到需求地。

将运输车辆作为储存设施，对物品进行临时储存只是运输的一个附属功能。然而，如果转移中的物品需要短时间储存，又将重新转移，这种储存就是必要的，因为将物品卸下再装上的成本可能会超过储存在运输工具上的成本。在准时生产、敏捷制造等生产管理方法中，可以利用运输的这种功能。

（二）运输的地位

1. 运输是物流的主要功能要素之一

按物流的概念，物流是"物"的物理性运动，这种运动不但改变了物的时间状态，也改变了物的空间状态，而运输承担了改变空间状态的主要任务。运输是改变物的空间状态的主要手段，运输再配以搬运、配送等活动，就能圆满完成改变空间状态的全部任务。

在现代物流观念诞生之前，甚至就在今天，仍有不少人将运输等同于物流，其原因是物流中很大一部分责任是由运输承担的，是物流的主要部分，因而出现上述认识。

2. 运输是社会物质生产的必要条件之一

运输是国民经济的基础和先行。马克思将运输称为"第四个物质生产部门"，将运输看作生产过程的继续，这个"继续"虽然以生产过程为前提，但如果没有这个继续，生产过程则不能最后完成。所以，虽然运输这种生产活动和一般生产活动不同，它不创造新的物质产品，不增加社会产品数量，不赋予产品新的使用价值，而只变动其所在的空间位置，但这一变动则使生产能继续下去，使社会再生产不断推进，所以将其看成一种物质生产部门。

运输作为社会物质生产的必要条件，表现在以下两个方面。

（1）在生产过程中，运输是生产的直接组成部分，没有运输，生产内部的各环节就无法有效连接。

（2）在社会上，运输是生产过程的继续，这一活动连接生产与再生产、生产与消费的各环节，连接国民经济各部门、各企业，连接城乡，连接不同国家和地区。

3. 运输可以创造"场所效用"

场所效用的含义是：同种"物"由于空间场所不同，其使用价值的实现程度则不同，其效益的实现也不同。由于改变场所而很好地发挥了物的使用价值，最大限度提高了投入产出比，这就称为"场所效用"。通过运输，将"物"运到场所效用最高的地方，就能发挥"物"的潜力，实现资源的优化配置。从这个意义来讲，也相当于通过运输提高了物的使用价值。

4. 运输是"第三利润源"的主要源泉

（1）运输是运动中的活动，要靠大量的动力消耗才能实现，所以活动的时间长、距离长、消耗也大。消耗的绝对数量大，其节约的潜力也就大。

（2）从运费来看，运费在全部物流费用中占比最高，接近50%。有些产品的运费高于产品的生产费，所以节约成本的潜力是巨大的。

（3）由于运输总里程大，运输总量大，通过体制改革和运输合理化可大大降低运输成本，从而获得比较大的成本节约。

（三）运输方式

运输方式的选择是物流系统决策中的一个重要环节，也是物流合理化的重要内容。目前有五种基本运输方式，分别为公路运输、铁路运输、水路运输、航空运输、管道运输。

1. 公路运输

公路运输指使用汽车或其他运输工具（如人、畜力车）在公路上进行客货运输的一种方式。公路运输主要承担水路运输、铁路运输难以到达地区的长途、大批量货运及铁路、水运优势难以发挥的短途运输。由于公路运输有很强的灵活性，近年来，在有铁路运输、水路运输的地区，长途（比短途远，但不是长途）的大批量运输也开始使用公路运输。公路运输的主要优点是灵活性强，公路建设期短，投资较低，易于因地制宜，对收货设施要求不高等。公路运输还可以实现"门到门"的运输形式，即从发货者门口直到收货者门口，不需要转运或反复装卸搬运。公路运输也可作为其他运输方式的衔接手段。公路运输的经济半径一般在 200 千米以内。

2. 铁路运输

铁路运输是指使用铁路列车运送客货的一种运输方式。铁路运输主要承担长距离、大数量的货物运输，在没有水运条件的地区，几乎所有大批量货物都依靠铁路运输。铁路运输是在干线运输中起主力运输作用的运输形式。

铁路运输的优点是速度快，不太受自然条件限制，载运量大，运输成本较低。其主要缺点是灵活性差，只能在固定线路上实现运输，需要与其他运输手段配合和衔接。铁路运输的经济里程一般在 200 千米以上。

3. 水路运输

水路运输是指使用船舶运送客货的一种运输方式。水路运输主要承担大数量、长距离的运输，是在干线运输中起主力作用的运输形式。在内河及沿海，水路运输也常担任补充及衔接大批量干线运输的任务。

水路运输的主要优点是成本低，运输批量大、距离远。但是水路运输也有明显的缺点，主要是运输速度慢，受港口、水位、季节、气候影响较大，因而一年中中断运输的时间较长。水路运输有以下四种形式：

（1）沿海运输，是使用船舶通过大陆附近沿海航道运送客货的一种方式，一般使用中、小型船舶。

（2）近海运输，是使用船舶通过大陆邻近国家海上航道运送客货的一种运输形式，视航程可使用中型船舶，也可使用小型船舶。

（3）远洋运输，是使用船舶跨大洋的长途运输形式，主要依靠运量大的大型船舶。

（4）内河运输，是使用船舶在陆地内的江、河、湖等水道进行运输的一种方式，主要使用中、小型船舶。

4. 航空运输

航空运输是指使用飞机或其他航空器进行运输的一种运输方式。航空运输的单位成本很高，因此，主要适合运载的货物有两类：一类是价值高、运费承担能力很强的货物，如贵重设备的零部件、高档产品等；另一类是紧急需要的物资，如救灾抢险物资等。

航空运输的主要优点是速度快，不受地形的限制。在火车、汽车都无法到达的地区也可依靠航空运输。

5. 管道运输

管道运输是指利用管道输送气体、液体和粉状固体的一种运输方式。其运输形式是靠物体在管道内顺着压力方向循序移动实现的，和其他运输方式的主要区别在于，管道设备是静止不动的。

管道运输的主要优点是，由于采用密封设备，在运输过程中可避免散失、丢失等损失，也不存在其他运输设备本身在运输过程中消耗动力所形成的无效运输问题。另外，运输量大，适合于量大且连续不断运送的物资。

在各种运输方式中，如何选择适当的运输方式是物流合理化的重要问题。一般来讲，应从物流系统要求的服务水平和允许的物流成本方面来考虑。可以使用一种运输方式，也可以使用联运方式。

（四）运输方式选择的考虑因素

对于运输方式的选择，可以在考虑具体条件的基础上，结合下面五种具体项目综合考虑。

1. 货物品种

关于货物品种及性质、形状，应在包装项目中加以说明，企业应选择适合这些货物特性的运输方式。货物对运费的负担能力也要认真考虑。

2. 运输期限

运输期限必须与交货日期相联系，应保证运输时限。必须调查各种运输工具所需要的运输时间，根据运输时间来选择运输工具。运输时间的快慢顺序一般情况下依次为航空运输、汽车运输、铁路运输、管道运输、水路运输。各运输工具可以按照它的速度编组来安排日程，加上它的两端及中转的作业时间，就可以算出所需的运输时间。

3. 运输成本

运输方式不同，运输成本也会发生变化。在选择运输方式时，必须注意运输成本与其他物流子系统之间的利弊关系，根据全部运输总成本来决定。

4. 运输距离

从运输距离看，一般情况下，300千米以内，用汽车运输；300~500千米，用铁路运输；500千米以上，用船舶运输。这样的选择是比较经济合理的。

5. 运输批量

大批量运输成本低，应尽可能选择合适的运输方式。一般来说，20吨以下的货物用汽车运输；20~100吨的货物用铁路运输；100吨以上的原材料等货物，应选择船舶运输。

（五）运输程序

商品运输的主要环节包括：编制商品运输计划、商品发运、商品中转、商品接收。

1. 编制商品运输计划

运输计划的内容有：发站、到站、品类、吨数、收发货单位。报给铁路部门的运输计划还要有车皮数。

2. 商品发运

商品发运指商品发货单位按照运输部门的规定，办理运输手续，通过运输工具把商品发给接收单位。商品发运后，要立即向收货单位或中转单位发出发货预通知，以便对方准备接货。

3. 商品中转

商品中转指商品在运输途中变更运输设备或者运输路线，进行商品的转运。它是运输过程的中间环节。中转单位要与收货单位密切联系，按时填报中转计划，填制中转通知单，反映商品中转中出现的问题，以利于商品中转。某工厂发货给产品订户的程序如图6-1所示。

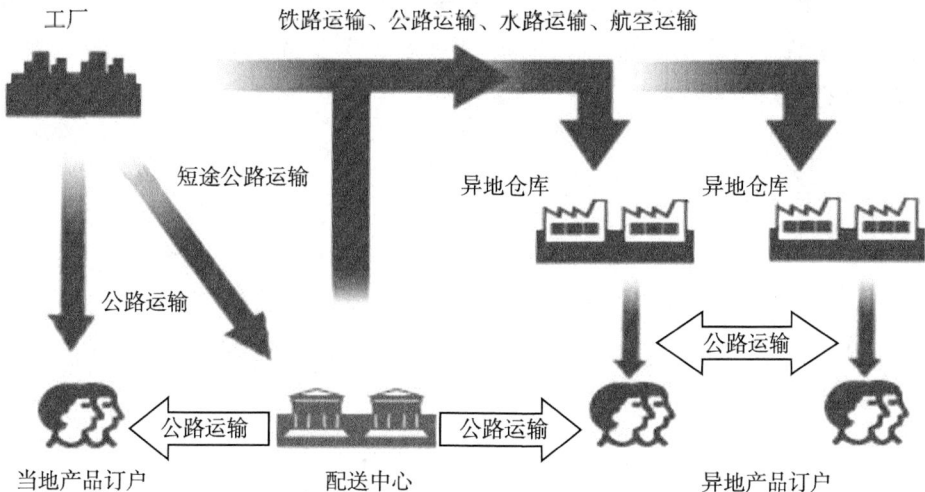

图6-1　某工厂发货给产品订户的程序

4. 商品接收

商品接收是商品运输过程的最后环节。收货单位在接到发货单位的预报或交通运输部门的到货通知后，应迅速做好接货卸车的准备工作（包括设施设备准备、人力准备、业务准备）。商品到达时，收货单位要会同交通运输部门，根据商品运单（或发货明细表）清点商品，如发现商品残损、短缺等问题，属于交通运输部门责任的，应填制货运记录，据此向到站的交通运输部门索赔；属于发货单位责任的，需填制相关记录提出索赔，即时处理。商品核收后，收货单位要将接收的情况反馈给发货单位。

二、运输成本的含义

运输成本是指企业在对原材料、在制品以及产成品的运输活动中所发生的各种费用。它是物流成本中的重要组成部分，为了降低物流总成本，应严格控制运输成本，加强运输成本的管理。据有关资料统计，运输成本在物流成本中的占比近一半，运输成本管理的优劣是物流成本能否降低的重要影响因素。

运输成本主要包括：人工费用，如工资、福利费、奖金、津贴和补贴等；营运费用，如营运车辆的燃料费、轮胎费、折旧费、维修费、租赁费、车辆牌照检查费、车辆清理费、过路费、保险费、公路运输管理费等；其他费用，如差旅费、事故损失、相关税金等。运输成本的核算是一个复杂的过程，依据各个企业的实际情况，运输成本的构成与核算方法也不一样。

图6-2是某物流公司运输成本的构成，该图表示的成本只是一种可能的情况。例如驾驶员工资即使是"固定"的，那么对每个驾驶员来说，可能每个月也是不同的，如果是"变化"的，那么它的计算公式也可能是相当复杂的。"四金福利补贴"是依据"驾驶员工资"按照一定的比例计算出的，"四金"中各自的比例是不同的，受政策的影响。通行费与每次出车任务实际发生的费用一致。由于无法将每次出车任务实际耗用的燃料进行精确计量，所以一般使用每月油票汇总，或者制定出每月每车百公里耗油标准，依据该车每次出车任务行驶的公里数"计算"耗油量。并且针对不同的企业，各种成本（费用）的名称也可能是有区别的。

```
                                                                    ┌─────────────┐
                                                    ┌──────────┐────│ 四金福利补贴 │
                                                    │ 运输比例费 │    └─────────────┘
                                                    └──────────┘────┌─────────────┐
                                                                │───│   通行费    │
                                                                │   └─────────────┘
                                                                └───┌─────────────┐
                                                                    │   燃料费    │
                                                                    └─────────────┘
                                                                    ┌─────────────┐
                                    ┌──────────────┐            ┌───│  驾驶员工资  │
                                ┌───│ 单车直接运送成本 │            │   └─────────────┘
                                │   └──────────────┘            ├───┌─────────────┐
                                │                               │   │  搬运工工资  │
                                │                               │   └─────────────┘
                                │                               ├───┌─────────────┐
                                │                               │   │  车辆折旧费  │
                                │                               │   └─────────────┘
                                │                               ├───┌─────────────┐
                                │                               │   │   车船税    │
                                │                               │   └─────────────┘
                                │                               ├───┌─────────────┐
                                │                               │   │   保险费    │
                                │                               │   └─────────────┘
                                │               ┌──────────┐    ├───┌─────────────┐
                                │               │  固定费   │────│   │   运管费    │
                                │               └──────────┘    │   └─────────────┘
                                │                               ├───┌─────────────┐
                                │                               │   │   验车费    │
                                │                               │   └─────────────┘
                                │                               ├───┌─────────────┐
                                │                               │   │  二保定级费  │
┌──────────┐                    │                               │   └─────────────┘
│单车运输成本体系│───────────────│                               ├───┌─────────────┐
└──────────┘                    │                               │   │  汽修人工费  │
                                │                               │   └─────────────┘
                                │                               ├───┌─────────────┐
                                │                               │   │  维修汽配费  │
                                │                               │   └─────────────┘
                                │                               ├───┌─────────────┐
                                │                               │   │   福利补贴  │
                                │                               │   └─────────────┘
                                │                               ├───┌─────────────┐
                                │                               │   │ 低值消耗品费 │
                                │                               │   └─────────────┘
                                │                               └───┌─────────────┐
                                │                                   │ 劳动保护（年薪）│
                                │                                   └─────────────┘
                                │                                   ┌─────────────┐
                                │               ┌──────────┐    ┌───│  管理人员工资 │
                                │               │   静态   │────│   └─────────────┘
                                │               └──────────┘    ├───┌─────────────┐
                                │                               │   │   其他福利   │
                                │                               │   └─────────────┘
                                │                               └───┌─────────────┐
                                │                                   │ 办公设备折旧费 │
                                │                                   └─────────────┘
                                │                                   ┌─────────────┐
                                │   ┌──────────┐                ┌───│   水/电费   │
                                └───│ 车队管理费 │                │   └─────────────┘
                                    └──────────┘                ├───┌─────────────┐
                                                │               │   │ 办公费/电话费 │
                                                │ ┌──────────┐  │   └─────────────┘
                                                └─│   动态   │──│───┌─────────────┐
                                                  └──────────┘  │   │ 交际费/其他费用│
                                                                │   └─────────────┘
                                                                └───┌─────────────┐
                                                                    │   事故费    │
                                                                    └─────────────┘
```

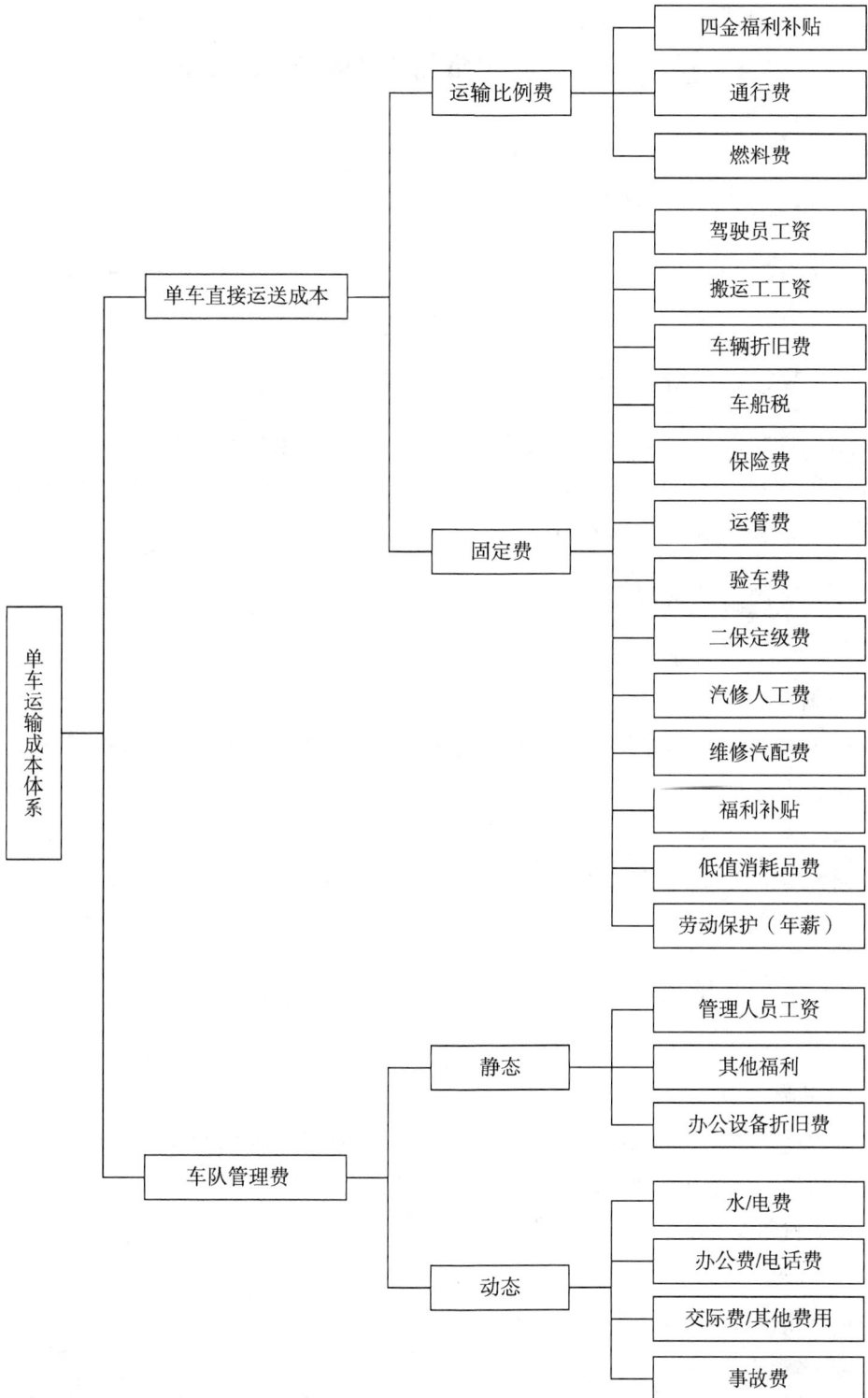

图 6-2 某物流公司运输成本的构成

任务二　运输成本的构成与核算

一、运输成本的构成

根据《企业会计准则》的规定，结合运输生产耗费的实际情况，运输成本项目可划分为直接人工费用、直接材料费用、其他直接费用、营运间接费用四个基本部分。

（一）直接人工费用

直接人工费用指支付给营运车辆司机和助手的工资，包括司机和助手随车参加本人所驾车辆保养和修理作业期间的工资、工资性津贴、生产性奖金，以及按营运车辆司机和助手工资总额 14% 计提的职工福利费。

（二）直接材料费用

直接材料费用包括燃料费用和轮胎费用。

1. 燃料费用

燃料费用指营运车辆运行过程所耗用的各种燃料的费用，如营运过程耗用的汽油、柴油等燃料的费用。

2. 轮胎费用

轮胎费用指营运车辆所耗用的外胎费用、内胎费用、垫带费用，以及轮胎翻新费用和零星修补费用等。

（三）其他直接费用

其他直接费用主要包括以下项目。

1. 保养修理费

保养修理费指营运车辆进行各级保养及各种修理所发生的料工费、修复旧件费用和行车耗用的机油、齿轮油费用等。采用总成互换保修法的企业，保修部门领用的周转总成、卸下总成的价值及卸下总成的修理费也包括在内。

2. 折旧费

折旧费指按规定计提的营运车辆折旧费。

3. 其他费用

其他费用指不属于以上各项目的与营运车辆运行直接有关的费用，包括车管费（按规定向运输管理部门缴纳的营运车辆管理费）、行车事故损失（营运车辆在运行过程中，因行车事故发生的损失，但不包括非行车事故发生的货物损耗及由于不可抗力造成的损失）、车辆牌照检查费、保险费、车船使用税、洗车费、过桥费、轮渡费、司机途中宿费、行车杂费等。

（四）营运间接费用

营运间接费用指车队、车站、车场等基层营运单位为组织与管理营运过程所发生的，应由各类成本负担的管理费用和营业费用，包括工资、职工福利费、劳动保护费、取暖费、水电费、办公费、差旅费、修理费、保险费、设计制图费、试验检验费等。

二、影响运输成本的因素

运输成本通常受七个因素的影响，尽管这些因素并不是运费表上的组成部分，但在承运人制定运输费用时，都必须对每一个因素加以考虑。

（一）运输距离

运输距离是影响运输成本的主要因素，因为它直接对人工费用、燃料费用和保养维修费用等变动成本发生作用。

（二）载货量

载货量之所以影响运输成本，是因为大多数运输活动中存在规模经济。每单位重量的运输成本随载货量的增加而减少。这种关系对管理部门的启示是，小批量的载货应集并成更大的载货量，以期利用规模经济效应。

（三）货物的疏密度（轻泡货和重货）

运输成本通常表示为每单位重量所花费的数额。在重量和空间方面，单独的一辆运输卡车更多是受空间限制而不是重量限制。即使该产品重量很轻，车辆一旦装满，就不可能再增加装运数量。货物的疏密度越高，相对地可以把固定运输成本分摊到越多的重量上去，使这些产品每单位重量的运输成本相对较低。在实际的操作中，通常表现为轻泡货和重货的混装，以增大货物的疏密度。

（四）装载能力

装载能力是指产品的具体尺寸及其对运输工具的空间利用程度的影响。一些产品因具有不规则的尺寸和形状而不能很好地进行装载，从而浪费运输工具的空间，使装载能力下降。装载能力还受装运规模的影响，大批量的产品能够相互嵌套、便于装载，而小批量的产品有可能难以装载。

（五）装卸搬运

卡车、火车或船舶等的运输可能需要特别的装卸搬运设备。此外，产品在运输和储存时实际所采用的成组方式（如托盘或装箱等）也会影响运输成本。

（六）责任

责任关系到货物的索赔。因此，要考虑的具体因素是货物的易损坏性、易腐性、易被偷盗性、易自燃性或自爆性、单位价值以及货运损害所承担的责任大小。通常，易腐性、易被偷盗性、易自燃性或自爆性的商品以及单位价值较高的商品，承运人所承担的责任与风险也比较大。承运人必须通过向保险公司投保来预防可能发生的索赔，否则有可能要承担损坏赔偿责任。托运人可以通过改善保护性包装，或通过减少货物灭失损害的可能性，降低其风险，最终降低运输成本。

（七）运输供需因素

运输通道流量和通道流量均衡等运输供需市场因素也会影响运输成本。这里所谓的运输通道是指起运地与目的地之间的移动，显然运输车辆和驾驶员都必须返回起运地，于是对他们来说要么找一票货带回来（回程运输），要么只能空车返回。当发生空车返回时，有关人工、燃料和维修保养等费用仍然必须按照原先的"全程"运输支付。于是理想的情况就是"平衡"运输，即运输通道两端的流量相等。

三、运输成本的核算

（一）直接人工的归集与分配

物流企业直接人工中的工资，每月根据工资结算表进行汇总与分配。对于有固定车辆的司机和助手的工资，直接计入各自成本核算对象的对应科目，对于没有固定车辆的司机和助手的工资以及后备司机和助手的工资，则需按一定标准（一般为车辆的车日）分配计入各成本核算对象的对应科目，计算方法如下：

每车日的工资分配额＝应分配的司机及助手工资总额/各车辆总车日

营运车辆应分配的工资额＝每车日的工资分配额×营运车辆总车日

（二）直接材料的归集与分配

1. 燃料

对于燃料消耗，企业应根据燃料领用凭证进行汇总与分配。但必须注意，在采用满油箱制的情况下，车辆当月加油数就是当月燃料耗用数；在采用盘存制的情况下，当月燃料耗用数应按公式确定：

当月燃料耗用数＝月初车存数＋本月领用数－月末车存数

2. 轮胎

营运车辆领用外胎、内胎、垫带的费用，以及轮胎翻新和零星修补费等，一般根据轮胎领用汇总表及有关凭证，按实际数直接计入各成本核算对象的对应科目。至于领用外胎，由于存在重复利用的问题，其成本存在差异，而其成本如何计入各成本核算对象的对应科目，则有不同的处理方法。当采用外胎价值一次摊销计入成本的办法时，应根据"轮胎发出汇总表"进行归集与分配；发生外胎翻新费时，根据付款凭证（或通过待摊费用）直接计入各成本核算对象的对应科目。当采用按行驶公里预提外胎费用分摊成本的办法时，其成本（包括废胎里程超、亏的费用调整）应根据"轮胎摊提费计算表"进行归集与分配；外胎翻新费包括在摊提率之内计算的，发生外胎翻新费时，实际外胎翻新费与计划外胎翻新费的差额，根据记账凭证所附原始凭证调整计入各成本核算对象的对应科目；轮胎翻新费不包括在摊提率之内计算的，发生的外胎翻新费直接计入相应成本核算对象的对应科目。

（三）其他直接费用的归集与分配

1. 保养修理费

物流运输企业车辆的各级保养和修理作业，分别由车队保修班和企业所属保养场（保修厂）进行。由车队保修班进行的各级保修和小修理的费用，包括车队保修工人的工资及职工福利费、行车耗用的机油和保修车辆耗用的燃料、润料和备品配件费用等，一般可以根据各项凭证汇总，全部直接计入各成本核算对象的成本。对于车队保修班发生的共同性费用，可按营运车日比例分配计入各车队运输成本。由保养场（保修厂）进行的保修，主要是大修理所发生的费用，视同辅助生产费用，通过"辅助营运费用"二级账户进行归集与分配。

必须注意的是，由于营运车辆大修理一般数额较大，修理的间隔期也较长，为均衡损益，一般采用预提的办法，即根据大修理费计提额预提时借记"主营业务成本——运输支出"账户，贷记"预提费用"账户，如果发生差异，同样要进行调整。前者大于后者为超支，应调增大修理费计提额和运输成本；反之则为节约而应予调减。

2. 折旧费

物流运输企业计提固定资产折旧可以采用平均年限法、工作量法、双倍余额递减法、年数总和法，但车辆的固定资产折旧一般采用工作量法计提。当采用工作量法时，由于外胎费用核算有两种不同的方法，所以车辆折旧的计算也有两种方法。如采用外胎价值一次摊销计入成本的方法，则计提折旧时，外胎价值不必从车辆原值中扣减；如采用按行驶公里预提外胎费用分摊成本的方法，则计算折旧时，外胎价值就应从车辆原值中扣减，否则会出现重复摊提的现象。

3. 其他费用

营运车辆发生的其他直接费用，除保养修理费、折旧费等外，还包括其他几项有关费用，内容比较复杂，但费用发生时同样可以根据费用凭证直接计入各成本核算对象。

营运车辆的公路运输管理费，一般按运输收入的规定比例计算缴纳。因此，企业缴纳的公路运输管理费可以根据交款凭证直接计入各类运输成本。

营运车辆在营运过程中因种种行车事故所发生的修理费、救援和善后费用，以及支付给外单位人员的医药费、丧葬费、抚恤费、生活费等支出，扣除从保险公司收回的赔偿收入及事故对方或过失人的赔偿款后，净损失也可根据付款凭证、收款凭证直接计入各类运输成本。如果行车事故较为严重复杂，处理时间较长，可在发生各项支出时通过"其他应收款——暂付事故赔款"账户核算，然后逐月将已发生事故净损失转入各类运输成本。对于当年不能结案的事故，年终时可按估计净损失数预提转入运输成本；在结案的年底，再根据预提损失数与实际损失数的差额，调整当年的有关运输成本。

车辆牌照检查费、车船使用税、洗车费、过桥费、轮渡费、司机途中住宿费、行车杂费等费用发生时都可以根据付款凭证直接计入各类运输成本。此外，领用随车工具及其他低值易耗品，可以根据领用凭证，一次或分摊计入各类运输成本。

例 6-1   深圳 A 配送中心向广州 B 公司订货，并派车提货，车货总重量为 19.8 吨，走 107 国道，相关数据如表 6-1 所示。

表 6-1   干线运输里程及每台车辆的油耗

里程（km）	空载时的油耗（L/100km）	载货时的油耗（L/100km）	过路费（元）
150	35	45	无

注：设柴油价为 6.0 元/升。

从深圳出发到广州的货车当天能返回，一辆车配一名司机，司机每天的工资是 300元，以一辆车为例，计算提货的运输成本。

解： 一辆车的运输成本 =（150×35/100+150×45/100）×6+300 = 1 020（元）

任务三   运输成本的优化

既然运输成本对物流总成本的降低具有举足轻重的作用，那么在物流运输时一定要追求运输的合理化，避免不合理的运输发生。但是在运输工作中往往存在一些不合理的运输情况，包括空驶、对流运输、迂回运输、重复运输等，合理运输就是要消除上述不合理的运输情况，使各种运输方式得到有效的综合利用。

一、不合理运输

不合理运输是在现有条件下可以达到的运输水平而未达到，从而造成了运力浪费、运输时间增加、运费超支等问题的运输形式。目前我国存在的主要不合理运输形式有以下几种。

（一）空驶

空驶是不合理运输最严重的形式。在实际运输组织中，有时候必须调运空车，从管理上不能将其看成不合理运输。但是，因调运不当、货源计划不周，不采用社会化运输体系而形成的空驶，是不合理运输的表现。造成空驶的不合理运输主要有以下几种原因。

1. 自己运输

能利用社会化的运输体系而不利用，却依靠自备车送货提货，这往往出现去程重车，回程空驶等不合理运输。

2. 调度不周

由于工作失误或计划不周，造成货源不实，车辆空去空回，形成双程空驶。

3. 车辆限制

由于车辆过分专用，无法搭运回程货，只能单程实车，单程回空周转。

（二）对流运输

对流运输也称"相向运输""交错运输"，指同一种货物，或彼此间可以互相代用而又不影响管理、技术及效益的货物，在同一线路上或平行线路上做相对方向的运送，而与对方运程的全部或部分发生重叠交错的运输。已经制定了合理流向图的产品，一般必须按合理流向的方向运输，如果与合理流向图指定的方向相反，也属对流运输。

在判断对流运输时需注意的是，有的对流运输是不明显的隐蔽对流，例如不同时间的相向运输，从发生运输的时间看，并无出现对流，但可能做出错误的判断，所以要注意隐蔽的对流运输。

（三）迂回运输

迂回运输是舍近取远的一种运输，也是可以选取短距离进行运输而不选，却选择较长路线进行运输的一种不合理形式。迂回运输有一定复杂性，不能简单处之，只有当计划不周、地理不熟、组织不当而发生的迂回，才属于不合理运输，如果因最短距离有交通阻塞、道路情况不好或有对噪声、排气等的特殊限制而发生的迂回运输，不能称为不合理运输。

（四）重复运输

本来可以直接将货物运到目的地，但是在未达目的地之处，或目的地之外的其他场所将货卸下，再重复装运送达目的地，这是重复运输的一种形式。另一种形式是，同品种货物在同一地点一边运进，同时又向外运出。重复运输的最大问题是增加了非必要的中间环节，延缓了流通速度，增加了费用，增大了货损。

（五）倒流运输

倒流运输是指货物从销地或中转地向产地或起运地回流的一种运输现象。其不合理程度要甚于对流运输，其原因在于，往返两程的运输都是不必要的，形成了双程的浪费。倒流运输也可以看成对流运输的一种特殊形式。

（六）过远运输

过远运输是指调运物资舍近求远，近处有资源不调而从远处调，这就造成可采取近程运输而未采取，拉长了货物运距的浪费现象。过远运输占用运力时间长、运输工具周转慢、商品占用资金时间长、远距离运输自然条件相差大，又易出现货损，增加费用支出。

（七）运力选择不当

运力选择不当是指未比较各种运输工具优势而不正确地利用运输工具造成的不合理现象，常见有以下几种形式。

1. 弃水走陆

弃水走陆是指在同时可以利用水运及陆运时，不利用成本较低的水运或水陆联运，而选择成本较高的铁路运输或公路运输，使水运优势不能发挥的不合理做法。

2. 铁路、大型船舶的过近运输

铁路、大型船舶的过近运输指不是铁路及大型船舶的经济运行里程却利用这些运力进行运输的不合理做法。主要不合理之处在于火车及大型船舶起运及到达目的地的准备、装卸时间长，且机动灵活性不足，在过近距离中利用，发挥不了优势。相反，由于装卸时间长，反而会延长运输时间。另外，和小型运输设备比较，火车及大型船舶装卸难度大、费用也较高。

3. 运输工具承载能力选择不当

运输工具承载能力选择不当指不根据承运货物数量及重量选择，而盲目决定运输工具，造成过分超载、损坏车辆及货物不满载、浪费运力的现象。尤其是"大马拉小车"现象发生较多。由于装货量小，单位货物运输成本必然增加。

（八）托运方式选择不当

托运方式选择不当，会造成运力浪费及费用支出加大。

托运方式选择不当包括应选择整车未选择，反而采取零担托运；应选择直达运输而选择中转运输；应选择中转运输而选择直达运输等。

上述的各种不合理运输形式都是在特定条件下表现出来的，在进行判断时必须注意其不合理的前提条件，否则就容易出现判断失误。例如，如果同一种产品，商标不同，价格不同，所发生的对流，不能绝对看成不合理，因为其中存在着市场机制引导的竞争，如果强调因为表面的对流而不允许运输，就会起到保护落后、阻碍竞争，甚至助长地区封锁的作用。

以上对不合理运输的描述，主要是就形式本身而言，从微观观察得出的结论。在实践中，必须将其放在物流系统中做综合判断，在不做系统分析和综合判断时，很可能出现"效益悖反"现象。单从一种情况来看，避免了不合理，做到了合理，但它的合理却使其他部分出现不合理。只有从系统角度综合进行判断才能有效避免"效益悖反"现象，从而优化整个系统。

二、运输合理化的概念与影响因素

由于运输是物流中最重要的功能要素之一，物流合理化在很大程度上依赖于运输合理化。物流过程的合理运输，是从物流系统的总体目标出发，运用系统理论和系统工程原理及方法，充分利用各种运输方式，选择合理的运输路线和运输工具，以最短的路径、最少的环节、最快的速度和最少的劳动消耗，组织好物资产品的运输活动。

运输合理化的影响因素很多，起决定性作用的有以下五种。

（一）运输距离

在运输时，运输时间、货损、运费、车辆或船舶周转周期等运输的若干技术经济指标，都与运输距离有一定关系。运输距离长短是运输是否合理的一个最基本因素。缩短运输距离从宏观、微观角度来看都会给企业带来好处。

（二）运输环节

每增加一个运输环节，不但会增加总运费，而且会增加运输的附属活动，如装卸、包装等，各项技术经济指标也会因此下降。所以，减少运输环节，尤其是同类运输工具的环节，对合理运输有促进作用。

（三）运输工具

各种运输工具都有其使用的优势领域，对运输工具进行优化选择，按运输工具特点进行装卸运输作业，最大限度发挥所用运输工具的作用，是运输合理化的重要一环。

（四）运输时间

运输是物流过程中需要花费较多时间的环节，尤其是远程运输，在全部物流时间中，运输时间占绝大部分，所以，运输时间的缩短对整个流通时间的缩短起决定性的作用。此外，运输时间短，有利于加速货物周转，提高运力，也有利于加速货主资金的周转，提高运输线路的通过能力。

（五）运输费用

运输费用的高低在很大程度上决定了整个物流系统的竞争能力。实际上，运输费用的降低，无论对货主企业来讲还是对物流经营企业来讲，都是运输合理化的一个重要目标。运输费用也是各种合理化措施是否行之有效的最终判断依据之一。

三、运输成本优化措施

(一) 提高运输工具实载率

实载率有两个含义：一是单车实际载重与运输距离的乘积和标定载重与行驶里程的乘积的比率；二是车船的统计指标，即一定时期内车船实际完成的货物周转量（以吨公里计）占车船载重吨位与行驶公里的乘积的百分比。在计算车船行驶的公里数时，不但包括载货行驶公里数，也包括空驶公里数。

实载率的意义在于：充分利用运输工具的额定能力，减少车船空驶和不满载行驶的时间，减少浪费，从而求得运输的合理化。

我国曾在铁路运输上提倡"满载超轴"，其中，"满载"的含义就是充分利用货车的容积和载重量，多载货，不空驶，从而达到合理化的目的。这个做法对推动当时运输事业发展起到了积极作用。当前，国内外开展的"配送"形式，优势之一就是将多家需要的货和一家需要的多种货实行配装，以达到容积和载重的充分合理运用。比起以往自家提货或一家送货车辆大部空驶的状况，当前的"配送"形式是运输合理化的一个进展。在铁路运输中，采用整车运输、合装整车、整车分卸及整车零卸等具体措施，都是提高实载率的有效措施。

(二) 减少动力投入，增加运输能力

这种合理化的要点是少投入、多产出，走高效益之路。运力的投入主要指能源投入和基础设施的建设投入，在设施建设已定型和完成的情况下，应尽量减少能源投入。做到了这一点就能大大节约运输费用，降低单位货物的运输成本，达到运输合理化的目的。国内外在这方面的有效措施有以下几种。

1. 加长列车、多挂车皮

"满载超轴"中的"超轴"的含义就是在机车能力允许情况下，多加挂车皮。我国在客运紧张时，也采取加长列车、多挂车皮的办法，在不增加机车的情况下增加运输量。

2. 拖带法

竹、木等物资的运输，利用竹、木本身浮力，不用运输工具载运，采取拖带法运输，可省去运输工具本身的动力消耗从而求得运输合理化；将无动力驳船编成"纵列"，用拖轮拖带行驶，具有比船舶载乘运输运量大的优点，从而求得运输合理化。

3. 顶推法

顶推法是我国内河货运采取的一种有效方法。将内河驳船编成一定队形，由机动船顶推前进。其优点是航行阻力小，顶推量大，速度较快，运输成本低。

4. 汽车挂车

汽车挂车的原理和船舶拖带、火车加挂基本相同，都是在充分利用动力能力的基础

上，增加运输能力。

（三）发展社会化的运输体系

运输社会化是发展运输的大生产优势，实际专业分工，打破一家一户自成运输体系的状况。

车辆自有，自我服务，一家一户的分散运输方式，不能形成规模，且运量需求有限，难于自我调剂，因而容易出现空驶、运力选择不当（因为运输工具有限，选择范围太窄）、不能满载等浪费现象，且配套的接、发货设施及装卸搬运设施也很难有效地运行，所以浪费颇大。实行运输社会化，可以统一安排运输工具，避免对流、倒流、空驶、运力不当等多种不合理形式，不但可以追求组织效益，而且可以追求规模效益，所以发展社会化的运输体系是运输合理化非常重要的措施。当前火车运输的社会化运输体系已经较完善，而公路运输的社会化运输体系还需要进一步完善。

在社会化的运输体系中，联运是其中水平较高的方式。通过联运，能够充分利用面向社会的各种运输系统，进行一票到底的运输，进而有效打破一家一户的小生产。

我国在利用联运这种社会化运输体系时，创造了"一条龙"货运方式。对产地、销地及产量、销量都较稳定的产品，事先与铁路、交通等社会运输部门签订协议，规定专门收发货站、专门航线及运输路线、专门船舶和泊位等，有效保证了许多工业产品的稳定运输，并取得了很大成绩。

（四）开展"以公代铁"的运输

"以公代铁"的运输要点是在公路运输经济里程范围内，或者经过论证，超出平均经济里程范围的，也尽量利用公路运输。这种运输合理化的表现主要有两点：一是对于比较紧张的铁路运输，用公路运输分流后，可以得到一定程度的缓解，从而加大这一区段的运输通过能力；二是充分利用公路运输从门到门和速度快且灵活机动的优势，实现铁路运输服务难以达到的水平。

我国"以公代铁"的运输目前在杂货、日用百货运输及煤炭运输中较为普遍，运输里程一般在200千米以内，有时可达700~1 000千米。山西煤炭外运经技术经济论证，用公路运输代替铁路运输运至河北、天津、北京等地是合理的。

（五）发展直达运输

直达运输是追求运输合理化的重要形式，其对合理化的追求要点是通过减少中转、过载、换载，从而提高运输速度，节省装卸费用，降低中转货损。直达运输在一次运输批量和用户一次需求量达到了一整车时的运输优势最为突出。此外，在生产资料、生活资料运输中，通过直达运输，建立稳定的产销关系和运输系统，也有利于提高运输的计划水平，从而大大提高运输效率。

特别需要注意的是，如同其他合理化措施一样，直达运输的合理化也是在一定条件下才会有所表现，不能绝对认为直达运输一定优于中转运输。这要根据用户的要求，从物流总体出发做综合判断。如果从用户需要量看，批量大到一定程度，直达运输是合理的，批量较小时中转运输是合理的。

（六）开展配载运输

配载运输是充分利用运输工具载重量和容积，合理安排装载的货物及载运方法以求得运输合理化的一种运输方式。配载运输也是提高运输工具实载率的一种有效形式。

配载运输往往是轻重货物的混合配载，在以重质货物运输为主的情况下，同时搭载一些轻泡货物，如海运矿石、黄沙等重质货物，在上层捎运木材、毛竹等，铁路运输矿石、钢材等重物上面搭运轻泡农副产品等，在基本不增加运力投入、不减少重质货物运输情况下，解决了轻泡货物的搭运，因而效果显著。

（七）开展"四就"直拨运输

"四就"直拨运输是减少中转运输环节，力求以最少的中转次数完成运输任务的一种运输形式。一般批量到站或到港的货物，首先要进分配部门或批发部门的仓库，然后再按程序分拨或销售给用户。这样一来，就会出现不合理运输。

"四就"直拨，首先是由管理机构预先筹划，然后就厂或就站（码头）、就库、就车（船）将货物分送给用户，而无须再入库。

（八）发展特殊运输技术和运输工具

依靠科学技术是运输合理化的重要途径。例如，专用散装机罐车，解决了粉状、液状物运输损耗大，安全性差等问题；袋鼠式车皮、大型半挂车解决了大型设备整体运输问题；"滚装船"解决了车载货的运输问题；集装箱船比一般船能容纳更多的箱体，集装箱高速直达车船加快了运输速度等，都是通过采用先进的科学技术实现合理化。

（九）通过流通加工，使运输合理化

有不少产品，由于产品本身形态及特性问题，很难实现运输的合理化，如果进行适当加工，就能够有效解决运输合理化问题，例如将造纸材料在产地预先加工成干纸浆，然后压缩体积运输，就能解决造纸材料运输不满载的问题。轻泡产品预先捆紧包装成规定尺寸，装车时就容易提高装载量。水产品及肉类预先冷冻，就可提高车辆装载率并降低运输损耗。

项目小结

本项目介绍了运输的概念，运输成本的构成及核算方法，运输成本的影响因素，运输不合理的原因，以及使运输合理化的控制方法。

📖 **同步测试**

一、选择题

1. 不受地形限制的运输方式是（　　　）。

A. 航空运输　　　　　B. 公路运输　　　　　C. 水路运输　　　　　D. 铁路运输

2. 输送气体、液体适合的运输方式是（　　　）。

A. 航空运输　　　　　B. 管道运输　　　　　C. 水路运输　　　　　D. 铁路运输

3. 弃水走陆属于不合理运输现象中的（　　　）。

A. 过远运输　　　　　B. 迂回运输　　　　　C. 运力选择不当　　　D. 倒流运输

二、简答题

1. 什么是物流运输？目前我国主要有哪些运输方式？选择运输方式要考虑哪些要素？

2. 不合理运输的原因是什么？

3. 如何降低运输成本？

📖 **阅读材料**

中交兴路联合长安大学发布 2019 公路货运大数据报告

据"全国道路货运车辆公共监管与服务平台"（以下简称"货运平台"）数据显示，截至 2020 年 3 月 31 日，全国重载货车日开行数量已接近往年同期水平，湖北省重载货车日开行数量也已达往年同期的六成。为更全面准确地分析全国公路货运状况，近日，中交兴路联合长安大学发布《2019 中国公路货运大数据报告》（以下简称"报告"）。报告以货运平台所积累的货运车辆大数据资源为基础，针对 2019 年我国公路货运运行中的运输规模、运力结构、运输效率、运行安全、环境影响以及货运与经济运行等内容进行了分析。中交兴路作为"货运平台"的建设和运营方，充分发挥平台型企业自身数据科技实力，为持续监测公路货运行业状况、把握宏观经济运行趋势提供了有力支撑，为行业发展注入新动能。

据了解，与 2018 年报告相比，该报告新添了主要货运线路与重要节点城市情况及环境影响等内容，报告指出，我国公路货运行业总体呈现生态不断改善、行业发展向好的基本态势，公路货运运行的区域结构、道路结构、车型结构持续优化，同时安全生产情况不断改善，超速与长时间连续驾驶行为均保持下降态势。

一、区域运力与运载能力规模化趋势明显：山东籍货车最多，三大节点路线运量占比超全国 15%

报告显示，公路运输在综合运输体系中的地位不断提高。2019 年全国货运车辆达 613.7 万辆，已连续三年呈现稳定上升趋势，且逐渐年轻化、大型化。截至 2019 年年底，我国公路货运全年完成货运量与周转量为 344 亿吨及 59 636 亿吨公里,分别占货运运输总量及货物周转总量的 73% 和 30%。总体来看,货运车辆运力和运载能力规模化趋势明显,集中度高。

运力供给规模化趋势在车籍、车型、运力活跃度方面体现较为明显。山东、河北、河南、江苏、安徽 5 省的车辆占比总和超过全国总量的 40%,其中山东占比为 11.85%;从运载能力角度看,栏板车已成为主力载运车型,其活跃车辆数、营运里程及额定载重等在所有车型中的占比分别为 60.67%、67.88% 和 72.02%;从运力活跃角度看,位于长三角、环渤海、珠三角的我国三大沿海城市群地区已成为集中运输区域,活跃车辆份额占比超过 45%。

运力活跃度与运载能力存在正向的一致性,主要城市节点与线路集中度较高。目前,全国范围内主要货运线路仍以三大沿海城市群地区为主,以上海、江苏、浙江等省份的主要节点城市形成的"宁波—绍兴—杭州—嘉兴—上海—苏州—无锡—常州—镇江—南京"货运线路的货运份额最大,承担了全国 8.07% 的货运活动份额。而在珠三角与环渤海城市经济群中,则形成了以广州、天津为中心,分别辐射和连接周边城市的货运线路,货运活动占比分别达到 4.74% 与 4.22%。以上三条分布在我国三大沿海城市经济群的主要货运线路共承担了全国超过 15% 的货运活动份额。除此之外,以长沙为中心,连接湘潭与株洲,以及西安与咸阳、临沂与日照等路段共同形成了全国货运活动较为活跃的运输路线。

二、公路货运生产效率整体平稳,超速与长时间驾驶行为持续下降

在生产效率方面,公路货运车辆日均营运里程约为 275 公里,多数车辆月均行驶里程保持在 5 200 公里以上,全年水平基本保持稳定,具体如图 6-3 所示。与 2018 年相比,2019 年货运长距离车辆占比有所减少,短距离运输占比增多,我国综合运输体系建设和公路货运运输结构持续优化;同时,公路货运车辆日均营运时长约为 5.83 小时,全年水平基本保持稳定;货运车辆速度水平整体平稳,全年平均速度约为 43.33 公里/小时具体如图 6-4 所示。

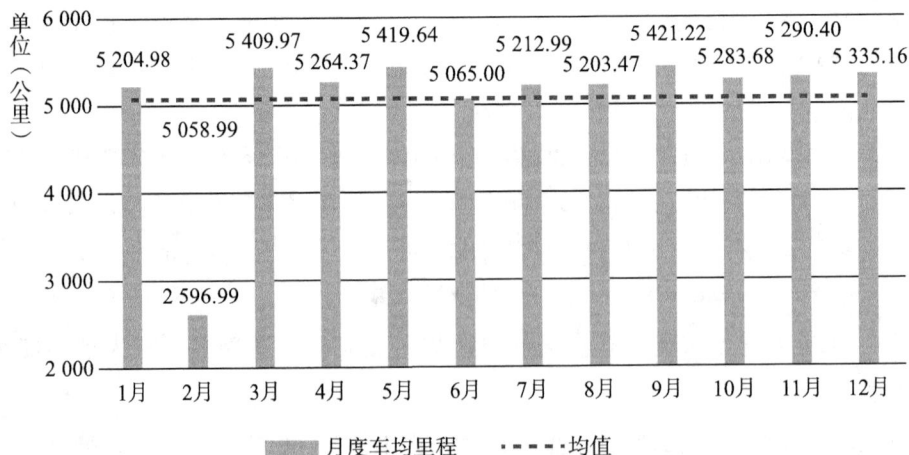

图 6-3　2019 年全国货运车辆月度车均里程变化情况

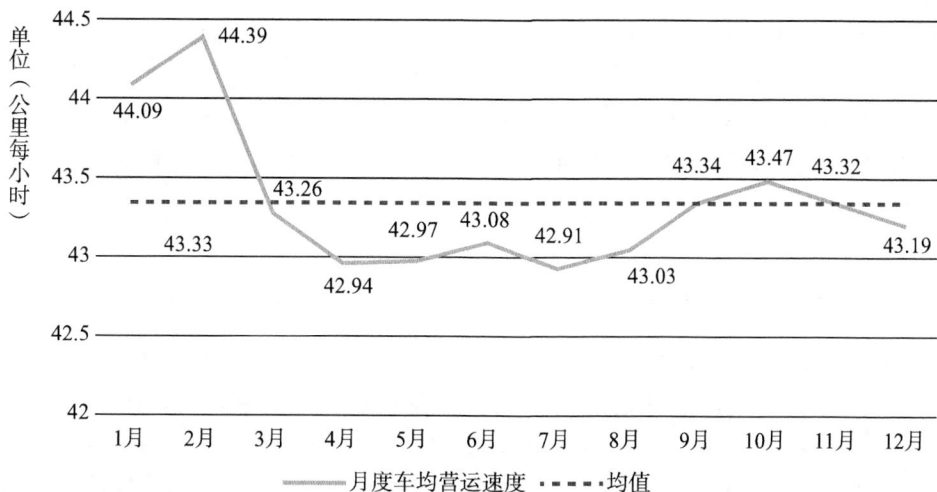

图 6-4　2019 年各月全国货运车辆平均营运速度情况

在运行安全方面，车辆超速行为与长时间驾驶行为均有所改善。根据货运平台的统计，2019 年超速提醒总体水平不断改善，单车日超速提醒次数均值为 1.33 次，全年单车日超速提醒次数总体呈现波动下降的趋势，其中承担我国公路货运活动较大份额的中部省份超速提醒行为发生处于相对较低水平，货运安全生产情况较好；同时，单车每日长时间行驶提醒次数全年均值为 21.46 次，总体呈下降态势，其中 1 月、3 月车辆长时间行驶行为发生次数稍多，后续月份减少，全年总体回落。

三、公路货运与经济发展呈现高度空间一致性

货运活动是经济发展走势的"晴雨表"。报告显示，2019 年货运活跃运力与 GDP 相关系数达 0.81，而活跃车辆数与 GDP 相关系数达 0.86。两者之间存在较强正相关，多数省份呈现出了"经济活动水平越高，活跃运力水平越高"的情况，两者趋势具有总体一致性具体趋势如图 6-5 所示。

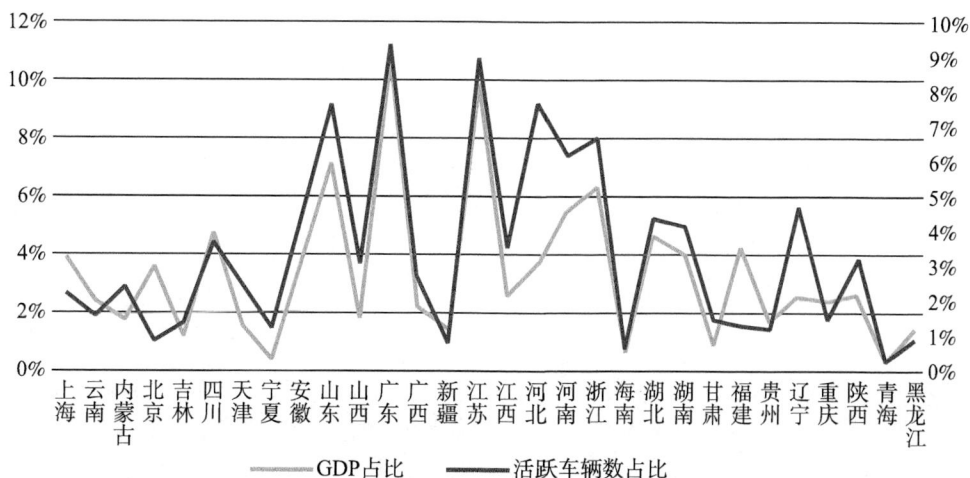

图 6-5　2019 年各省（自治区、直辖市）活跃车辆数与 GDP 变动趋势

报告指出，GDP与活跃车辆数的高度相关，反映了货运生产活动在一定程度上与产业活动具有紧密互动关系，并且受经济运行走势影响。公路货运普遍应用于我国货物运输的各种流转方式和环节。从产业活动过程角度讲，一方面，公路货运是社会经济的重要组成部分，是运输系统正常运行必不可少的条件；另一方面，社会经济的不断发展也会在一定程度上促进公路货运基础设施、载运工具等方面的不断升级，进一步优化行业资源配置与服务能力。

四、数据基础成行业发展关键，平台型企业为公路货运注入新动能

我国货运量总额已经连续多年位居世界第一，我国已成为全球最大物流市场，公路货运在各运输方式中占据主力地位。本次报告依托货运平台积累的车辆大数据，对2019年全国公路货运情况进行了梳理，公路货运活动"大数据"资源体系的优势愈发明显。数据在提升行业现代化水平的同时，对于新型货运服务体系、运行监测体系、安全管理体系乃至于行业信用体系的搭建形成重要支撑作用。

中交兴路车联网副总经理表示，货运平台入网车辆占全国重载货车的95%以上，为分析我国公路货运发展现状提供了重要数据基础；同时，中交兴路作为货运平台的建设和运营单位，充分发挥了平台型企业自身技术优势，实现新兴技术、服务手段与运输组织、线路优化、安全生产管理等深度融合，有效提升货运行业运行效率，在公路货运行业实现不断优化、产业升级的过程中扮演了重要角色。

长安大学运输工程学院大数据管理与应用系主任表示，在宏观经济持续增长、产业结构不断优化等背景下，我国公路货运安全生产情况不断改善、行业生产效率不断提升，行业发展呈现总体向好的基本态势。伴随物联网、大数据等技术不断融入行业应用，公路货运会愈发倚重数据及数据处理能力，因此平台型企业应当积极有为，成为行业发展的重要引擎，为行业注入新动能。

项目七　仓储成本管理

案例导入

仓储及物流成本高企或为企业竞争力突破口

近几年煤炭价格持续下跌，生产企业为增加销售收入，多开发附加值相对较高的聚烯烃项目，形成了煤化工项目的热潮。因资源和地理优势，目前西北地区煤制聚烯烃企业较为集中，主要有神华包头煤化工有限责任公司、国家能源集团宁夏煤业有限责任公司、大唐内蒙古多伦煤化工有限责任公司、中煤陕西榆林能源化工有限公司和陕西延长中煤榆林能源化工有限公司等企业。

煤制聚烯烃行业在本地销售的资源不多，下游集中地主要位于华东、华北和华南地区，煤制聚烯烃在本地消化的比例为 10%～15%，因地理位置的原因，目前多数资源在华北和华东市场销售，华南市场处于逐渐开拓阶段。

西北煤制聚烯烃产品流通至华北地区和华东地区，多采用铁路运输和公路运输，并需要建立异地库，代理商的物流和仓储成本较高，压缩了利润空间。以华北地区为例，物流成本方面，目前西北运输线不多，成本较高，公路运输成本约为 350 元/吨，铁路运输成本约为 200 元/吨，煤炭运输旺季及腊月时节，煤制聚烯烃的运输成本更高；仓储成本方面，入库费为 18～20 元/吨，储存成本为 0.6 元/吨·天，出库费为 18～20 元/吨。若采用快进快出的方式销售，出库费用由买方承担，物流和仓储成本为 218~370 元/吨，经销商的销售利润为 50~200 元/吨。

西北煤制聚烯烃物流和仓储成本高企，经销商的销售利润缩水，整体维持薄利运营。随着煤化工项目的逐渐推进，煤制聚烯烃的产能大量释放，行业的竞争日益激烈，经销商的销售利润进一步减，聚烯烃行业的运营将更为艰难，经销商操作积极性受到打压。同时仓储和物流成本传递至下游客户，下游工厂的接受能力更差，下游市场更难开拓。生产企业为维持经销商和下游客户的生存，或有一定的让利行为，企业利润受到影响。

从长期看，生产企业为提高自身的竞争力，后期或在仓储和物流方面寻找突破口，建立自身的物流和仓储体系，以下游客户的利益为依托，在下游集中地进行仓储或配送，减少仓储和物流成本，便于经销商的销售，防止经销商利润的进一步缩减，保证聚烯烃行业的正常运营。

任务一 仓储成本认知

一、仓储的含义

库存、储备及仓储，这几个概念在物流系统中经常涉及，有时还会混淆。其实，这三个概念虽有共同之处，但仍有很大差别。

库存是指处于储存状态的物品，广义的库存还包括处于制造加工状态、运输状态的物品。

储备是指储存以备急需的物品。储备是由目的地能动地、主动地储存起来的物品。库存包含了储备。

仓储是利用仓库存放、储存没有及时使用的物品的行为。它是包含库存和储备在内的一种广泛的经济现象。仓储的概念与运输相对应，仓储是以改变"物"的时间状态为目的的活动，通过仓储可以克服供需之间的时间差异而使产品获得更好的效用。仓储是现代物流运作不可或缺的一个重要环节，在各个环节中，仓储时间及仓储成本占有相当的比重。

二、仓储的作用及对物流成本的影响

(一) 仓储的作用

仓储是物流的主要功能要素之一，已从传统的物品存储、流通中心，发展到物流的重要节点，具有整体协调的作用。仓储的作用如下。

1. 平衡生产和保证供应

从供应链的角度，物流过程可以看作由一系列的"供给"和"需求"组成，当供给和需求节奏不一致，也就是两个过程不能很好地衔接，出现生产的产品不能及时消费或者存在需求却没有产品满足，这时，就需要建立产品的储备，将不能即时消费的产品储存起来以满足后来的需求。仓储提高了商品的时间效用，调整了均衡生产和集中消费或均衡消费和集中生产所带来的时间上的矛盾。可以讲，仓储是物流的时间开关，通过仓储，可使物品按照市场需求的节奏进行流动，平衡生产和销售。

2. 仓储能对货物进入下一个环节前的质量起保证作用

在货物仓储环节对产品质量进行检验，能够有效防止伪劣产品流入市场，保护了消费者权益，也在一定程度上保护了生产厂家的信誉。仓储主要通过三个环节来保证产品质量：一是在货物入库时进行质量检验，看货物是否符合仓储要求，严禁不合格产品混入库场；二是在货物的储存期间，要尽量使产品不发生物理和化学变化，尽量减少库存货物的损失；三是货物出库时的质量检验，防止不合格产品流入市场。

3. 进行产品整合

由于客户的需求出现了多样化的趋势，一个客户可能需要很多种产品，为了满足这种需求，原有的单纯的保管型仓库已不能适应生产和市场的需要，企业应根据客户要求增加配送和流通等功能，并在仓库中对产品进行加工、分拣、包装等，再将产品运给客户。

仓储的整合作用还包括将不同产地生产的系列产品，在仓库中整合成系列体系，向销售商供货。

4. 运输整合和配载

运输的费用率随着运量的增加而减少，因此，尽可能大批量运输是节省运费的有效手段。通过仓储可以将众多供应商的产品整合成一票运输，可以将连续不断产出的产品集中成大批量再提交运输。整合不仅可以实现大批量运输，还可以通过比例整合、轻重搭配实现运输工具空间上的充分利用。在运输整合中还可以对产品进行成组作业、托盘化作业，以提高运输作业效率。同时，运输服务商也可以通过仓储整合众多小批量的托运货物，进行有效的运输配载，以使运输工具充分利用、降低物流成本。

5. 实现物流增值服务

高效、合理的物流管理不仅能够满足产品销售、降低产品成本，还可以进行增值服务、提高产品销售的收益。产品销售的增值主要来源于产品质量的提高、功能的扩展、及时性的时间价值、削峰平谷的市场价值、个性化服务的增值等。众多的物流增值服务在仓储环节进行，通过流通加工，可以提高产品的质量，改变产品的功能，实现产品的个性化。通过仓储的时间控制，可以使生产节奏和消费节奏同步，实现物流管理的时间效用价值。通过仓储的商品整合，可以开展消费者的个性化服务等。

（二）仓储对物流成本的影响

仓储对物流成本的影响具有两重性，既有正面的影响，也有负面的影响。

1. 仓储对物流成本的正面影响

仓储环节不仅是物流成本的组成部分，也是对物流成本实施管理和控制的重要环节。

通过仓储来降低物流成本的主要表现如下。

（1）产品在仓储中的组合、妥善配载和流通包装、成组等流通加工可以提高装卸效率，充分利用运输工具，从而降低运输成本的支出。

（2）采用机械化和自动化的仓储作业以及合理准确的仓储可以减少产品的换装、流动，减少作业次数，提高作业效率，进而降低作业成本。

（3）适当的库存可以避免由于缺货进行紧急采购而引起的成本增加。适当的库存能使企业在有利时机进行销售，或在有利时机购进产品，从而增加销售利润或降低购进成本。

2. 仓储对物流成本的负面影响

在物流系统中，尽管仓储是一种必要的活动，但由于其特定的影响，也会冲减物流系统效益、影响物流系统运行，从而冲减企业利润。企业为了实施仓储活动，必须有成本的支出，这些都会冲减利润，其负面作用主要表现在以下几个方面。

（1）增加固定资产投资及固定费用支出。仓库建设等固定资产投资的增加，会导致企业成本的增加；进货、验收、存储、发货、搬运等仓储作业活动会导致费用的增加，从而降低企业的收益。

（2）机会损失。库存占用资金所必须支付的利息，以及这部分资金用于其他项目中可能带来的收益，都是企业由于仓储活动而必须承担的机会成本。

（3）陈旧损失与跌价损失。存储期间产品可能由于各种化学、生物、物理、机械等方面原因造成损失，严重时可能使产品失去全部使用价值而报废。存货时间越长，发生陈旧损失的可能性越大。对于技术含量较高且技术发展迅速的产品而言，由于存储时间过长，产品技术过时而引起的跌价损失是企业仓储活动不得不面临的另一重大问题，错过了有利的销售期，企业就只能以较低的价格出售产品，从而造成损失。

（4）流动资金占用过多，影响企业正常运转。企业中的存货是最重要的流动资产，在企业的全部运营活动中，仓储对流动资金的占用有时高达 40%~70%，更为严重的是有的企业库存成本可能会占用其全部流动资金，从而影响企业的现金流，使企业无法正常运转，甚至倒闭。

总之，无论是正面影响或是负面影响，都不能改变仓储在现代经济中不可或缺的现实。但其正面影响及负面影响两重性给物流管理提出了一个重大的课题，即如何在物流系统中充分发挥仓储有利的一面而将消极作用降至最低。

三、仓储成本的含义及特点

（一）仓储成本的含义

仓储成本指仓储企业在储存物品过程中，包括装卸搬运、存储保管、流通加工、收发物品等环节和建造仓库、购置设备所消耗的人力、物力、财力及机会成本、风险成本的总和。大多数仓储成本不随存货水平的变动而变动，而是随存储地点的多少而变动。仓储成本包括仓库租金、仓库折旧、设备折旧、装卸费、货物包装材料费和管理费等。仓储成是衡量仓储企业经营管理水平和管理质量的重要标志。

（二）仓储成本的特点

1. 重要性

仓储成本是物流成本的重要组成部分，而物流成本又占国民经济总产值的很大一部分。据世界银行分析，发达国家物流成本占国民经济总产值的10%左右，2021年我国社会物流费用占我国 GDP 的比重为14.6%。

2. 复杂性

现行的会计制度对物流成本的核算缺少统一的标准。因此，增加了仓储成本的复杂性。

3. 效益背反性

为了增加客户满意度，提高物流水平，会产生仓库的建设管理费、仓库工作人员的工资等费用，加大了仓储成本，但为了削减仓储成本而减少物流网络中仓库的数量并减少存货，将会增加运输成本。

任务二　仓储成本的构成与核算

一、仓储成本的构成

仓储成本是物流作业成本的主要部分，是与储存物资有关的一切活动成本的总和。仓储成本主要包括仓储持有成本、订货或生产准备成本、缺货成本和在途库存持有成本等。

（一）仓储持有成本

仓储持有成本是指为保持适当的库存而发生的成本，可以分为固定成本和变动成本。固定成本与一定限度内的仓储数量无关，如仓储设备折旧费用、仓储设备的维护费用、仓库职工工资等；变动成本与仓储数量的多少相关，如库存占用资金的利息费用、仓储货物的毁损和变质损失、保险费用、搬运装卸费用、挑选整理费用等。仓储持有成本主要包括资金占用成本、仓储运作成本、仓储维护成本和仓储风险成本。

1. 资金占用成本

资金占用成本有时也称为利息成本或机会成本，是仓储成本的隐含费用。它是指占用资金支付的银行利息，通常用持有库存的现金价值的百分比表示。资金占用成本反映了企业失去的盈利能力，即企业如果将资金投入其他方面，就会取得投资回报，因此资金占用成本就是这种尚未获得的回报的费用。例如，假定一个公司库存的平均价值为30万美元，这项存货是公司的一项资产，就像机器设备或其他资本投资。因此，如果公司以15%的最低报酬率为资本成本，那么资金占用成本就是 4.5 万美元。

2. 仓储运作成本

仓储运作成本主要包括把产品运进和运出仓库所发生的搬运装卸成本。商品出入库的次数越多，仓储运作成本就越多。仓储运作成本也与运输的产品特性有关，且变化相当大。例如，煤炭等通常能直接从铁路列车车厢中卸下，并可以露天储存，仓储运作成本就低；而一些高精度的产成品则需要专用车辆搬运和非常精致的储存设备，仓储运作成本就高。

3. 仓储维护成本

仓储维护成本主要包括与仓库有关的租赁、取暖、照明、设备折旧、保险费用和税金等。仓储维护成本根据企业采取的仓储方式不同而有不同的变化，如果企业利用自用的仓库，大部分仓储维护成本是固定的；如果企业利用公共的仓库，则有关存储的所有成本将直接随库存数量的变化而变化。在做仓储决策时，这些成本都要考虑。

另外，如果产品丢失或损坏的风险较高，那么就需要较高的保险费用。同时，许多国家将库存列入应税财产，高水平库存导致高税费。保险费用和税金将随着产品的不同而有很大变化，在计算仓储维护成本时，必须考虑这些。

4. 仓储风险成本

仓储风险成本是指保管过程中货物损坏而需要仓储企业赔付的费用。造成货物损失的原因一般包括仓库本身的保管条件，管理人员的人为因素，货物本身的物理、化学性能，搬运过程中的机械损坏等。实际中，应根据具体情况，按照企业的制度标准，分清责任，合理计入成本。与仓储风险成本相关的成本可用产品价值的直接损失来估算，也可用重新生产产品或从备用仓库供货的成本来估算。

（二）订货或生产准备成本

订货或生产准备成本是指企业向外部的供应商发出采购订单的成本或指企业内部的生产准备成本。

订货成本是指企业为了实现一次订货而进行的各种活动的费用，包括处理订货的差旅费、办公费等支出。订货成本中有一部分与订货次数无关，如常设机构的基本开支等，称为订货的固定成本；另一部分与订货的次数有关，如差旅费、通信费等，称为订货的变动成本。这些成本很容易被忽视，但在考虑涉及订货、收货的全部活动时，这些成本很重要。

生产准备成本是指当库存的某些产品不由外部供应而是由企业自己生产时，企业为生产一批货物而进行准备的成本。其中，更换模具、增添某些专用设备等属于固定成本，与生产产品的数量有关的费用，如材料费、加工费、人工费等属于变动成本。

订货成本与仓储持有成本随着订货次数或订货规模的变化呈反方向变化。起初随着订货批量的增加，订货成本的下降比仓储持有成本的增加要快，即订货成本的边际节约额比仓储持有成本的边际增加额要多，使得总成本下降。当订货批量增加到某一临界点时，订货成本的边际节约额与仓储持有成本的边际增加额相等，这时总成本最小。此后，随着订货批量的不断增加，订货成本的边际节约额比仓储持有成本的边际增加额要小，导致总成本不断增加。

（三）缺货成本

库存决策中另一项主要成本是缺货成本，是指由于库存供应中断而造成的损失。

当企业的客户得不到全部订货时，叫作外部缺货；而当企业内部某个部门得不到全部订货时，叫作内部缺货。如果发生外部缺货，将导致以下情况的发生。

（1）延期交货

如果客户愿意等到下一次订货，那么企业实际上没有损失。但如果经常缺货，客户可能就会转向其他供应商。

如果缺货商品延期交货，那么就会发生特殊订单处理和运输费用。延期交货的特殊订单处理费用要比普通处理费用高。由于延期交货经常是小规模装运，运输费率相对较高，而且延期交货的商品可能需要从一地区的一个工厂仓库供货，进行长距离运输。另外，可能需要利用速度快、收费较高的运输方式运送延期交货商品。

（2）失销

尽管一些用户允许延期交货，但是仍有一些用户会转向其他供应商，也就是说许多企业都有生产替代产品的竞争者。当一个供应商没有客户所要的商品时，客户就会从其他供应商那里订货，在这种情况下，缺货导致失销，对于企业来说，直接损失就是这种商品的利润损失，可以通过计算这批商品的利润来确定直接损失。

关于失销，需要指出以下三点：首先，除了利润的损失，还包括当初负责这批销售业务的销售人员的精力损失，这就是机会损失；其次，很难确定在一些情况下的失销总量，比如，许多客户习惯电话订货，在这种情况下，客户只是询问是否有货，而未指明要订多少货，如果这种产品没货，那么客户就不会说明需要多少，企业也不会知道损失的总量；再次，很难估计一次缺货对未来销售的影响。

（3）失去客户

第三种可能发生的情况是由于缺货而失去客户，也就是说，客户永远转向另一个供应商。如果失去了客户，企业也就失去了未来一系列收入，这种缺货造成的损失很难估计，需要用管理科学的技术和市场营销的研究方法来分析、计算。除了利润损失，还有由于缺货造成的商誉损失。商誉很难度量，在仓储决策中常被忽略，但它对未来销售及企业经营活动非常重要。为了确定必要的库存量，有必要确定如果发生缺货而造成的损失。

（四）在途库存持有成本

在途库存持有成本不像前面讨论的三项成本那么明显，然而在某些情况下，企业必须考虑这项成本。如果企业以目的地交货价销售商品，就意味着企业要负责将商品运达客户所在地，当客户收到订货商品时，商品的所有权才转移。从理财的角度来看，商品仍是销售方的库存，因为这种在途商品在交给客户之前仍然归企业所有，运输方式及所需的时间是储存成本的一部分，企业应该对运输成本与在途库存持有成本进行分析。

在途库存持有成本的计算是一个重要的问题。在途库存的资金占用成本一般等同于仓库中库存的资金占用成本。仓储运作成本、仓储维护成本一般与在途库存不相关，但保险费用要加以考虑。

二、仓储成本的核算

仓储成本是客观存在的，但是，在对于仓储成本的计算内容和计算范围没有统一的计算标准之前，不同的企业有不同的计算方法。由于企业之间千差万别，这给仓储成本计算和仓储成本管理带来很大困难。因此，为具有针对性，本书是从物流企业的角度考虑仓储成本的构成和计算。

（一）仓储成本的计算范围

仓储成本在财务会计中没有直接对应的会计科目，而是与其他部门发生的费用混合在一起。因此，计算仓储成本既要分析其构成，也要考虑仓储成本与其他费用分离的方式。计算仓储成本可以从以下几个方面着手。

1. 材料费计算

仓储成本中的材料费主要是指仓储过程中使用的衬垫、苫盖材料等的费用。材料费根据出入库记录中各种材料的领用数量乘以单价后的数额计入仓储成本。

2. 人工费计算

仓储成本中的人工费包括仓库管理人员和仓库作业工人的工资、奖金和福利费等。人工费根据工资、奖金和福利费分配表中有关仓储人员的部分计入仓储成本。

3. 物业管理费计算

仓储成本中的物业管理费包括水、电、气等费用，可以从安装仓库设施上的用量记录装置获得相关数据，也可以按其他比例推算，如仓库建筑设施的比例、仓库工作人员的比例等。

4. 管理费计算

仓储成本中的管理费因无法从财务会计方面直接得到相关数据，因此，可按仓库工作人员的比例进行推算。

5. 营业外费用计算

仓储成本中的营业外费用包括折旧、利息等。折旧可根据仓库中设施设备确定的折旧方法计算，利息根据购置相关资产的贷款利率计算。

6. 对外支付的保管费用计算

对外支付的保管费用应全额计入仓储成本。

7. 仓库内装卸搬运费用

仓库内装卸搬运费用包括装卸搬运过程中耗费的人工费、燃料费、动力费、轮胎费、修理费、折旧费等。

（二）仓储成本的计算方法

仓储成本可以按支付形态计算，也可以按仓储项目计算，还可以按仓储的不同功能来计算。这里重点介绍按支付形态计算仓储成本的方法。按支付形态计算仓储成本，一般是先将仓储企业发生的各项费用按仓储折旧费（或租赁费）、仓储搬运费、仓储保管费、材料消耗费、人工费、仓储管理费、资金占用利息等支付形态分类，然后将各项目费用乘以一定的比例计算出仓储成本的总额，即按照企业月度损益表中的管理费用、营业费用、财务费用等项目，乘以一定的比例计算出仓储成本。

例 7-1 某物流企业 2024 年 6 月发生的各项费用如表 7-1 所示。

表 7-1 费用项目汇总

序号	项目	管理等费用（元）
1	仓库租赁费	100 000
2	材料消耗费	53 000
3	人工费	372 000
4	燃料动力费	32 000
5	保险费	10 000
6	维修费	31 000
7	仓储搬运费	28 000
8	仓储保管费	40 000
9	仓储管理费	20 000
10	易耗品消耗	22 000
11	资金占用利息	37 000
12	税金等	55 000
	合计	800 000

计算仓储成本在各项费用支出中所占的比重，可以是人数比例，也可以是面积比例、时间比例等。

假设该企业总人数为 150 人，仓储人员是 36 人，企业总面积为 6 000 平方米，仓储设施所占面积为 3 180 平方米，则：

$$人数比例 = \frac{仓储人员数量}{企业总人数} = \frac{36}{150} = 0.24$$

$$面积比例 = \frac{仓储设施所占面积}{企业总面积} = \frac{3\ 180}{6\ 000} = 0.53$$

根据人数比例或面积比例即可计算出仓储成本，具体计算如表 7-2 所示。

表7-2 仓储成本计算表

序号	项目	管理等费用（元）	仓储成本（元）	计算比例（%）	备注
1	仓库租赁费	100 000	100 000	100	金额
2	材料消耗费	53 000	53 000	100	金额
3	人工费	372 000	89 280	0.24	人数比例
4	燃料动力费	32 000	16 960	0.53	面积比例
5	保险费	10 000	5 300	0.53	面积比例
6	维修费	31 000	16 430	0.53	面积比例
7	仓储搬运费	28 000	14 840	0.53	面积比例
8	仓储保管费	40 000	21 200	0.53	面积比例
9	仓储管理费	20 000	9 600	0.48	仓储费比例
10	易耗品消耗	22 000	10 560	0.48	仓储费比例
11	资金占用利息	37 000	17 760	0.48	仓储费比例
12	税金等	55 000	26 400	0.48	仓储费比例
	合计	800 000	381 330		

注：仓储费比例 =（1~8项的仓储成本）/（1~8项的管理等费用）= 317 010/666 000 = 0.48。

按仓储项目计算仓储成本是在各种支付形态的基础上进一步分解仓储项目，以更好地掌握仓储的实际状态，进一步了解在哪些功能环节上还存在浪费现象，以达到控制成本的目的。

任务三 仓储成本优化

一、仓储成本管理的原则

1. 全面性原则

全面性原则要求企业在进行仓储成本管理时，要兼顾质量和成本的关系，不能片面地强调仓储成本，因为仓储的服务才是企业长远发展的根本。因此，企业要在保证服务质量的前提下，对仓储成本进行全员控制、全过程控制、全方位控制，从而保证仓储企业低成本、高效率、高质量地运行。

2. 经济性原则

仓储管理工作和销售、生产、财务活动一样，都讲究经济效益，经济性原则主要强调仓储成本控制要起到降低成本、纠正偏差的作用，并控制发生的费用支出，使其不超过因缺少控制而丧失的收益。为了建立某项严格的仓储成本控制制度，需要发生一定的人力或物力支出，但这种支出不应该太大，且不超出建立这项控制所能节约的成本。仓储成本控制所产生的经济效益必须大于进行仓储而发生的成本耗费（如建立仓储成本控制系统的耗费，保证仓储成本控制系统正常运转的耗费）。

经济性原则在很大程度上决定了只有在仓储活动的重要领域和环节上对关键因素加以控制，而不是对所有成本项目都进行同样周密的控制。

3. 例外管理原则

例外管理原则是成本效益原则在仓储成本控制中的体现。企业实际发生的费用，不可能每一项都和预算完全一致，如果不管成本差异大小，都予以详细记录，查明原因，将不胜其烦。因此，根据成本效益原则，仓储成本控制应将精力集中于非正常金额较大的例外事项上。解决了这些问题，仓储目标成本的实现就有了可靠的保证，仓储成本控制的目的也就达到了。

4. 利益协调性原则

降低仓储成本从根本上说，对国家、企业、消费者都是有益的，但是，如果在仓储成本控制过程中采用不适合的手段损害国家、企业和消费者的利益，应予以避免。因此，控制仓储成本时要注意国家利益、企业利益和消费者利益三者的协调关系。

二、仓储的合理化

1. 仓储合理化的概念

马克思讲："商品必须有一定的量，才能在一定时期满足需要量。"仓储的功能就是对需要的满足，实现被储存物的"时间价值"，这是仓储合理化的前提或本质。如果不能保证仓储功能的实现，其他问题便无从谈起了。仓储合理化的含义是用最经济的办法实现仓储的功能。但是，仓储的不合理又往往表现在对仓储功能实现的过分强调，过分投入储存力量和其他储存劳动。所以，仓储合理化的实质，是在保证仓储功能实现的前提下，尽量减少投入，以控制仓储成本。

2. 仓储合理化的主要标志

（1）质量标志。保证被储存物的质量，是完成仓储功能的根本需要，只有这样，商品的使用价值才能得以实现。在仓储中增加了多少时间价值或是得到了多少利润，都是以保证质量为前提的。所以，在仓储合理化的主要标志中，质量标志是最重要的。

（2）数量标志。在保证仓储功能实现前提下有一个合理的数量范围，即数量标志。目前科学的管理方法已能在各种约束条件下，对合理数量范围做出决策，但是较为实用的还是在消耗稳定、资源及运输可控的条件下，所形成的储存数量控制方法。

（3）时间标志。在保证仓储功能实现的前提下，寻求一个合理的储存时间，这是和储存量有关的问题。储存量越大、消耗速率越慢，则储存的时间必然越长；相反则必然越短。在具体衡量时，往往用周转速度指标作为时间标志，如周转次数、周转天数等。在总时间一定的前提下，个别储存物的储存时间也能反映仓储合理化程度。如果储存物长期储存，变成了呆滞物，虽反映不到宏观周转指标中去，但也标志着仓储存在不合理现象。

（4）结构标志。根据储存物不同品种、不同规格、不同花色的储存数量的比例关系可以对仓储结构的合理性做出判断。尤其是相关性很强的物资之间的比例关系更能反映仓储合理与否。由于一些物资之间存在很强的相关性，只要有一种物资耗尽，即使其他种物资仍有一定数量，也会无法投入使用。所以，不合理的结构影响并不仅局限在某种物资身上，而是具有扩展性，由此也可确定结构标志的重要性。

（5）分布标志。分布是指不同地区储存货物的数量比例关系，以此可判断当地需求以及对需求的保障程度，也可以此判断对整个物流的影响。

（6）费用标志。仓储费、维修费、保管费、损失费、资金占用利息支出等，都能从实际费用上判断仓储的合理与否。

三、仓储成本的优化

仓储成本具有经济上的合理性，因为它能平衡运输和生产采购成本。也就是说，储备一定数量的库存，企业可以调整经济生产批量和生产批次来降低生产运营成本。同时，储备库存也可以通过更大、更经济的运输批量来降低运输成本，保证运营总成本的节约。因此，企业在进行仓储成本优化时应权衡其利弊得失，合理确定优化的策略与措施。

（一）优化仓库布局，做到适度库存集中

库存集中是指利用储存规模优势，以适度集中储存来代替分散的小规模储存，以实现仓储成本的优化。目前，包括海尔在内的许多企业通过建立大规模的物流中心，把过去零星库存集中起来进行管理，并对一定范围内的用户进行直接配送，从而显著降低了仓储成本。所以，进行适度库存集中，可以提高对单个用户的保证能力，有利于采取机械化、自动化方式，也有利于形成一定批量的干线运输，并有利于形成支线运输的始发点。但是，在进行仓库布局时注意仓库的减少与库存的集中，有可能会增加运输成本。因此，企业要在运输成本、仓储成本和配送成本总和平衡的基础上考虑仓库布局与集中储存，在总储存费与运输费之间取得最优。

（二）合理选择适当的订货方式，控制仓储成本

不同的企业，可以根据自身的特点，通过采用订货批量控制法和订货点控制法来安排货物的采购，以降低仓储成本。

1. 订货批量控制法

所谓订货批量是指一次订货锁定的货物数量。订货批量是不能随意确定的，因为订货批量的大小直接影响库存量的大小，也直接影响货物供应的满足程度。订货批量过大，虽然可以较充分满足客户的需求，但将使库存量过大，成本升高；订货批量过小，库存量虽然可以降下来，但不一定能满足客户的需求，所以订货批量要确定得适当。

　　企业要降低库存成本，就要制定适当的订货策略，协调订货费用与保管费用的关系。订货批量的大小关系到订货费用与保管费用的高低。在一定时期内，物资的总需求量一定时，订货批量大，订货次数就会减少，订货费用就会降低，然而保管费用会提高；若订货批量小，保管费用就会降低，而订货次数就会增加，订货费用也随之增加。

　　订货批量的确定一般采用经济订货批量 EOQ，为了确定经济订货批量，需做一些假设：需求均衡、稳定，年需求量为固定常数；存储成本和单价固定不变；订货提前期不变；每次订货批量一定；每次订货费用为常数；不存在缺货方面的问题；库存补充过程瞬间完成。基于上述假设，其基本公式是：

$$TC = \frac{DP + DC}{Q} + \frac{QK}{2}$$

$$K = PF$$

　　式中：TC——年度库存总成本；

D——年需要量；

Q——每次订货批量；

C——每次订货费；

P——单位产品价格；

K——单位产品年保管费；

F——单位产品年保管费率（单位产品年保管费占单位产品价格的百分比）。

　　由上述公式可以求出经济订货批量 Q^*：

$$Q^* = \sqrt{\frac{2DC}{K}} = \sqrt{\frac{2DC}{PF}}$$

　　例 7-2　某企业年需要甲材料 720 件，该材料的单位购置成本为 20 元/件，单位材料年保管费为 4 元/件，平均每次订货费用为 40 元/次。则该材料的经济订货批量为：

$$Q^* = \sqrt{\frac{2DC}{K}} = \sqrt{\frac{2 \times 720 \times 40}{4}} = 120 \text{（件）}$$

2. 订货点控制法

　　订货点控制法是以固定订货点为基础的一种存货控制方法，即当存货库存量下降到预定的最低的库存数量（订货点）时，按规定数量进行订货补充的一种库存管理方式。

　　订货点控制法的重点在于确定订货批量和订货点，订货批量一般采用经济订货批量，订货点的高低主要由三个因素决定。

　　（1）订货提前期。订货提前期主要由两部分组成，即货物在途时间和生产销售准备时间。

　　（2）平均每日需要量。平均每日需要量有两种情况，一是平均每日正常需要量，二是平均每日最大需要量。

　　（3）安全储备量。安全储备量又称保险储备量，是为了应付产销量的突然增加和采购货物不能按时到达所进行的储备。

如在正常情况下，提前期是 7 天，但由于某种原因，采购的货物 10 天才能到达，延迟了 3 天。在正常情况下，某种材料的正常需要量是 100 千克，但有时的需要量达到 120 千克。为了应付这些情况的发生，就需要建立安全储备量。

由以上分析得知，订货点的计算有以下四种情况。

第一，平均每日销售量和订货提前期基本不变：

$$订货点=平均每日正常需要量×正常订货提前期$$
$$平均每日正常需要量=年需要量/360$$

第二，平均每日需要量不够稳定，但订货提前期基本稳定：

$$订货点=平均每日正常需要量×正常订货提前期+安全储备量$$
$$安全储备量=（平均每日最大需要量-平均每日正常需要量）×正常订货提前期$$

第三，平均每日需要量基本稳定，但订货提前期不够稳定：

$$订货点=平均每日正常需要量×正常订货提前期+安全储备量$$
$$安全储备量=平均每日正常需要量×（最长订货提前期-正常订货提前期）$$

第四，平均每日需要量和订货提前期都不够稳定的情况：

$$订货点=平均每日正常需要量×正常订货提前期+安全储备量$$

安全储备量=平均每日最大需要量×最长订货提前期-平均每日正常需要量×正常订货提前期

使用订货点控制法管理方便，订货时间和订货量不受人为因素影响，可以保证库存管理的准确性，也便于按经济订货批量订货，节约库存成本。订货量确定后，便于按计划安排库内的作业活动，节约管理费用。但是也要注意使用该方法不便于对库存进行严格的管理，所以该方法适用于单价比较便宜、不便于少量订货的物品；或通用性强，需求总量比较稳定的物品；或消费量计算复杂，品种数量多，库存管理量大的物品。

（三）利用 ABC 分类法控制仓储成本

ABC 分类法就是将库存物品按品种和占用资金的多少分为特别重要的库存（A 类）、一般重要的库存（B 类）和不重要的库存（C 类）三个等级，然后针对不同等级分别进行管理与控制。

经济学家帕累托在研究财富的社会分配时得出一个重要结论：80% 的财富掌握在 20% 的人手中，即关键的少数和次要的多数规律。后来人们发现这一普遍规律存在于社会的各个领域，称为帕累托现象。帕累托现象也出现在企业经营管理中，表现为企业多数的利润由少数品种的产品贡献。因此，对这些少数产品管理得好坏就成为企业经营成败的关键，有必要在实施库存管理时对各类产品分出主次，并根据不同情况分别对待、突出重点。

对库存物品进行 ABC 分类的依据是库存物品的资金金额占总库存资金金额的比重和库存物品品种数占库存物品品种总数的比重。A 类商品指品种少而资金占用大的商品，即 A 类商品的库存品种数约占库存品种总数的 5%～10%，而其资金金额占总库存资金金额的

60%~70%。B 类库存品种数约占库存品种总数的 20%~30%，其资金金额占总库存资金金额的 20%左右。C 类库存品种数约占库存品种总数的 60%~70%，其资金金额占总库存资金金额的 15%以下。

例 7-3　某企业存货共有 11 800 种，年占用资金 8 310 万元，各类存货品种及资金占用情况如表 7-3 所示，要求列出 ABC 分类排列表，并说明管理方式。

表 7-3　　　　　　　　　　　某企业存货品种及资金占用情况

存货编号	存货品种（种）	占用资金金额（万元）
201	505	5 130
202	585	990
203	540	540
204	1 350	108
205	1 170	720
206	1 260	225
207	270	20
208	2 700	217
209	630	290
210	2 790	70
合计	11 800	8 310

根据表 7-3 所列资料，对各类存货按其资金占用比重，从大到小排序。分别计算各存货资金金额占总库存资金金额的百分比和每个品种占存货品种总数的百分比。根据以上两个百分比，将存货分为 ABC 三类，并绘制 ABC 分析表，如表 7-4 所示。

表 7-4　　　　　　　　　　　企业存货 ABC 分析表

类别	存货编号	占用资金金额（万元）	品种比重（%）	资金比重（%）	类别比重（%）	类别资金比重（%）
A	201	5 130	4. 28	61. 73	9. 24	73. 64
	202	990	4. 96	11. 91		
B	205	720	9. 92	8. 66	14. 5	15. 16
	203	540	4. 58	6. 50		

类别	存货编号	占用资金金额（万元）	品种比重（%）	资金比重（%）	类别比重（%）	类别资金比重（%）
C	209	290	5.34	3.49	76.27	11.19
	206	225	10.68	2.71		
	208	217	22.88	2.61		
	204	108	11.44	1.30		
	210	70	23.64	0.84		
	207	20	2.29	0.24		
合计		8 310	100	100	100	100

注：表格中数据存在四舍五入，不进行机械处理。

在对库存进行 ABC 分类之后，要根据企业的经营策略对不同级别的库存进行不同的管理和控制。

A 类库存物品数量虽少但对企业最为重要，是最需要严格管理和控制的库存。企业必须对这类库存定时进行盘点，详细记录并经常检查和分析物品使用、存量增减、品质维持等信息，加强进货、发货、运送管理，在满足企业内部需要和客户需要的前提下维持尽可能低的经常库存量和安全库存量，加强与供应链上下游企业合作，降低库存水平，加快库存周转率，最终达到控制库存成本的目的。

B 类库存居于一般重要的地位，对这类库存的管理强度介于 A 类库存和 C 类库存之间，一般进行正常的例行管理和控制即可。

C 类库存物品数量最大，但对企业的重要性最低，因而被视为不重要的库存。就库存成本控制而言，由于该类库存的价值不大，所以可以采取尽可能简单的管理方式，以节约库存成本。

四、降低仓储成本的方法与措施

仓储成本管理是仓储企业管理的基础，对提高企业整体管理水平和经济效益有重大影响。但是，由于仓储成本与物流成本的其他构成要素之间存在二律背反现象，因此，降低仓储成本要在保证物流总成本最低和不降低企业的总体服务质量和目标水平的前提下进行，降低仓储成本的方法与措施有以下几种。

（一）采用"先进先出"方式，降低储存物的保管风险

"先进先出"是储存管理的准则之一，它能保证每个储存物的储存期不至过长，降低其保管风险。有效的先进先出方式主要有以下三种。

1. 贯通式（重力式）货架系统

利用每层货架形成的贯通通道，从一端存入货物，另一端取出货物，货物在通道中按

先后顺序存放，不会出现越位等现象。贯通式（重力式）货架系统能非常有效地保证先进先出。

2. "双仓法"储存

给每种储存物都准备两个仓位或货位，轮换进行存取，再配以必须在一个货位中出清后才可以补充的规定，则可以保证实现"先进先出"。

3. 存取系统采用计算机管理

存货时向计算机输入时间记录，编入一个简单的按时间顺序输出的程序，取货时计算机就能按时间给予指示，以保证"先进先出"。这种计算机存取系统还能保证在先进先出的前提下，将周转快的物品随机存放在便于存储之处，以加快周转，减少劳动消耗。

（二）提高储存密度和仓容利用率

提高储存密度和仓容利用率的主要目的是减少储存设施的投资，提高单位存储面积的利用率，以降低成本、减少土地占用。具体有下列三种方法。

1. 采取高垛的方法，增加储存的高度

具体方法有采用高层货架仓库，可以大大增加储存高度。

2. 缩小库内通道宽度，增加储存有效面积

具体方法有采用窄巷道式通道，配以轨道式装卸车辆，以减少车辆运行宽度要求；采用侧叉车、推拉式叉车，以减少叉车转弯所需的宽度。

3. 减少库内通道数量，增加有效储存面积

具体方法有采用密集型货架、不依靠通道可进车的可卸式货架、各种贯通式货架，或采用不依靠通道的桥式起重机等。

（三）采用有效的储存定位系统，提高仓储作业效率

储存定位的含义是被储存物位置的确定。如果储存定位系统有效，则能大大节约寻找、存放、取出的时间，减少大量物化劳动及活劳动，而且能防止出现差错，便于清点及实行订货点等的管理方式。储存定位系统可采取先进的计算机管理，也可采取一般的人工管理。行之有效的方式主要有以下两种。

1. 四号定位法

"四号定位法"是用一组四位数字来确定存取位置的固定货位方法，是我国手工管理中采用的科学方法。这四个号码是库号、架号、层号、位号。这就使每个货位都有一个组号，在货物入库时，按规划要求，对物品编号，记录在账卡上，提货时按四位数字的指示，很容易将货物拣选出来。这种定位方式可对仓库存货区事先做出规划，并能很快地存取货物，有利于提高速度，减少差错。

2. 电子计算机定位系统

电子计算机定位系统是利用电子计算机储存容量大、检索迅速的优势，在入库时，将

存放货位输入计算机，出库时向计算机发出指令，并按计算机的指示人工或自动寻址，找到存放货位，拣选取货的方式。一般采取自由货位方式，计算机指示入库货物存放在就近易于存取之处，或根据入库货物的存放时间和特点，指示合适的货位，取货时也可就近就便。这种方式可以充分利用每个货位，而不需要专位待货，有利于提高仓库的储存能力，当吞吐量相同时，可比一般仓库减少建筑面积。

（四）采用有效的监测清点方式，提高仓储作业的准确程度

对储存物资数量和质量进行监测，有利于掌握仓储的基本情况，也有利于科学控制库存。在实际工作中稍有差错，就会使账物不符，所以，必须及时且准确地掌握实际储存情况，经常与账卡核对，确保仓储货物完好无损，这是人工管理或计算机管理必不可少的。此外，经常进行监测也是掌握被存货物数量状况的重要工作。监测清点的有效方式主要有以下三种。

1. "五五化"堆码

"五五化"堆码是我国手工管理中采用的一种科学方法。储存物堆垛时，以"五"为基本计数单位，堆成总量为"五"的倍数的垛形，如梅花五、重迭五等。堆码后，有经验者可过目成数，大大加快了人工点数的速度，而且很少出现差错。

2. 光电识别系统

在货位上设置光电识别装置，通过该装置对被存货物的条码或其他识别装置（如芯片等）进行扫描，并将准确数量自动显示出来。这种方式不需要人工清点就能准确掌握库存的实有数量。

3. 电子计算机监控系统

用电子计算机指示存取，可以避免人工存取容易出现差错的弊端，如果在储存的货物上采用条码技术，使识别计数和计算机联结，每次存、取一件货物时，识别装置自动识别条码并将其输入计算机，计算机会自动做出存取记录。这样只需查询计算机，就可了解所存货物的准确情况，因而无须再建立一套对储存货物实时有效的监测系统，减少查货、清点工作。

（五）加速周转，提高单位仓容产出

储存现代化的重要课题是将静态储存变为动态储存，周转速度一快，便会带来一系列的好处：资金周转快、资本效益高、货损货差小、仓库吞吐能力增加、成本下降等。具体做法如采用单元集装存储、建立快速分拣系统等。

（六）采取多种经营，盘活资产

仓储设施和设备的巨大投入，只有在充分利用的情况下才能获得收益，如果不能投入使用或者只是低效率使用，只会造成成本的增加。仓储企业应及时决策，采取出租、借用、出售等多种经营方式盘活这些资产，提高设施和设备的利用率。

（七）加强劳动管理

工资是仓储成本的重要组成部分，劳动力的合理使用是控制人员工资的基本原则。我国是具有劳动力优势的国家，较多使用劳动力是合理的选择。但是对劳动力进行有效管理，避免人浮于事，出工不出力或者效率低下也是成本管理的重要方面。

（八）降低经营管理成本

经营管理成本是企业经营活动和管理活动的费用和成本支出，包括管理费、业务费、交易成本等。加强该类成本管理，减少不必要支出，也能实现成本降低。当然，经营管理成本的支出是不能产生直接的收益和回报的，虽不能完全取消，但是加强管理是很有必要的。

项目小结

仓储成本是衡量仓储经营管理水平和管理质量的重要标志，也是物流企业成本的重要组成部分。仓储成本主要包括仓储持有成本、订货或生产准备成本、缺货成本和在途库存持有成本等。企业需要对仓储成本进行核算和分析，并从中找到降低成本的突破点。企业在进行仓储成本控制时应权衡其利弊得失，合理确定控制的策略与措施，通过降低仓储成本，增强企业的盈利能力和竞争力。

同步测试

一、选择题

1. 仓库租赁费属于（　　）成本。

A. 仓储　　　　　B. 运输　　　　　C. 流通加工　　　D. 包装

2. 企业由于缺货带来的损失属于（　　）。

A. 订货成本　　　B. 生产准备成本　C. 缺货成本　　　D. 库存持有成本

3. 利息费用属于（　　）成本。

A. 仓储维护　　　B. 资金占用　　　C. 仓储运作　　　D. 仓储风险

4. 企业为生产一批货物而进行的更换模具的费用属于（　　）。

A. 订货成本　　　B. 生产准备成本　C. 缺货成本　　　D. 库存持有成本

5. 如果客户同意在下一次订货时补充所缺货物，这属于缺货损失中的（　　）。

A. 失销　　　　　B. 失去客户　　　C. 失去商誉　　　D. 延期交货

二、判断题

1. 仓储就是指库存。　　　　　　　　　　　　　　　　　　　　　（　　）

2. 仓储环节可以有效地实现物流的增值服务。　　　　　　　　　　（　　）

3. 仓储成本是企业物流活动中所消耗物化劳动和活劳动的货币表现。（　　）

4. 经济订货批量是指订货成本最小时的批量。   （   ）

5. 保险储备量越大，企业的仓储成本越高，因此保险储备量应越低越好。 （   ）

三、简答题

1. 简述仓储成本的含义和特点。

2. 简述库存、储备及仓储的含义。

3. 仓储对企业物流成本有何影响？

4. 仓储成本是如何分类的？

5. 简述仓储物流的合理化。

6. 仓储合理化的主要标志是什么？

7. 企业降低仓储成本的方法和措施有哪些？

四、计算题

某企业每年需要耗用物资 28 800 件，该物资的单价为 0.40 元，单位存储费率为 25%，每次的订货成本为 40 元，求该物资的经济订货批量是多少？

阅读材料

雀巢与家乐福的供货商管理库存系统建设

一、背景

雀巢公司（以下简称"雀巢"）由亨利·雀巢设立于 1866 年，总部位于瑞士韦威，行销全球百余个国家和地区，有 200 多家子公司，超过 500 座工厂，员工遍及全球，总数约有 27 万名，主要产品涵盖婴幼儿食品、乳制品、饮料类、冷冻食品及厨房调理食品类、糖果类、宠物食品类与药品类等。雀巢中国有限公司为国内最大的外商食品公司之一，产品种类包括婴幼儿奶粉、米麦粉、咖啡、冰品、快餐汤及粥、厨房调理食品、糖果与宠物食品等。

家乐福集团公司（以下简称"家乐福"）于 1959 年在法国成立，是大卖场业态的首创者。

二、现状、问题与需求

1. 缘起

雀巢与家乐福在全球均为流通产业的领导厂商，在有效的消费者快速响应（Efficient Consumer Response，ECR）方面的推动更是不遗余力。1999 年，两家公司签订协议，在 ECR 方面进行更密切的合作，中国台湾地区分公司也被指示进行供货商管理库存（Vender Management Inventory，VMI）示范计划，并要把相关成果移转至其他厂商。雀巢也积极开始与家乐福合作，建立整个计划的运作机制，总目标要增加商品的供应率，降低客户（家乐福）库存持有天数，缩短订货前置时间，降低双方物流作业的成本。

2. 现状简介

就雀巢与家乐福既有的关系而言，只是单纯的买卖关系，唯一特别的是家乐福对雀巢来说是一个重要的客户，所以设有专属的业务人员，买卖方式也仍是以家乐福为中心。在系统方面，双方各自有独立的内部 ERP 系统，彼此不兼容，在推动计划的同时，家乐福也正在进行与供货商以 EDI（电子数据交换）联机方式的推广计划，与雀巢的 VMI 计划也打算以 EDI 的方式进行联机。

3. VMI 供货商管理库存简介

VMI 是 ECR 中的一项运作模式或管理策略，主要的概念是供货商依据实际销售及安全库存的需求，替零售商下订单或补货，而实际销售的需求则是供货商依据由零售商提供每日的库存与销售资料并以统计等方式预估而来的，通常供货商具有一套管理系统来做整体运作。如此做法可大幅改进供货商面对市场的响应时间，降低供货商与零售商用以适应市场变化的不必要库存，降低缺货率。但在实际实施与运用上，却因供货商与零售商的价格对立关系以及系统和运作方式的不同，而很难有具体的合作运用。

三、计划介绍

1. 计划范围

整个计划是在一年之内，建立一套 VMI 的运作环境并且可以顺畅地执行下去。具体而言，分为系统与合作模式建立阶段以及实际实施与改善阶段，第一个阶段约占半年的时间，包括确立双方投入资源，建立评估指针或评量表，分析与协议所需的条件，确定整体运作方式及系统建置。第二个阶段为后续的半年，以先导测试方式不断修正使系统与运作方式趋于稳定，并以评估指针不断进行问题寻找与改善，一直到达不需人工介入为止。

在人力投入方面，雀巢与家乐福双方分别设置了一个全职的对应窗口，此外还有物流、业务或采购、信息等部门则是以协助的方式参与计划，并逐步转变物流对物流、业务对采购以及信息对信息的团队运作方式。在经费的投入上，家乐福方面主要是在 EDI 系统建设的投入，雀巢方面除了 EDI 建设投入外，还引进了一套 VMI 的系统。

2. 计划目标

计划目标除了建设一套可行的 VMI 运作模式及系统外，具体而言还要依据自行制定的评量表以达到下列目标：雀巢对家乐福物流中心产品到货率达90%，家乐福物流中心对零售店面产品到货率达95%，家乐福物流中心库存持有天数下降至预设标准，以及家乐福对雀巢建议订货单修改率下降至10%等。

四、方法

在计划的实际执行上，除了有两大计划阶段外，还可细分至五个子计划阶段，具体说明如下：

①评估双方的运作方式与系统在合作上的可行性：合作前，双方评估各自的运作能力、系统整合与信息实时程度等，以及彼此配合的步调是否一致，来判定合作的可行性。

②高级主管做出承诺：双方在最高主管的认可下，由部门主管出面商讨协议细节，做

出内部投入的承诺，并且确定初步合作的范围，设置对应的窗口，开始进行合作。

③密切的沟通与系统搭建：双方合作的人员至少每周召开一次密集会议，讨论具体细节，逐步确定合作方式并搭建系统，包括补货依据、时间、决定方式、评量表建立、系统选择与建设等。

④同步化系统与自动化流程：不断地测试，使双方系统及作业方式与程序趋于稳定，并使测试成为每日例行性工作，同时针对特定问题进行处理。

⑤持续性训练与改进：回到合作计划的本身，除了使相关作业人员熟练作业方式和不断改进作业程序外，还要不断思考库存的管理与策略，以求得到根本性的改进，通过长期不断的训练和改进，进一步针对促销产品做策略研究。

在系统搭建方面，针对数据传输部分，雀巢与家乐福双方采用EDI增值网络的方式来进行传输，而在雀巢的VMI管理系统，则是采取外购产品的方式来完成。雀巢之前评估过Manugistics和Infule等公司的产品，最后选用Infule的EWR（预警雷达）的产品，主因包括：一是家乐福推荐；二是法国和其他国家雀巢公司的建议，以及系统可以满足其计划需求等。

目前整个VMI运作方式分为以下五个步骤。

①每日9：30前家乐福用EDI方式传送结余库存与出货资料等信息至雀巢。

②9：30—10：30雀巢将收到的资料合并至EWR的销售数据库系统中，并产生预估的补货需求，系统将预估的需求量写入后端的BPCS（商业规划与控制系统）ERP（企业资源计划）系统中，依实际库存量计算出可行的订货量，生成建议订单。

③10：30前雀巢以EDI方式传送建议订单给家乐福。

④10：30—11：00家乐福在确认订单并进行必要的修改（量与品项）后回传至雀巢。

⑤11：00—11：30雀巢依照确认后的订单进行拣货与出货。

五、心得

虽然两家公司在国际上均承诺要推动VMI计划，但落实在执行层面，却存在许多问题。首先是彼此的执行人员均习惯于过去的买卖关系而较难有对等及互信的态度，再者VMI计划本身大部分的参与人员并未有完整的相关知识与实践经验，再加上彼此既有的运作方式与系统的显著差异都增加了计划执行的复杂性与困难度。在漫长的发展过程中，有如团队形成之初，历经了冷漠、争吵与对立等过程，直到彼此有共同的认知并乐意分享，而计划就在这个过程中逐步推进，参与人员也从中彼此学习，并有小小的收获。然而未来进一步的发展计划，仍需双方组织运作与系统的调整配合，才有可能顺利达成。

六、效益

在成果上，除建设了一套VMI运作系统与方式外，历经近半年的时间上线执行VMI运作系统，在具体目标达成上也有显著的成果，雀巢对家乐福物流中心产品到货率由原来的80%左右提升至95%（超越目标值），家乐福物流中心对零售店面产品到货率也由70%左右提升至90%左右，而且仍在继续改善中，库存天数由原来的25天左右下降至目标值以下，在订单修改率方面也由60%~70%的修改率下降至10%以下。除了在具体成果的展现上，对雀巢来说最大的收获则是在与家乐福合作的关系上，过去与家乐福是单向的买卖关系，客户要什么就给他什么，甚至是尽可能地推销产品，彼此都忽略了真正的市场需求，导致卖得好的商品经常缺货，而不畅销的商品却有很高的库存量，经过这次合作让双方更为相互了解，也愿意共同解决问题，并使原本各项问题的症结点一一浮现，有利于从根本上改进供应链的整体效率。雀巢也在原来与家乐福的VMI计划上进一步考虑降低各店的缺货率，以及商讨促销合作等计划执行的可行性。

七、结论

如果信息的运用与电子商务只是单纯地将既有作业电子化与自动化，只能带来作业成本的减少等效益，其本身意义并不大，唯有针对经营的本质做改善，才能产生较大幅度的效益提升。对流通业而言，这种本质改善就是ECR，雀巢与家乐福的VMI计划就是其中的一种应用，通过经营模式的改变而逐步改善库存管理与配置的效益，就供应链的角度而言，ECR更可能影响整个后端的工厂制造与前端店面生产与库存效率的提升。然而这些应用最难的仍在进行合作的第一步，唯有上下游双方均有宏观的思考，愿意共同合作，才会有进步的可能，雀巢与家乐福的合作计划虽然仍有很长的路要走，但是也给我们一个很好的示范，值得其他公司借鉴。

项目八 配送成本管理

案例导入

戴尔成功的诀窍：高效物流配送

在不到20年的时间里，戴尔的创始人迈克尔·戴尔，白手起家把公司发展到250亿美元的规模。即使面对美国经济的低迷，在惠普等超大型竞争对手纷纷裁员减产的情况下，戴尔仍以两位数的发展速度飞快前进。

戴尔分管物流配送的副总裁迪克·亨特一语道破天机："我们只保存可供5天生产的存货，而我们的竞争对手则保存30天、45天，甚至90天的存货，这就是区别。"

亨特在分析戴尔成功的诀窍时说："戴尔总支出的74%用在材料配件购买方面，2000年这方面的总开支高达210亿美元，如果我们能在物流配送方面降低0.1%，就等于我们的生产效率提高了10%。"物流配送对企业的影响之大可见一斑。

信息时代，特别是在高科技领域，材料成本随着日趋激烈的竞争而迅速下降。以计算机工业为例，材料配件成本的下降速度为每周1%。从戴尔的经验来看，其材料配件库存量只维持5天，当其竞争对手维持4周的库存量时，就等于戴尔的材料配件开支与对手相比保持着3%的优势。当产品最终投放市场时，物流配送优势就可转变成2%~3%的产品价格优势，竞争力的强弱不言而喻。

在提高物流配送效率方面，戴尔和50家材料配件供应商保持着密切、忠实的联系，庞大的跨国集团戴尔所需材料配件的95%都由这50家供应商提供。戴尔与这些供应商每天都要通过网络进行协调沟通：戴尔监控每个零部件的发展情况，并把自己新的要求随时发布在网络上，供所有的供应商参考，提高透明度和信息流通效率，并刺激供应商之间的相互竞争；供应商则随时向戴尔通报自己的产品发展、价格变化、存量等方面的信息。

几乎所有的工厂都会出现过期、过剩的零部件。而高效率的物流配送使戴尔的过期零部件比例保持在材料开支总额的0.05%~0.1%，2000年戴尔全年在这方面的损失为2 100万美金。而这一比例在戴尔的对手企业都高达2%~3%，在其他工业部门更是高达4%~5%。

即使是面对如此高效的物流配送，戴尔的副总裁亨特仍不满意："有人问5天的库存量是否为戴尔的最佳物流配送极限，我认为，当然不是，我们能把它缩短到2天。"

任务一　配送成本概述

一、配送的含义

根据《物流术语》（GB/T 18354—2021）的解释，配送是根据客户要求，对物品进行分类、拣选、集货、包装、组配等作业，并按时送达指定地点的物流活动。配送在英语中的原词是delivery，是交货、送货的意思。在日本工业标准中，将配送定义为"将货物从物流节点送交收货人"，也强调了送货的含义。由于在市场竞争中，将货物送达收货人的活动需要逐步降低成本，提高效率，以达到占领和扩大市场、增加企业利润的目的。因此，要对运输车辆进行合理配置，科学地制订运输规划，确定运送路线，并且将运送的货物事先进行配货。

虽然配送的英语原词和日本工业标准都充分强调了"送货"这个概念，但是，不应该仅简单地理解为运输。物流配送与物流运输有较大的区别，物流配送是物流系统中一种综合的作业形式，包含采购、储存、分拣、加工、配货、信息处理等若干功能要素的一种物流活动，是物流的一个缩影。其包含的运输功能也主要是指较短距离、较小规模、频率较高的运输形式。而物流运输是指物流过程中较单一的运输作业，处于物流过程的较前端。

在日常的使用习惯中，往往觉得配送中心和物流中心非常相似，那是因为配送中心是以组织配送性销售或供应、执行实物配送为主要职能的流通型节点。在配送中心中为了能更好地做运输的编组准备，必然需要采取零星集货、批量进货等种种资源收集工作和对货物的分整、配备等工作，因此，配送中心也具有集货中心、分货中心的职能。为了进行更有效、更高水平的配送，配送中心往往还有较强的流通加工能力。此外，配送中心还必须执行货物配备后的送达到户的使命，这是和分货中心只管分货不管运达的重要区别。

由此可见，如果说集货中心、分货中心、加工中心的职能还是较为单一的话，那么，配送中心功能则较全面、完整，也可以说，配送中心的功能实际上是集货中心、分货中心、加工中心功能的综合。

配送中心作为物流中心的一种主要形式，在日常使用中，有时候便和物流中心等同起来了。

二、配送的作用

发展配送，对于物流系统的完善、流通企业和生产企业的发展，以及整个经济社会效益的提高，都具有重要的作用。

1. 降低整个社会物资的库存水平

发展配送，实行集中库存，整个社会物资的库存总量必然低于各企业分散库存总量。同时，配送可以实现对资源的优化配置。此外，集中库存可以发挥规模经济优势，降低库存成本。

2. 提高物流效率，降低物流费用

采用配送方式，批量进货，集中发货，以及将多个小批量集中在一起大批量发货，都可以有效节省运力，实现经济运输，降低成本，提高物流经济效益。

3. 实现低库存

实行高水平的定时配送方式之后，生产企业可以依靠配送中心准时配送或即时配送而不需保持自己的库存，这就可以实现生产企业的"零库存"，进而节约储备资金，降低生产成本。

4. 实现流通社会化、物流产业化

实行社会集中库存、集中配送，可以从根本上打破条块分割的分散流通体制，实现流通社会化、物流产业化。

三、配送的组织形式

(一) 定时配送

按规定时间和时间间隔进行配送，这类配送形式称为定时配送。定时配送的时间，由配送的供给与需求双方通过协议确认。每次配送物品的品种及数量可预先在协议中确定，实行计划配送；也可以在配送之前以商定的联络方式（如电话、计算机网络等）通知配送物品的品种及数量。

定时配送这种服务方式，由于时间确定，对用户而言，易于根据自己的经营情况，按照最理想时间进货，也易于安排接货力量（如人员、设备等）。对于配送供给企业而言，这种服务方式易于安排工作计划，有利于对多个用户实行共同配送，以减少成本的投入，易于计划使用车辆和规划路线。采用这种配送服务方式时，如果配送物品种类、数量变化大，配货及车辆配装的难度则较大，会使配送运力的安排出现困难。

定时配送有以下几种具体形式。

1. 小时配

小时配是接到配送订货要求后，在 1 小时内将货物送达。这种方式适用于一般消费者突发的个性化需求所产生的配送要求，也经常用作配送系统中应急的配送方式。B2C（企业对消费者）型的电子商务，在一个城市范围内，也经常采用小时配的配送服务方式。

2. 日配

日配是接到订货要求后，在 24 小时内将货物送达的配送方式。日配是定时配送中实行较为广泛的方式，尤其在城市内的配送，日配占比较高。一般而言，日配的时间要求大体上是：上午的配送订货，下午可送达；下午的配送订货，第二天早上送达。这样就可以使用户获得在实际需要的前半天得到送货服务的保障，如果是企业用户，这可使企业的运行更加精准化。

日配方式广泛而稳定地开展，可使用户基本上无须保持库存，不以传统库存为生产和销售经营的保障，而以配送的日配方式实现这一保障，也即实现用户的"零库存"。

3. 准时配送

准时配送指按照双方协议时间，准时将货物配送到用户的一种方式。这种方式和小时配、日配的主要区别在于：小时配、日配是向社会普遍承诺的配送服务方式，针对社会上不确定的、随机性的需求。准时配送往往是根据用户的生产节奏，按指定的时间将货物送达的配送方式。这种方式比日配方式更为精准，可以利用这种方式，将"暂存"的微量库存也可以取消，绝对地实现零库存。

准时配送的服务方式，可以通过协议计划来确定，也可以通过看板方式来实现。准时配送方式要求有高水平的配送系统来实施。由于用户的要求独特，因而不太可能对多用户进行周密的共同配送计划。这种方式适合于装配型、重复、大量生产的企业用户，这种用户所需的配送物资是重复、大量而且没有太大变化的，因而往往是一对一的配送。

（二）定量配送

定量配送指按事先协议规定的数量进行的配送。这种方式数量固定，备货工作有较强的计划性，比较简单，也比较容易管理。可以按托盘、集装箱及车辆的装载能力来有效地选择配送的数量，这样能够有效地利用托盘、集装箱等集装方式，也可做到整车配送，配送的效率较高。

定量配送的服务方式，由于时间不严格规定，可以将不同用户所需物品凑整车后进行合理配装配送，运力利用也较好。

定量配送有利于配送服务供给企业进行科学管理，对用户来讲，每次接货都是同等数量的货物，这有利于人力、装卸机具、储存设施的配备。

定量配送适合在下述领域采用。

①用户对于库存的控制不十分严格，有一定的仓储能力，不实行"零库存"。

②从配送中心到用户的配送路线保证程度较低，难以实现准时的要求。

③难以对多个用户实行共同配送。只有达到一定配送批量，才能使配送成本降低到

供、需双方都能接受的水平。

（三） 定时定量配送

定时定量配送指按照规定的配送时间和配送数量进行的配送。定时定量配送兼有定时配送、定量配送两种方式的优点，是一种精密的配送服务方式。这种方式计划难度较大，由于适合采用的对象不多，很难实行共同配送等配送方式，因而成本较高，在用户有特殊要求时采用，不是一种普遍适用的方式。

定时定量配送方式的实际应用，主要在大量而且稳定生产的汽车、家用电器、机电产品的供应物流中取得了成功。这种方式的管理和运作，靠配送双方事先签署的一定时期的协议来执行，也常常采用"看板方式"来决定配送的时间和数量。

（四） 定时定路线配送

定时定路线配送指在规定的运行路线上，制定配送车辆到达的时间表，按运行时间表进行的配送。用户可以按照配送企业规定的路线及规定的时间选择这种配送服务，并于指定位置及时间接货。

采用这种方式有利于配送企业安排车辆及驾驶人员，可以依次对多个用户实行共同配送，无须每次决定货物配装、配送路线、配车计划等问题，因此比较易于管理，配送成本也较低。

对于用户而言，可以在确定的路线、确定的时间表上进行选择，也可以有计划地安排接货力量，虽然配送路线可能与用户还有一段距离，但由于成本较低，用户也乐于接受这种服务方式。

这种方式特别适合对小商业集中区的商业企业进行配送。商业集中区交通较为拥挤，街道又比较狭窄，难以实现配送车辆"门到门"的配送，如果在某一站点将相当多商家的货物送达，再用小型人力车辆将货物运回，并在非营业时间内完成，可以避免上述矛盾对配送造成的影响。

（五） 即时、应急配送

即时、应急配送指完全按用户突然提出的配送要求随即进行的配送。这是对各种配送服务进行补充和完善的一种配送方式，这种配送方式主要应对用户由于事故、灾害、生产计划的突然变化等因素所产生的突发性需求，也能应对一般消费者经常出现的突发性需求。这是有很高灵活性的一种应急配送方式，也是大型配送企业应当具备的应急配送能力。有了这种应急配送能力，就能够支持和保障配送企业的经营活动。需要指出的是，这种配送服务实际成本很高，难以用作经常性的服务方式。

四、配送的流程

（一）备货

备货是配送的准备工作和基础工作。备货工作包括筹集货源、采购、集货、进货及有关的质量检查、结算、交接等。

配送的优势之一就是可以集中若干用户的需求进行一定规模的备货。备货是决定配送成败的初期工作，如果备货成本太高，会大大降低配送的效益。

（二）储存

配送中的储存有储备及暂存两种形态。

1. 储备

储备是按一定时期的配送经营要求，形成的对配送的资源保证。这种类型的储备数量较大，储备结构也较完善，视货源及到货情况，可以有计划地确定周转储备及保险储备的结构及数量。配送的储备保证通常占用的库区面积较大，其储存也可以在配送中心附近单独设库解决。

2. 暂存

暂存是具体执行配送时，按分拣配货要求，在理货场地所做的少量储存准备。由于总体储存效益取决于储存总量，所以，这部分暂存数量只会对工作方便与否造成影响，而不会影响储存的总效益，因而在数量上控制并不严格。

还有另一种形式的暂存，即分拣、配货之后形成的发货前的暂存，这个暂存主要是调节配货与送货的节奏，暂存时间不长。

（三）分拣及配货

分拣及配货是配送不同于其他物流形式的有现代特点的功能要素，也是配送成败的一项重要支持性工作。分拣及配货是完善和支持送货的准备性工作，是不同配送企业在送货时进行竞争和提高自身经济效益的必然延伸，所以，也可以说是送货向高级形式发展的必然要求。有了分拣及配货，就会大大提高送货服务水平，所以，分拣及配货是决定配送系统水平的关键要素。

（四）配装

在单个用户配送数量不能达到车辆的有效载运负荷时，就存在如何集中不同用户的配送货物，进行搭配装载以充分利用运能、运力的问题，这就需要配装。

和一般送货不同之处在于，通过配装可以大大提高送货水平并降低送货成本，所以配装也是配送系统中有现代特点的功能要素，是现代配送与传统送货的重要区别。

（五）配送运输

配送运输属于运输中的末端运输、支线运输，和一般运输形态主要区别在于：配送运输是较短距离、较小规模、频度较高的运输形式，一般使用汽车和其他小型车辆做运输工具。

与干线运输的另一个区别是，配送运输路线的选择问题是一般干线运输所没有的，干线运输的干线是唯一的运输线，而配送运输由于配送用户多，一般城市交通路线又较复杂，如何组成最佳路线，如何使配装和路线有效搭配等，是配送运输的特点，也是配送运输的工作难点。

（六）送达服务

配好的货物运输到用户还不算配送工作的完结，这是因为送货和用户接货往往还会出现不协调的情况，使配送前功尽弃。因此，要圆满地实现货物的移交，且有效、方便地办理相关手续并完成结算，还应考虑卸货地点、卸货方式等。送达服务也是配送独有的特点。

（七）配送加工

在配送中，配送加工这一功能要素不具有普遍性，但是往往是有重要作用的功能要素。其主要原因是通过配送加工，可以大大提高用户的满意程度，并提高货物的附加价值。配送加工是流通加工的一种，但配送加工有它不同于一般流通加工的特点，即配送加工一般只取决于特殊的用户要求，其加工的目的较为单一。

此外，在执行完配送任务后，车辆需要返回配送中心，在一般情况下，返回的车辆往往是空驶，会造成一定的资源浪费。在规划配送路线时，返回路线应当尽量缩短；在进行稳定的计划配送时，返回车辆可将包装物、废弃物、残次品运回集中处理，或者将用户的产品运回配送中心，作为配送中心的资源，向其他用户进行配送。

任务二　配送成本的构成及核算

一、配送成本的构成

配送的主体活动是配送运输、分拣、配货及配载。分拣和配货是配送的独特要求，也是配送中有现代特点的活动。以送货为目的的配送运输是最后实现配送的主要手段，从这一点出发，常常将配送简化为运输中的一种。

根据配送流程及配送环节，配送成本实际上是包含配送运输费用、分拣费用、配装及流通加工费用等配送全过程产生的各种费用。

（一）配送运输费用

配送运输费用主要包括车辆费用和营运间接费用。

1. 车辆费用

车辆费用指从事配送运输生产而发生的各项费用。具体包括驾驶员及助手等工资及福利费、燃料费、轮胎费、修理费、折旧费、运输管理费、行车事故损失和其他费用等。

2. 营运间接费用

营运间接费用指营运过程中发生的不能直接计入各成本核算对象的站、队经费。具体包括站、队人员的工资及福利费、办公费、水电费、折旧费等，但不包括管理费用。

（二）分拣费用

1. 分拣人工费用

分拣人工费用是指从事分拣工作的作业人员及有关人员的工资、奖金、补贴等费用的总和。

2. 分拣设备费用

分拣设备费用是指分拣机械设备的折旧费用及修理费用。

（三）配装费用

1. 配装材料费用

配装材料费用是指配装过程使用的配装材料的费用。常见的配装材料有木材、纸、自然纤维和合成纤维、塑料等。这些配装材料功能不同，成本相差很大。

2. 配装辅助费用

除上述费用外，还有一些配装辅助费用，如包装标记费用、标志印刷费用、拴挂物费用等。

3. 配装人工费用

配装人工费用是指从事配装工作的工人及有关人员的工资、奖金、补贴等费用总和。

（四）流通加工费用

1. 流通加工设备费用

流通加工设备因流通加工形式不同而不同，购置这些设备所支出的费用即流通加工设备费用。流通加工设备费用最终以流通加工费用的形式转移到被加工产品中去。

2. 流通加工材料费用

流通加工材料费用是指在流通加工过程中，材料消耗所需要的费用。

3. 人员工资费用

人员工资费用是指在流通加工过程中从事加工活动的管理人员、工人及有关人员的工资、奖金等费用的总和。

实际应用中，应当根据配送的具体流程归集成本，不同的配送模式，其成本构成差异较大。相同的配送模式下，由于配送物品的性质不同，其成本构成差异也很大。

二、配送成本的核算

配送成本的核算是多环节的核算，即各个配送环节或活动的集成。配送各个环节的成本核算都具有各自的特点，如流通加工费用的核算与配送运输费用的核算具有明显的区别，其成本核算对象及计算单位都不同。

配送成本的核算由于涉及多环节的成本核算，因此，对每个环节应当计算各成本核算对象的总成本。总成本是指成本核算期内成本核算对象的成本总额，即各个成本项目金额之和。配送成本由各个环节的成本组成，其计算公式如下：

配送成本＝配送运输成本＋分拣成本＋配装成本＋流通加工成本

需要指出的是，在进行配送成本核算时，要避免配送成本的重复交叉。

（一）配送运输成本的核算

配送运输成本的核算，是指将配送车辆在配送生产过程中所发生的费用，按照规定的配送对象和成本项目，计入配送对象的运输成本项目中的过程。

1. 配送运输成本的项目和内容

（1）工资及职工福利费。根据"工资分配汇总表"和"职工福利费计算表"中各车型分配的金额计入成本。

（2）燃料费。根据"燃料发出凭证汇总表"中各车型耗用的燃料金额计入成本。配送车辆在本企业以外的油库加油，其领发数量不作为企业购入和发出处理的，应在发生时按照配送车辆领用数量和金额计入成本。

（3）轮胎费。轮胎外胎采用一次摊销法的，根据"轮胎发出凭证汇总表"中各车型领用的金额计入成本；采用轮胎行驶公里数进行折旧的，根据"轮胎摊提费计算表"中各车型应负担的摊提额计入成本。发生轮胎翻新费时，根据付款凭证直接计入各车型成本或通过待摊费用分期摊销。内胎、垫带根据"材料发出凭证汇总表"中各车型成本领用金额计入成本。

（4）修理费。辅助生产部门对配送车辆进行保养和修理的费用，根据"辅助营运费用分配表"中分配各车型的金额计入成本。

（5）折旧费。根据"固定资产折旧计算表"中按照车辆种类提取的折旧金额计入各分类成本。

（6）运输管理费。配送车辆应缴纳的运输管理费，应在月终计算成本时，编制"配送营运车辆应缴纳运输管理费计算表"，据此计入配送成本。

（7）行车事故损失和其他费用。如果是通过银行转账、应付票据、现金支付的，根据付款凭证等直接计入有关的车辆成本；如果是在企业仓库内领用的材料物资，根据"材料发出凭证汇总表""低值易耗品发出凭证汇总表"中各车型领用的金额计入成本。

（8）营运间接费用。根据"营运间接费用分配表"计入有关配送车辆成本。

2. 配送运输成本的计算方法

物流配送企业月末应编制"配送运输成本计算表"（见表8-1），以反映配送运输总成本和配送运输单位成本。配送运输总成本是指成本核算期内成本核算对象的成本总额，即各个成本项目金额之和。配送运输单位成本是指成本核算期内各成本核算对象完成单位周转量的成本额。各成本核算对象计算的成本降低额，是指用该配送成本的上年度实际配送运输单位成本乘以本期实际周转量计算的总成本，减去本期实际配送运输总成本的差额。它是反映该配送运输成本由于成本降低所产生的节约金额的一项指标。

表 8-1　　　　　　　　　　　　配送运输成本计算表

成本项目	运输工作组			合计
	1组	2组	其他	
一、车辆费用				
工资及职工福利费				
燃料费				
轮胎费				
修理费				
折旧费				
运输管理费				
税费				
二、营运间接费用				
三、配送运输总成本				
四、周转量				
五、配送运输单位成本				
六、成本降低率				

按各成本核算对象计算的成本降低率，是指该配送运输成本降低额与上年度实际配送运输单位成本乘以本期实际周转量计算的总成本比较的百分比。它是反映该配送运输成本降低幅度的一项指标。

各成本核算对象的降低额和降低率的计算公式如下：

成本降低额 = 上年度实际配送运输单位成本 × 本期实际周转量 − 本期实际配送运输总成本

$$成本降低率 = \frac{配送运输成本降低额}{上年度实际配送运输单位成本 \times 本期实际周转量} \times 100\%$$

（二）分拣成本的核算

分拣成本是指分拣机械及人工在完成货物分拣过程中所发生的各种费用。

1. 分拣成本项目和内容

（1）分拣直接费用。分拣直接费用包括：工资，指按规定支付给分拣作业工人的标准工资、奖金、津贴等；职工福利费，指按规定的工资总额和提取标准计提的职工福利费；修理费，指分拣机械进行保养和修理所发生的费用；折旧费，指分拣机械按规定计提的折旧费；其他费用，指不属于以上各项的费用。

（2）分拣间接费用。这是指配送分拣管理部门为管理和组织分拣生产，需要负担的各项管理费用和业务费用。

上述分拣直接费用和分拣间接费用构成了配送环节的分拣成本。

2. 分拣成本的计算方法

配送环节分拣成本的计算方法，是指分拣过程所发生的费用，按照规定的成本核算对象和成本项目，计入分拣成本的方法。

（1）工资及职工福利费。根据"工资分配汇总表"和"职工福利费计算表"中分配的金额计入分拣成本。

（2）修理费。辅助生产部门对分拣机械进行保养和修理的费用，根据"辅助生产费用分配表"中分配的分拣成本金额计入成本。

（3）折旧费。根据"固定资产折旧计算表"中按照分拣机械提取的折旧金额计入成本。

（4）其他费用。根据"低值易耗品发出凭证汇总表"中分拣成本领用的金额计入成本。

（5）分拣间接费用。根据"配送管理费用分配表"计入分拣成本。

3. 分拣成本计算表

物流配送企业月末应编制"配送环节分拣成本计算表"，如表 8-2 所示，以反映分拣总成本。

表 8-2   **配送环节分拣成本计算表**

成本项目	分拣品种			合计
	货物 1	货物 2	其他货物	
一、分拣直接费用				
工资及职工福利费				
折旧费				
修理费				
其他费用				

成本项目	分拣品种			合计
	货物 1	货物 2	其他货物	
二、分拣间接费用				
分拣总成本				

（三）配装成本的核算

配装成本是指在完成配装货物过程中所发生的各种费用。

1. 配装成本项目和内容

（1）配装直接费用。配装直接费用包括：工资，指按规定支付的配装作业工人的标准工资、奖金、津贴；职工福利费，指按规定的工资总额和提取标准计提的职工福利费；材料费用，指配装过程中消耗的各种材料，如包装纸、箱、塑料等；辅助材料，指配装过程中耗用的辅助材料，如标志、标签等；其他费用，指不属于以上各项的费用，如配装工人的劳保用品费等。

（2）配装间接费用。这是指配送配装管理部门为管理和组织配装生产所发生的各项费用。

2. 配装成本的计算方法

配送环节的配装活动是配送的独特要求，其成本的核算方法，是指配装过程中所发生的费用按照规定的成本核算对象和成本项目进行核算的方法。

（1）工资及职工福利费。根据"工资分配汇总表"和"职工福利费计算表"中分配的配装成本的金额计入成本。

"职工福利费计算表"是依据"工资分配汇总表"确定的各类人员工资总额，按照规定的提取比例计算后编制的。

（2）材料费用。根据"材料发出凭证汇总表""领料单""领料登记表"等原始凭证，将配装成本耗用的金额计入成本。

直接材料费用中，材料费用的数额是根据领料凭证汇总编制"耗用材料汇总表"确定的；在归集直接材料费用时，凡能分清某一成本核算对象的费用，应单独列出，以便直接计入该配装对象的成本计算单中；属于几个配装成本对象共同耗用的直接材料费用，应当选择适当的方法，分配计入各配装成本核算对象的成本计算单中。

（3）辅助材料费用。根据"材料发出凭证汇总表""领料单"中的金额计入成本。

（4）其他费用。根据"材料发出凭证汇总表""低值易耗品发出凭证"中配装成本领用的金额计入成本。

（5）配装间接费用。根据"配送间接费用分配表"计入配装成本。

物流配送企业月末应编制"配送环节配装成本计算表"，以反映配装过程发生的成本费用总额。

（四）流通加工成本的核算

1. 流通加工成本项目和内容

（1）直接材料费用。流通加工的直接材料费用是指在流通加工产品加工过程中直接消耗的材料、辅助材料、包装材料以及燃料和动力等费用。与工业企业相比，在流通加工过程中的直接材料费用占流通加工成本的比重不大。

（2）直接人工费用。流通加工成本中的直接人工费用，是指直接进行加工生产的生产工人的工资总额和按工资总额提取的职工福利费。生产工人工资总额包括计时工资、计件工资、奖金、津贴和补贴、加班工资、非工作时间的工资等。

（3）制造费用。流通加工制造费用是物流中心设置的生产加工单位为组织和管理生产加工所发生的各项制造费用。主要包括流通加工生产单位管理人员的工资及提取的福利费，生产加工单位房屋、建筑物、机器设备等的折旧和修理费，生产单位固定资产租赁费、机物料消耗、低值易耗品摊销、取暖费、水电费、办公费、差旅费、保险费、试验检验费、季节性停工和机器设备修理期间的停工损失及其他制造费用。

2. 流通加工成本项目的归集

（1）直接材料费用的归集。直接材料费用中，材料和燃料费用的数额是根据全部领料凭证汇总编制的"耗用材料汇总表"确定的；动力费用是根据有关凭证确定的。

在归集直接材料费用时，凡能分清某一成本核算对象的费用，应单独列出，以便直接计入该加工成本的成本计算单中；属于几个加工成本共同耗用的直接材料费用，应当选择适当的方法，分配计入各加工成本核算对象的成本计算单中。

（2）直接人工费用的归集。计入成本中的直接人工费用的数额，是根据当期"工资结算汇总表"和"职工福利费计算表"来确定的。

"工资结算汇总表"是进行工资结算和分配的原始依据。它是根据"工资结算单"按人员类别（工资用途）汇总编制的。"工资结算单"应当依据职工工作卡片、考勤记录、工作量记录等工资计算的原始记录编制。

"职工福利费计算表"是依据"工资结算汇总表"确定的各类人员工资总额，按照规定的提取比例计算后编制的。

例8-1 某配送中心加工部门，2023年10月人工费用总额为56 000元，三种产品加工工时为71 000小时，其中甲产品由A程序加工15 000小时，B程序加工8 000小时；乙产品由A程序加工8 000小时，B程序加工15 000小时；丙产品由A程序加工18 000小时，B程序加工7 000小时。该加工部门A程序较普通，B程序较为复杂，A程序系数为1，B程序系数为1.3。根据资料分配人工费用，如表8-3所示。

表 8-3　　　　　　　　　　　　　人工费用分配表

| 产品名称 | 机器工作时间（小时） | | | | 分配率 | 分配金额（元） |
| | A 程序（标准） | B 程序系数（1.3） | | 标准工时 | | |
		加工时数	折合时数			
甲产品	15 000	8 000	10 400	25 400	0.7	17 780
乙产品	8 000	15 000	19 500	27 500	0.7	19 250
丙产品	18 000	7 000	9 100	27 100	0.7	18 970
合计	41 000	30 000	39 000	80 000		56 000

（3）制造费用的归集。制造费用是通过设置制造费用明细账，按照费用发生的地点来归集的。制造费用明细账按照加工生产单位开设，并按费用明细账项目设专栏组织核算。流通加工制造费用表的格式可以参考工业企业的制造费用表的一般格式。由于流通加工环节的折旧费用、固定资产修理费用等占成本的比重较大，其费用归集尤其重要。

3. 流通加工成本计算表

配送环节流通加工成本是指成本核算期内成本核算对象的成本总额，即各个成本项目金额的总和。物流配送企业月末应编制"配送环节流通加工成本计算表"（见表 8-4），以反映流通加工总成本和流通加工单位成本。

表 8-4　　　　　　　　　　　配送环节流通加工成本计算表

| 项目 | 流通加工品种 | | | 合计 |
	甲产品	乙产品	其他产品	
一、流通加工直接费用				
工资及职工福利费				
材料费				
折旧费				
维护保养费				
其他费用				
二、流通加工间接费用				
流通加工总成本				

任务三　配送成本的优化

在各项物流成本中，配送成本的比例也是较高的，约占 35% ~ 60%，降低配送成本对降低物流成本、提高物流效益有着极大的贡献。

一、配送合理化的判断标志

对于配送合理与否的判断，是配送决策系统的重要内容，目前国内外尚无确定的判断指标和方法。按一般认识，以下标志应当纳入。

（一）库存标志

库存是判断配送合理与否的重要标志。具体指标有以下两项。

1. 库存总量

库存总量指一个配送系统中，配送中心的库存量加上系统中各个用户的库存量的总和。经过配送优化，配送中心的库存量加上各用户在实行配送后的库存量之和应低于实行配送前各用户库存量之和，从而实现库存总量的下降。

库存总量是一个动态的量，上述比较应当是在一定生产规模的前提下。当用户生产有发展之后，库存总量的上升则反映了经营的发展，必须扣除这一因素，才能对库存总量是否合理做出正确判断。

2. 库存周转

由于配送企业的调控作用，以较低库存保持较强的供应能力，库存周转速度一般总是快于原来企业库存周转速度。

为取得共同比较基准，以上库存标志都以库存储备资金计算，而不以实际物资数量计算。

（二）资金标志

总的来讲，实行配送应有利于资金占用降低及资金运用的科学化。具体判断标志如下。

1. 资金总量

用于资源筹措所占用的流动资金总量，随储备总量的下降及供应方式的改变必然有一个较大的降低。

2. 资金周转

从资金运用来讲，由于整个节奏加快，资金充分发挥作用，同样数量的资金，过去需要较长时间才能满足一定供应要求，配送之后，在较短时间内就能达此目的。所以资金周转是否加快，是衡量配送合理与否的标志。

3. 资金投向的改变

资金分散投入还是集中投入，是资金调控能力的重要反映。实行配送后，资金必然从分散投入改为集中投入，以增强调控作用。

（三）成本和效益

总效益、宏观效益、微观效益、资源筹措成本等都是判断配送合理与否的重要标志。对于不同的配送方式，可以有不同的判断侧重点。例如，配送企业、用户集团企业都是各自独立的以利润为中心的企业，判断配送合理与否，不但要看配送的总效益，而且还要看对社会的宏观效益及两个企业的微观效益，不顾及任何一方，都必然出现配送不合理。又例如，如果配送是由用户集团企业自己组织的，配送主要强调保证能力和服务性，那么，效益主要从总效益、宏观效益和用户集团企业的微观效益来判断，不必过多顾及配送企业的微观效益。

由于总效益及宏观效益难以计量，在实际判断时，常以按国家政策经营，完成国家税收及配送企业、用户的微观效益来判断。

对于配送企业而言，在投入确定的情况下，企业的利润反映了配送的合理化程度。

对于用户集团企业而言，在保证供应水平或提高供应水平的前提下，供应成本的降低程度反映了配送的合理化程度。

成本及效益对配送合理化的衡量，还可以具体到储存、运输具体配送环节，使判断更为精细。

（四）供应保证标志

实行配送，用户最大的顾虑是供应保证程度降低，这是个心态问题，也是承担风险的实际问题。

配送的重要一点是必须提高而不是降低对用户的供应保证能力，才算实现了合理化。供应保证能力可以从以下方面判断。

1. 缺货次数

实行配送后，对各用户来讲，该到货而未到货以致影响用户生产及经营的次数，必须下降才算合理。

2. 配送企业的集中库存量

对每个用户来讲，配送企业的集中库存量所形成的保证供应能力高于配送前单个企业的保证程度，从供应保证来看才算合理。

3. 即时配送的能力及速度

即时配送的能力及速度是反映在用户出现特殊情况时，配送企业的特殊供应保障能力。这一能力必须高于未实行配送前用户紧急进货能力及速度才算合理。

特别需要强调一点，配送企业的供应保障能力是一个科学的、合理的概念，而不是无限的概念。具体来讲，如果供应保障能力过高，超过了实际的需要，属于不合理，所以追求供应保障能力的合理化也是有限度的。

（五）社会运力节约标志

末端运输是目前运能、运力使用不合理，浪费较大的领域，因而人们寄希望于配送来解决这个问题。这也成了配送合理化的重要标志。

运力使用的合理化是依靠送货运力的规划和整个配送系统的合理流程及与社会运输系统合理衔接实现的。送货运力的规划是任何配送中心都需要花精力解决的问题，而其他问题有赖于配送及物流系统的合理化，判断起来比较复杂。可以简化判断如下：

①社会车辆总数减少而承运量增加为合理；②社会车辆空驶减少为合理；③一家一户自提自运减少，社会化运输增加为合理。

（六）人力、物力节约标志

配送的重要观念是以配送代劳用户，因此，实行配送后，各用户库存量、仓库面积、仓库管理人员减少为合理；用于订货、接货、供应的人员减少才为合理。这就真正解除了用户的后顾之忧，配送的合理化程度也就达到了高水平。

（七）物流合理化标志

配送必须有利于物流合理化，这可以从以下几方面判断：
①是否降低了物流费用。
②是否减少了物流损失。
③是否加快了物流速度。
④是否发挥了各种物流方式的最优效果。
⑤是否有效衔接了干线运输和末端运输。
⑥是否不增加实际的物流中转次数。
⑦是否采用了先进的技术手段。
物流合理化的问题是配送要解决的大问题，也是衡量配送合理化的重要标志。

二、配送的不合理表现

以上介绍的判断配送是否合理的标准仅供参考。对于配送的决策优劣，不能简单处之。例如，企业效益是配送的重要衡量标志，但是，在决策时常常考虑各个因素，有时要做赔本买卖。所以，配送的决策是全面、综合的决策。在决策时要避免由于不合理配送出现所造成的损失，但有时某些不合理现象是伴生的，要追求大的合理，就可能派生小的不合理，所以，这里只论述不合理配送的表现形式，但要防止绝对化。

（一）资源筹措不合理

配送需要利用较大批量筹措资源。通过筹措资源的规模效益来降低资源筹措成本，使配送资源筹措成本低于用户筹措资源成本，从而取得优势。如果不是集中多个用户需要进行批量筹措资源，而仅仅是为某一两户代购代筹，对用户来讲，就不仅不能降低资源筹措费，相反却要多支付一笔配送企业的代筹代办费，因而是不合理的。资源筹措不合理还有其他表现形式，如配送量计划不准，资源筹措过多或过少，在资源筹措时不考虑建立与资源供应者之间长期稳定的供需关系等。

（二）库存决策不合理

配送应充分利用集中库存总量低于各用户分散库存总量的优势，从而大大节约社会财富，同时降低用户实际平均分摊库存的负担。因此，配送企业必须依靠科学管理来实现一个低总量的库存，否则就会出现仅是库存转移，而未降低库存的不合理情况。配送企业库存决策不合理还表现在储存量不足，不能保证随机需求，失去了应有的市场。

（三）价格不合理

总的来讲，配送的价格应低于不实行配送时用户自己进货的产品购买价格加上自己提货、运输、进货的成本总和，这样才会使用户有利可图。有时，由于配送有较高的服务水平，价格稍高，用户也是可以接受的，但这不能是普遍的原则。如果配送价格普遍高于用户自己的进货价格，损害了用户利益，就是一种不合理的表现。价格制定过低，使配送企业处于无利或亏损状态下运行，也是不合理的。

（四）决策不合理

一般的配送总是增加了环节，但是这个环节的增加，可降低用户平均库存水平，以此不但抵销了增加环节的支出，而且还能取得剩余效益。但是如果用户使用批量大，可以直接通过社会物流系统均衡批量进货，较之通过配送中转送货则可能更节约费用，所以，在这种情况下，不直接进货而通过配送，就属于不合理范畴。

（五）运输不合理

配送与用户自提比较，尤其对于多个小用户来讲，可以集中配装一车送几家，大大节省运力和运费。如果不能利用这一优势，仍然是一户一送，而车辆达不到满载（即时配送过多、过频时会出现这种情况），就属于不合理。此外，不合理运输若干表现形式在配送中都可能出现，会使配送变得不合理。

（六）经营观念不合理

在配送实施中，有许多是由于经营观念不合理，使配送优势无从发挥，损坏了配送的形象。这是在开展配送时尤其需要注意和克服的不合理现象。例如，配送企业利用配送手段，向用户转嫁资金；在库存过大时，强迫用户接货，以缓解自己库存压力；在资金紧张时，长期占用用户资金，将用户委托资源挪作他用等。

三、配送合理化的方法

配送的合理化即在一定的客户服务水平与配送成本之间寻求平衡：在一定的配送成本下尽量提高客户服务水平，或在一定的客户服务水平下使配送成本最小。实现配送合理化的策略有以下几种。

（一）混合策略

混合策略是指配送业务一部分由企业自身完成，另一部分则外包给第三方物流公司完成。这种策略的基本思想是，尽管采用纯策略（配送活动全部由企业自身完成，或者完全外包给第三方物流公司完成）易形成一定的规模经济，并使管理简化，但由于产品品种多变、规格不一、销量不等等情况，采用纯策略的配送方式不仅不能取得规模效益，还会造成规模不经济。而采用混合策略，合理安排企业自身完成的配送和外包给第三方物流公司完成的配送，能使配送成本最低。

（二）差异化策略

差异化策略的指导思想：产品特征不同，客户服务水平也不同。当企业拥有多种产品线时，不能对所有产品都按同一标准的客户服务水平来配送，而应根据产品的特点、销售水平，来设置不同的库存，选择不同的运输方式以及不同的储存地点，否则会增加不必要的配送成本。例如，一家生产化学品添加剂的公司，为降低成本，按各种产品的销售量比重进行分类：A 类产品的销售量占总销售量的 70% 以上，B 类产品的销售量占总销售量的 20% 左右，C 类产品的销售量占总销售量的 10% 左右。对 A 类产品，该公司在各销售网点都备有库存；对于 B 类产品，只在地区分销中心备有库存，而在各销售网点不备有库存；对于 C 类产品，连地区分销中心都不设库存，仅在工厂的仓库才有库存。经过一段时间的运行，事实证明这种方法是成功的，企业总的配送成本下降了 20%。

（三）合并策略

合并策略包含两个层次，一是配送方法上的合并；二是共同配送。

1. 配送方法上的合并

企业在安排车辆完成配送任务时，充分利用车辆的容积和载重量，做到满载满装，以降低成本。由于产品品种繁多，不仅包装形态、储运性能不一，在容重方面，往往也相差甚远。如果车上只装容重大的货物，往往达到了车辆载重量，但容积空余很多；只装容重小的货物则相反，看起来车装得很满，实际上并未达到车辆载重量。这两种情况实际上都造成了浪费。实行合理的轻重配装、容积大小不同的货物搭配装车，不但可以在载重方面达到满载，而且也能充分利用车辆的有效容积，取得最优效果。

2. 共同配送

共同配送是一种产权层次上的共享，也称集中协作配送。它是几个企业联合集小量为大量共同利用同一种配送设施的配送方式。其标准运作形式是：在中心机构的统一指挥和调度下，各配送主体以经营活动（或以资产为纽带）联合行动，在较大的地域内协调运作，共同对某一个或某几个客户提供系列化的配送服务。这种配送有两种情况：第一种是中小生产、零售企业之间分工合作实行共同配送，即同一行业或在同一地区的中小型生产、零售企业在单独进行配送时运输量少、效率低的情况下进行联合配送，不但可以减少企业的配送费用，使配送能力得到互补，而且有利于缓和城市交通拥挤，提高配送车辆的利用率；第二种是几个中小型配送中心进行联合，针对某一地区的用户，几个配送中心将用户所需物资集中起来，共同配送。

（四）延迟策略

传统的配送计划安排中，大多数的库存是按照对未来市场需求的预测量设置的，这样就存在着预测风险，当预测量与实际需求量不符时，就出现库存过多或过少的情况，从而增加了配送成本。延迟策略的基本思想就是对产品的外观、形状及其生产、组装、配送应尽可能推迟到接到客户订单后再确定。一旦接到订单就要快速反应，因此采用延迟策略的一个基本前提是信息传递要非常快。一般说来，实施延迟策略的企业应具备以下几个基本条件。

1. 产品特征

产品特征：模块化程度高，产品价值密度大，有特定的外形，产品特征易于表述，定制后可改变产品的容积或重量。

2. 生产技术特征

生产技术特征：模块化产品设计、设备智能化程度高，且定制工艺与基本工艺差别不大。

3. 市场特征

市场特征：产品生命周期短、销售波动性大、价格竞争激烈、市场变化大、产品的提前期短。

实施延迟策略常采用两种方式：生产延迟（或称形成延迟）和物流延迟（或称时间延迟），而配送过程中往往存在着加工活动，所以实施配送延迟策略时，既可采用形成延迟方式，也可采用时间延迟方式。具体操作时，常常发生在贴标签（形成延迟）、包装（形成延迟）、装配（形成延迟）和发送（时间延迟）等领域。美国一家生产金枪鱼罐头的企业就通过采用延迟策略改变配送方式，降低了库存水平。这家企业为提高市场占有率曾针对不同的市场设计了几种标签，产品生产出来后运到各地的分销仓库储存起来。由于客户偏好不一，几种品牌的同一产品经常出现某种品牌的产品因畅销而缺货，而另一些品牌却滞销压仓。为了解决这个问题，该企业改变以往的做法，在产品出厂时不贴标签就运到各分销中心储存，当接到各销售网点的具体订货要求后，才按各网点指定的品牌标志贴上相应的标签，这样就有效地解决了矛盾，从而降低了库存。

（五） 标准化策略

标准化策略就是尽量减少因品种多变而导致附加配送成本，尽可能多地采用标准零部件、模块化产品。如服装制造商按统一规格生产服装，直到客户购买时才按客户的身材调整尺寸大小。采用标准化策略要求厂家从产品设计开始就要站在消费者的立场去考虑怎样节省配送成本，而不要等到产品定型生产出来了才考虑采用什么技巧降低配送成本。

项目小结

本项目主要介绍了配送、配送中心相关概念以及配送业务的组织和配送方法，并详细介绍了配送成本的构成、核算和配送成本的优化策略。

同步测试

一、选择题

1. 按规定时间和时间间隔进行配送的配送形式是（　　）。

A. 定时配送　　　　　　　　　　B. 定量配送

C. 定时定量配送　　　　　　　　D. 定时定路线配送

2. 营运过程中发生的不能直接计入各成本核算对象的站、队经费是（　　）。

A. 车辆费用　　　　　　　　　　B. 营运间接费用

C. 装配费用　　　　　　　　　　D. 流通加工费用

3. 配送业务一部分由企业自身完成，另一部分则外包给第三方物流公司完成，这种配送合理化的方法是（　　）。

A. 差异化策略　　　　　　　　　B. 合并策略

C. 混合策略　　　　　　　　　　D. 延迟策略

4. 配送运输属于运输中的末端运输、支线运输。它的特点是（　　）。

A. 运距较长　　　　　　　　　　B. 规模较大

C. 频度不高　　　　　　　　　　D. 以汽车为主要运输工具

二、判断题

1. 相同配送模式下配送成本的构成是相同的。　　　　　　　　　　（　　）

2. 即时配送是指完全按照用户提出的配送要求即时进行的配送方式。（　　）

3. 日配就是指用户的订货发出后 24 小时内将货物送到用户手中。　（　　）

4. 配送中心可以说是物流中心的一种形式。　　　　　　　　　　　（　　）

5. 由于城市范围内一般处于汽车运输的经济里程之内，所以城市配送中心大多采用汽车作为配送工具。　　　　　　　　　　　　　　　　　　　　　　　　（　　）

三、简答题

1. 什么是配送？配送主要有哪些服务方式？

2. 配送的基本流程有哪些?

3. 联系实际回答配送成本控制的策略。

4. 配送成本包括哪几个方面?

5. 配送不合理的表现有哪些? 如何避免?

阅读材料

618大促来临，电商分拣中心如何保障高效分拣

一年一度的年中购物狂欢"618"大促即将开启，面对消费者海量的购物需求和商家订单的爆发式增长，电商及零售行业开始紧锣密鼓地备货。以京东、菜鸟为代表的电商物流巨头纷纷推出新玩法，全新助力"618"。

一、巨头们的分拣新力量

此次"618"，京东物流将通过全球智能物流基础设施的高效运转物流服务和产品体系的创新升级以及网络优化等一系列运营保障措施，为京东"618"年中大促提供关键支撑。

在智能物流方面，京东物流投用的创新机器人包括IoT（物联网）分拣系统、外骨骼机器人、智能打包设备、单件分离系统、冷链货到人系统、秒收系统等，均为国内首创。机器人还将和工作人员一起组成"人机CP"，大大提升了订单处理效率，在京东"618"大促中继续扮演重要角色。

菜鸟宣布启动史上规模最大、速度最快的天猫"618"。这个天猫"618"也是菜鸟大幅提速后的第一个天猫"618"。中通加大了自动分拣设备的投入，申通也在浙江、山东、河南相继上马"小黄人"自动分拣设备，圆通投入自动化分拣设备，对近半转运中心进行改造，分拣效率大幅提升。

二、分拣中心如何提供高效保障

1. 高效自动化设备及智能基础设施

（1）矩阵式分拣包括滑块分拣系统、滚珠模组带分拣系统、高速摆轮分拣系统等

电商分拣中心典型应用场景——矩阵式分拣。自动化分拣矩阵代替人工分拣，主要用于货物出库、中转粗分。目前应用较多的设备是滚珠模组带分拣系统（见图8-1），既可全自动分拣，也可以在大促高峰期间使用人工辅助分拣，提高分拣效率。

（2）机器人小型标准件分拣设备

AGV机器人（见图8-2）打破交叉带自动分拣机的固定方式，拆卸改造空间大，组合方式灵活，空间利用度高。

（3）AGV自动引导车

AGV自动引导车经过三代升级，第一代为磁导，第二代为二维码引导，第三代为激光识别自动引导。通过设备自动寻址代替叉车、牵引车司机。

图 8-1　滚珠模组带分拣系统

图 8-2　AGV 机器人

(4) DWS 自动称重量方设备

DWS 自动称重量方设备通过视觉扫描系统读取条码，并在运行中测量货物的体积与重量，不但能够提升中大件操作效率，而且能够减少人工投入；

2. 高度智能的电商仓储软件系统

高度智能的电商仓储软件系统主要指 WMS（仓库管理系统）和 WCS（仓库控制系统）。

(1) WMS

电商仓储的 WMS 与传统 WMS 相比，除了具备进销存等基本功能外，还有强大的仓储运营流程管理能力。设计柔性的仓储运营流程，获得最优化的客户订单处理方法，监控和分析仓储运营全流程的各种数据，是 WMS 的三大基本特征。

(2) WCS

WCS 是实现自动化设备动作管理的控制系统，负责 WMS 与自动化设备之间的信息转译与传递，控制设备按照设计的运行方式进行工作。通常，WCS 对设备的控制逻辑和优化算法，会直接影响设备最大产能的实现。

3. 大数据助力预分拣，提前备货

通过大数据的智能分析，精准预测热销产品和热销区域，实现预分拣，提前备货，在提升分拣配送效率的同时，也减轻了高峰期分拣压力。

项目九　基于供应链管理的物流成本分析

知识目标

1. 了解供应链的类型；
2. 理解供应链管理的目标与内容；
3. 掌握物流成本效益分析的方法；
4. 了解物流成本效益分析的指标；
5. 理解物流成本综合分析的方法。

技能目标

1. 能区别供应链的类型；
2. 能分析成本并找出成本差异的原因；
3. 能根据指标分析结果，判断运营状况。

案例导入

服装品牌 H&M 和 ZARA 的供应链对决

服装品牌 H&M 和 ZARA 是常被业界同时提起的一对劲敌，台前拼的是光鲜，台后拼的却是供应链。让 ZARA 引以为傲的是极速供应链，即便是在远离西班牙的中国开设门店，也奇迹般地保持了 15 天的极速；而信奉"时间、品质和价格"三合一的 H&M 则采用两条供应链，竭力在效率和成本之间寻找利润平衡点。H&M 和 ZARA 的成功实际上是一个环环相扣的供应链体系的成功。

1. 瑞典的 H&M——兼顾成本的供应链管理模式

H&M 设计了两条供应链：管控亚洲生产的高效供应链和管控欧洲生产的快速反应供应链。在 H&M 推崇的"三合一"理念中，成本的优先级别最高，因此它的生产地总是向拥有优良劳动力、低廉工资和高质量生产的地区转移，它并没有自己的工厂，而是把生产全部外包给分布在欧亚 22 个国家的 900 多家独立供应商。

H&M 最大的特点就是样式紧跟时代风潮，一进入它们的专卖店，必定眼花缭乱、心旷神怡。时尚搭配的设计，艳丽抢眼的色彩，绝对吸引人的眼球。当然，最吸引时尚人群的地方还是商品的价格。

2. 西班牙的 ZARA——极速供应链管理模式

ZARA 充分迎合了大众对于流行趋势热衷追逐的心态——"穿得体面，且不会倾家荡产"。ZARA 通过快速地推出时尚又价格亲和的衣服，迅速红遍全球。ZARA 采用纵向一体化方式。它拥有 22 家工厂，其 50% 的产品通过自己的工厂生产，50% 的产品由 400 家供应商完成。产品上市的提前期可以压缩到 12 天。

在服装行业，一件产品上市需要面辅料生产及采购、制衣企业成品制造、货品物流运输、品牌终端销售四个环节。我国大部分服装企业，在这几个环节中还处于各自为政、互无所属的关系，即使企业在自己所属的环节中能够提高运营效率，上下游合作单位如果不能配合，终究还是按部就班地组织生产。而 ZARA 的商品从设计、试做、生产到店面销售，平均只花三周时间，最快的只用一周。而在国内，以快著称的美特斯邦威，完成这一过程还要 80 天。

任务一　供应链与供应链管理

面对激烈的市场竞争，供应链管理已成为企业战略管理的重要组成部分，也是企业获取竞争能力、赢得竞争优势的重要途径。特别是进入 20 世纪 90 年代以后，许多企业经营管理者发现依靠一个企业的力量不足以在竞争中获胜，于是纷纷联合，企业间从竞争走向合作。相应地，企业的竞争模式逐渐演变为供应链与供应链的竞争。

一、初识供应链

（一）供应链的概念

供应链是由直接或间接地满足客户需求的相关企业组成的，通过大资金流进行控制，将相关的供应商、制造商、物流服务商和分销商等有效地结合在一起，形成一种网链型的企业合作网络。

供应链的概念是在发展中形成的。随着供应链管理实践及理论研究的不断深入，其内涵在不断丰富，外延在不断扩大，概念本身也在不断完善。

1985 年，哈佛大学商学院的迈克尔·波特教授在《竞争优势》一书中提出了价值链理论，这是供应链概念产生的前奏。

早期的观点认为供应链是制造企业中的一个内部过程，它是指企业将采购的原材料和零部件，通过生产加工转换及销售等活动，将产品经零售商最终送达用户的一个过程。

传统的供应链概念局限于企业的内部操作层面上，注重企业自身资源的利用，而忽视了企业与外部环境的联系。

后来注意到了企业与外部环境的联系，认为供应链是一个"通过链中不同企业的制造、组装、分销、零售等过程将原材料转换成产品，再到最终用户的转换过程"。这是从更广的范围来定义供应链，它已经超越了单个企业的边界。例如，史蒂文斯认为："通过增值过程和分销渠道控制，从供应商的供应商到用户的用户的流就是供应链，它始于供应的源点，结束于消费的终点。"这些定义均注意到了供应链的完整性，并注意到了供应链成员企业运作的一致性。

现今，供应链的概念更加注重围绕核心企业的网链关系，更加强调核心企业对供应链的规划、设计和管理作用。哈里森认为："供应链是执行采购原材料，将它们转换为中间产品和成品，并且将成品销售到用户的功能网链。"菲利浦和温德尔认为，供应链中的战略伙伴关系很重要，企业通过与重要的供应商和客户建立战略联盟，能更有效地开展经营活动。我国学者邵晓峰和黄培清等认为："供应链是描述商品需—产—供过程中的实体活动及其相互关系动态变化的网络。"

目前，供应链的概念更加强调成员企业战略的协同、计划及运作的协同，以及供应链成员企业的分工协调与同步运作。

综上所述，供应链的概念经历了企业内部供应链（萌芽阶段）、传统供应链（扩展供应链）、集成供应链（整合供应链）、协同供应链等阶段，在云计算、大数据、移动互联网、人工智能快速发展的今天，供应链已经发展到了智慧供应链的新阶段。

《物流术语》（GB/T 18354—2021）对供应链的定义是："生产及流通过程中，围绕核心企业的核心产品或服务，由所涉及的原材料供应商、制造商、分销商、零售商直到最终用户等形成的网链结构。"

供应链涵盖所有成员企业，它不仅是一条从供应源到需求源的物流链、资金链、信息链，更是一条增值链，物料及产品因加工、包装、运输等过程而增加价值，给消费者带来效用，同时也给供应链所有成员企业带来收益。

（二）供应链的特征

供应链虽然从称谓上是通过描述上下游关系来理解从供应商到用户的关系，但实际上不可能是单一链状结构，而是交错链状的网络结构。在供应链竞争中，企业的竞争模式是这样的：企业处于相互依赖的网络中心，这个网络中的参与者通过优势互补结成联盟，供应链之间的竞争是通过这种网络进行竞争的。因此，企业为了在供应链竞争中处于领导地位，必须在内部整合的基础上，集中于供应链的网络管理。供应链时代的网络竞争建立在高水平的、紧密的战略发展规划基础上，这就要求供应链中各合作者必须共同讨论网络的战略目标和实现战略目标的方法及手段，在相互合作中，共同提高绩效，并使所有的合作者都从合作中受益。一般来说，供应链具有以下特征。

1. 复杂性

因为供应链节点企业的组成跨度（层次）不同，供应链往往由多个、多类型的企业构成，它们之间的关系错综复杂，关联往来和交易多。所以供应链结构模式比一般单个企业的结构模式更为复杂。

2. 动态性

因企业战略和适应市场需求变化的需要，供应链中的节点企业需要进行动态的更新和调整，这就使供应链具有明显的动态性。

3. 面向用户需求

供应链的形成、存在、重构，都是基于一定的市场需求而发生的，并且在供应链的运作过程中，用户的需求拉动是供应链中信息流、产品流、服务流、资金流运作的驱动源。

4. 交叉性

节点企业可以是这个供应链的成员，同时也可以是另外一个供应链的成员，因此，大多数的供应链是相互交叉的，这增加了协调管理的难度。

5. 风险性

供应链的需求匹配是一个持续性的难题。供应链上的消费需求和生产供应，始终存在着时间差和空间分割。通常，在实现产品销售的数周和数月之前，制造商必须先确定产品的款式和数量，这一决策将直接影响供应链系统的生产、仓储、配送等功能的容量设定，以及相关成本的构成。因此，供应链上供需匹配隐含着巨大的财务风险和供应风险。

6. 增值性

供应链上的所有成员企业都要创造价值。制造商主要通过对原材料、零部件进行加工转换，生产出具有价值和使用价值的产品来实现增值，物流商主要通过提供仓储、运输服务来创造时间价值和空间价值，银行等金融机构主要通过为供应链中的企业提供融资服务来创造价值，IT（信息技术）服务商主要通过为工商企业和物流企业提供软件开发、系统维护与升级等服务来创造价值。供应链时代的来临，要求各成员企业分工协调、同步运作，实现供应链的增值。

（三）供应链的结构

1. 供应链的基本结构模型

供应链有多种结构模型，如静态链状模型、动态链状模型、网链结构模型和石墨模型等，其中最常见的是网链结构模型，如图9-1所示。

从图9-1可以看出，供应链是由节点和连线组成的复杂网络。其中节点代表企业实体，连线代表节点间的连接方式，可能是物流、资金流或信息流。通常，节点具有双重身份，它既是其供应商的客户，又是其客户的供应商。节点企业在需求信息的驱动下，通过供应链的职能分工与合作，以资金流、物流/服务流为媒介实现供应链的增值。

供应链的结构要素主要包括供应链的长度、供应链的宽度（集约度）、节点企业间的关系。一般认为，供应链的长度即满足客户需求所涉及的环节数，同类企业处于同一层面。而供应链的宽度即供应链的集约度，它可以由供应链中同类企业的数量来衡量。

2. 供应链的基本要素

一般来说，构成供应链的基本要素包括供应商、厂家、分销企业、零售企业和物流

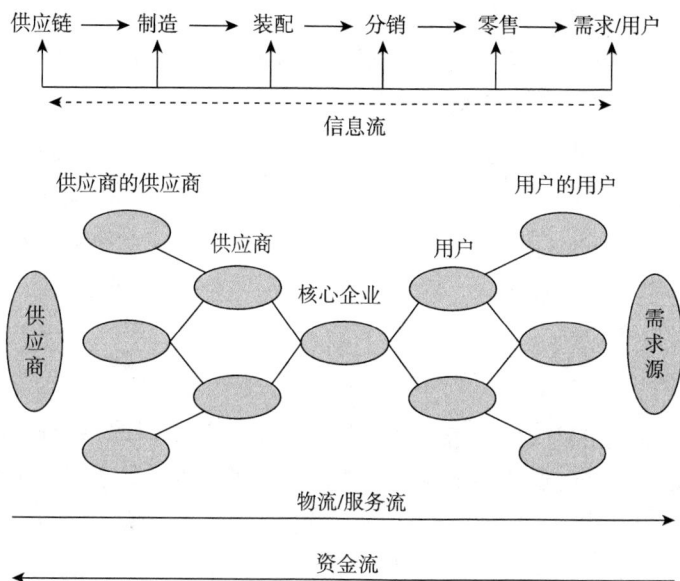

图 9-1　供应链网链结构模型

企业。

（1）供应商：给生产厂家提供原材料或零部件的企业。

（2）厂家：产品制造商，负责产品生产、开发和售后服务等。

（3）分销企业：将产品送到各地的产品流通代理企业。

（4）零售企业：将产品销售给消费者的企业。

（5）物流企业：上述企业之外专门提供物流服务的企业。

消费者是供应链的最后环节，也是整条供应链的收入来源。

供应商网络包括所有为核心企业直接或间接提供投入的企业；批发业、零售业、物流业也可以统称为流通业。

（四）供应链的类型

1. 根据制造企业供应链的发展过程划分

根据制造企业供应链的发展过程不同，可将供应链分为内部供应链和外部供应链。内部供应链是将采购的原材料和零部件，通过生产转换和销售等传递给用户的过程，可看作制造企业中的一个内部过程。外部供应链注重利用外部资源，以及与其他企业的联系，它偏向于供应链中不同企业的制造、组装、分销、零售等过程。

2. 根据供应链的涉及范围划分

根据供应链的涉及范围不同，可将供应链分为单元供应链、产业供应链和全球供应链。单元供应链由一家企业与该企业的直接供货商和直接客户组成，包括从需到供的循环，它是供应链的最基本模式。产业供应链由单元供应链组成，是企业联合其上下游企业，通过联盟和外包等各种合作方式建立一条经济利益相关、业务关系紧密、优势互补的产业供需关系网链，企业充分利用产业供应链上的资源来适应新的竞争环境，实现合作优化，共同增强竞争力。全球供应链是企业根据需要在世界各地选取最有竞争力的合作伙伴，结成全球供应链网络，以实现供应链的最优化。

3. 根据供应链存在的稳定性划分

根据供应链存在的稳定性不同，可将供应链分为稳定的供应链和动态的供应链。基于相对稳定、单一的市场需求而组成的供应链的稳定性较强，而基于相对频繁变化、复杂的需求而组成的供应链的动态性较强。在实际管理运作中，需要根据不断变化的市场需求，调整、优化甚至重构供应链。

4. 根据供应链容量与用户需求的关系划分

根据供应链容量与用户需求的关系，可将供应链分为平衡的供应链和倾斜的供应链。一个供应链具有相对稳定的设备容量和生产能力，但用户需求处于不断变化中，当供应链的容量能够满足用户需求时，供应链处于平衡状态。而当市场变化加剧，造成供应链成本、库存、浪费增加等现象时，企业不是在最优状态下运作，供应链则处于倾斜状态，平衡的供应链可以实现低采购成本、生产规模效益、低分销成本、市场产品多样化和财务资金快速运转之间的均衡。供应链管理的一个重要职能就是不断调整供应链平衡，使之适应市场的变化。

5. 根据供应链的功能模式划分

根据供应链功能模式的不同，可将供应链分为有效性供应链和反应性供应链。有效性供应链主要体现供应链的物理功能，即以最低的成本将原材料转化成零部件、半成品、产品。反应性供应链主要体现供应链的市场中介功能，即把产品分配到满足用户需求的市场，对不确定性需求做出快速反应等。

6. 根据产品类型划分

根据产品类型的不同，可将供应链分为功能型供应链和创新型供应链。功能型供应链是指以经营功能型产品为主的供应链，其运作成功的关键是充分利用信息沟通来协调供应链成员企业间的活动，以使整个供应链成本最低，效率最高。创新型供应链是指以经营创新型产品为主的供应链，其运作成功的关键是充分做好市场调查与预测，同时增强供应链的柔性、敏捷度与响应速度，对成本的关注倒在其次。

7. 根据驱动力的不同划分

根据驱动力的不同，可将供应链分为推式供应链和拉式供应链。推式供应链根据长期预测进行生产决策，面向消费点成品库存或装配线成品库存进行生产，受市场需求导向的间接作用。其优点是供应链的生产负荷稳定，设备利用率高，交货周期较短，交货可靠性强；缺点是库存占用较多的流动资金，产品过时和失效的风险较高。拉式供应链按实际消费需求来协调生产计划，面向订单组装、制造和采购。其优点是减少库存占用的流动资金，降低库存变质和失效的风险；缺点是采购压力大，获取资源保障度低，产品缺货的风险高。图9-2为推式供应链管理模式与拉式供应链管理模式的比较。

（a）推式供应链管理模式

（b）拉式供应链管理模式

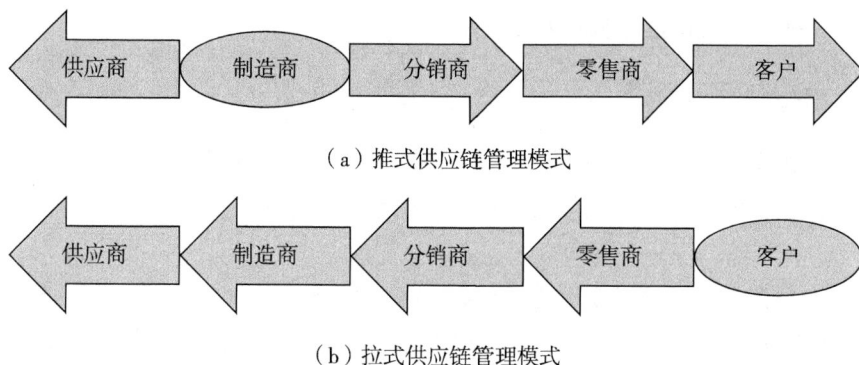

图 9-2　推式供应链管理模式和拉式供应链管理模式的比较

8. 根据供应链的结构特征划分

根据供应链的结构特征不同，可将供应链分为 A 型供应链、V 型供应链和 T 型供应链。

A 型供应链，又称为汇聚型供应链，其输入原材料范围及数量众多，成品种类有限，呈汇合型，典型的如航空、汽车等装配型行业，这种供应链运作由订单和客户驱动，装配过程重视与物流同步，一般都采用 MRP（物料需求计划）安排生产。

V 型供应链，又称发散型供应链，其输入原材料范围有限，成品变化范围广，总体形式呈分叉型，如石油、化工、造纸和纺织企业，这种供应链的制造过程和分销渠道更为复杂。

T 型供应链介于上述两种模式之间，通常根据订单的规律来确定通用件的库存，通过优化通用件的制造标准来降低生产与流通的复杂程度，如电子产品、汽车备件行业等。

9. 根据核心企业的不同划分

根据核心企业的不同，可将供应链分为供应商驱动供应链、制造商驱动供应链和销售商驱动供应链。

供应商驱动供应链多出现在自然资源具有垄断性优势的行业里，如石油、煤炭行业。制造商驱动供应链主要存在于生产技术过程较为复杂的行业中，其技术与管理优势难以模仿和超越。对于大多数市场竞争激烈，技术含量不高，容易被模仿和替代的产品，多处于销售商驱动供应链中，其销售终端的即时消费信息采集非常重要。

二、初识供应链管理

供应链管理主要涉及供应链不同主体之间的计划、协作、运行和控制，这也是供应链管理的关键和难度所在。怎样才能管理供应链上的商流、物流、信息流、资金流及增值服务，怎样使供应链上的成员都能分享到适时、适质、适量、适价的服务，直接关系到供应链的综合集成效果。当一些厂商还停留在供应链管理的局部应用时，处于世界领先水平的供应链管理供应商，已成功地实现了供应链管理与企业生产系统、仓库管理系统、运输管理系统、ERP 系统和客户关系管理（Customer Relationship Management，CRM）系统等的集成。这是一种全新的管理思想和方法。

(一) 供应链管理的概念

1982年，英国物流专家、博思公司的资深合伙人凯思·奥立夫和迈克尔·韦伯在《观察》杂志上发表了《供应链管理：物流的更新战略》一文，首次提出"供应链管理"的说法。

1989年，美国管理学家格雷厄姆·史蒂文斯从集成的角度强调了供应链管理的概念，包括企业内部集成和企业外部集成。该管理思想强调供应链成员企业之间的合作。

1998年，美国供应链管理专家弗雷德·A.库琳在其《以顾客为中心的供应链管理》一书中提出了"协调供应链"，主张供应链成员企业之间一致"协调对外"的理念，促进了供应链管理的发展，使供应链合作伙伴关系的建立逐步进入人们的视野。

2005年，美国"物流管理协会"（Council of Logistics Management，CLM）更名为"供应链管理专业协会"（Council of Supply Chain Management Professionals，CSCMP），标志着全球进入供应链管理时代。

供应链管理涉及战略性供应商和合作伙伴关系管理、供应链产品需求预测与计划、供应链设计、企业内部与企业间物料供应与需求管理、基于供应链管理的产品设计与制造管理、基于供应链的服务与物流、企业间资金流管理、供应链交互信息管理等。

核心企业通过与供应链成员企业的合作，对供应链系统的物流、资金流、信息流进行控制和优化，最大限度地减少非增值环节，提高供应链的整体运营效率。通过成员企业的协同运作，共同对市场需求做出快速响应，及时满足客户需求。通过调和供应链的总成本与服务水平之间的冲突，寻求服务与成本之间的平衡，实现供应链价值最大化，提升供应链系统的整体竞争力。

(二) 供应链管理理念的变迁

随着供应链实践的发展，供应链管理理念也在不断演进。

1. 从"纵向一体化"转向"横向合作"管理

"纵向一体化"运作的企业强调"大而全"，其目的在于加强企业对原材料供应，产品制造、分销和零售全过程的控制，减少外部环境因素的影响。"横向合作"运作则强调发挥企业核心竞争力和将非核心业务外包，以更好地实现资源的最优配置。

2. 从单一职能管理转向供应链过程管理

强调缩短物流周期与缩短制造周期同等重要，采用延迟策略可快速响应市场需求的变化。

3. 从实体产品管理转向客户服务的运营

实证分析表明：开发一个新客户的成本要比维系一个现有客户的成本高出5倍以上。因此，企业要生存和发展，就必须实现其价值取向与客户的价值取向趋同。企业不仅要重视提高生产效率和降低生产成本，更要重视客户的需求，提高服务效率和服务质量，以提高客户满意度和忠诚度为目标。

4. 从物资管理转向与物资信息并重管理

借助信息技术实现管理目标，强调没有订单不采购的理念。客户没下订单，就不会提前采购原材料和零部件，库存的内容只是所需物料的种类、数量、入库时间和库存状态等信息，而不是实体货物。

5. 从交易性管理转向企业战略联盟管理

核心企业与供应商和客户建立长期互信关系，成为合作伙伴而非竞争对手。从零和竞争转向合作性的多赢竞争，制造商、供应商以及分销商等实现合作共赢。

6. 从实有资源管理转向虚拟资源的运用

虚拟资源是指把资源的概念外延到合作伙伴，将上游企业、下游企业的资源看作自己资源的扩展。虚拟资源是供应链管理对实有资源的扩展，能降低供应链的库存成本，提高供应链的绩效。

（三）供应链管理的特点

1. 需求驱动

供应链的形成、存在、重构都是基于特定的市场需求，用户的需求是供应链中物流、资金流、信息流的驱动力。一般来说，供应链的运作是在客户订单的驱动下进行的，由客户订单驱动企业的产品制造，产品制造又驱动采购订单，采购订单驱动供应商生产。在订单驱动的供应链运作中，成员企业需要协同，努力以最低的供应链总成本最大限度地满足用户的需求。

2. 系统优化

供应链是核心企业和上下游企业以及众多的服务商（包括物流服务商、信息服务商、金融服务商等）结合形成的复杂系统，是将供应链各环节有机集成的网链结构。供应链的功能是系统运作体现出的整体功能，是各成员企业能力的集成。因此，通过系统优化提高供应链的整体效益是供应链管理的特点之一。

3. 流程整合

供应链管理是核心企业对企业内部及供应链成员企业间物流、资金流、信息流的协调与控制过程，需要打破企业内部部门间、职能间的界限，还需要打破供应链成员企业间的阻隔，将企业内外业务流程集成为高效运作的一体化流程，以降低供应链系统成本，缩短供应提前期，提高客户满意度。

4. 信息共享

供应链系统的协调运行是建立在成员企业之间高质量的信息传递和信息共享的基础之上的，及时、准确、可靠的信息传递与共享，可以提高供应链成员企业之间沟通的效果，有助于成员企业的群体决策。信息技术的应用，为供应链管理提供了强有力的支撑，供应链的可视化极大地提高了供应链的运行效率。

5. 互利共赢

供应链是核心企业与其他成员企业为了适应新的竞争环境而组成的利益共同体，成员企业通过建立协商机制，谋求互利共赢的目标。供应链管理改变了企业传统的竞争方式，将企业之间的竞争转变为供应链与供应链之间的竞争，强调供应链成员之间建立战略伙伴关系，扬长避短，优势互补，强强联合，互利共赢。

任务二　供应链管理的目标

一、供应链管理的内容及要素

（一）供应链管理的内容

供应链管理的内容可概括为以下 9 个方面。

1. 供应链计划

供应链计划在整个供应链系统中处于中心位置，是连接所有相关的供应链企业与外部市场的枢纽，也是供应链管理中的关键要素之一。供应链计划一般由核心企业主导，它的主要功能体现在以下几个方面。

（1）定义供应链，明确供应链的节点企业及其组成结构。

（2）规划供应链，包括供应链企业对客户订货的承诺能力、多供应商物料计划、分销需求计划、集中与分散交货计划、压缩订单交付周期计划等。

（3）制订主生产计划，包括需求预测和需求管理、减少库存资金占用、项目支持等。

供应链计划是着眼于整个供应链的，因此涉及原材料供应、产品制造、订单交付、产品配送等全过程的计划管理。

2. 供应链信息流

信息流是供应链上各种计划、订单、报表、库存状态、生产过程等指令和其他关键要素相互之间传递的数据流，包含了整个供应链中有关库存、运输、风险防范、合作关系、设施和客户等的信息和对信息的分析。由于信息流直接影响物流、资金流、商流以及其他关键要素的运行质量，所以它是供应链性能改进中最重要的要素。对信息流的有效管理，可以让供应链企业对市场需求的响应速度更快，资源利用效率更高。

3. 客户服务管理

供应链管理是以客户为导向的，为了提高客户满意度，企业必须将潜在的客户和现有的客户作为管理中心，使企业的供应链运营围绕着客户来运作。为此，企业必须很好地掌握客户信息，准确把握客户动态，快速响应客户个性化的需求，为客户提供便捷的购买渠道、良好的售后服务，给予经常性的客户关怀等，始终如一地为客户提供优质、可靠的服务。

4. 库存管理

市场需求瞬息万变，供应也存在不确定性的风险，这些都会给供应链带来不利影响，而库存具有抵御这些风险的功能。供应链管理的主要目的是保证供应链中的物流和信息流的有效流动，避免链条中断。但是在企业的实际管理活动中，经常会出现物流或信息流的流动障碍，比如原材料延迟到达、机器故障、订单取消等。那么，为了降低这些原因造成的损失，企业管理者就被迫提高库存水平，这样即使供应链上的企业出现了问题，也不至于影响整个供应链的服务水平。然而，提高库存水平必然导致成本上升，供应链的竞争能力也会随之减弱。根据长期的实践，一般认为库存成本占库存物品价值的 20%~40%。因此，如何控制好供应链中的库存水平，是供应链管理的重要组成部分。

5. 运输管理

运输的功能是通过物流网络，也就是供应链的物理线路，借助运输工具把产品或物料快速、高效地送到客户手中。如果供应链的这个环节出现中断，那么整个供应链系统将会彻底瘫痪。因此，保证供应链的物理线路处于正常状态是供应链运行的关键。

运输是物流管理的重要活动之一，是把供应链中的各种物料从一点移到另一点。运输可以采用多种方式，根据每种方式的性能和特点，结合供应链管理的需要进行选择和管理。运输的一个基本决策问题就是在运送产品的成本和速度之间做出选择。

运输对供应链来讲十分重要，这种重要性主要体现在对供应链成本、响应速度和工作质量的影响上。

6. 设施选址决策

设施由工厂、车间、设备、仓库、配送中心等物质实体构成，是生产和运作过程顺利进行的硬件。供应链管理中的设施选址，是指如何运用科学的方法确定设施的数量、地理位置、规模等，并分配各种设施所服务的市场范围，使之与供应链的整体经营运作系统有机结合，以实现经济有效的供应链运作。设施选址对建成后的设施布置，以及投产后的生产经营费用、产品和服务质量等都有着长久的影响。因此，保证设施选址决策正确与合理是供应链运作的前提。

7. 合作关系管理

供应链上每个节点企业，要实现产量、质量、交货、财务状况、用户满意度的改善和提高，必须着眼于与其合作的企业建立战略合作关系，而不能仅停留在一般的交易关系上。供应链企业间的战略合作关系可以降低供应链总成本、供应链上的库存水平，增强信息共享，改善相互交流，同时保持战略伙伴之间操作的一贯性。因此，只有供应链的整体竞争力提高了，每个企业才能获得自身的发展。从某种意义上说，供应链管理就是合作关系管理。

8. 供应链企业的组织结构

现代企业管理学认为企业组织创新是企业的核心能力构成要素之一，是提高企业的组织效率、管理水平和竞争能力的有效措施。随着互联网和相关技术的出现，企业的供应链管理再一次发生了变化。供应链组织创新是企业组织优化的重要组成部分，而且这种优化超越了企业的边界，联结了供应链的上下游企业，致力于形成一种现代的、能够支持整个供应链管理的全新组织体系，不但对提高供应链的竞争能力起着非常重要的作用，而且创造了新的组织管理理论。

9. 供应链风险防范机制

在供应链管理的实践中，存在很多导致供应链运行中断的风险。供应链是环环相扣的，任何一个环节出现问题，都可能影响供应链的正常运行。哪个环节会出现问题具有很大的不确定性，是无法预知的。因此，供应链风险防范机制是企业管理者必须充分重视的部分。新的环境下，企业成功的关键在于供应链管理的成功，供应链管理的成功在于人们对供应链管理系统的充分认识和把握，更在于供应链关键要素体系的建立，它是供应链有效运行的前提和保障。

（二）供应链管理的要素

供应链管理要素包括供应链的网络结构、供应链的业务流程和供应链的管理元素。

1. 供应链的网络结构

①工厂选址与优化。②物流中心选址与优化。③供应链网络结构设计与优化。

2. 供应链的业务流程

①客户关系管理。②客户服务管理。③需求管理。④订单配送管理。⑤制造流程管理。⑥供应商关系管理。⑦产品开发与商业化。⑧回收物流管理。

3. 供应链的管理元素

①运作的计划与控制。②工作结构计划（指明企业如何完成工作任务）。③组织结构。④产品流的形成结构（基于供应链的采购、制造、配送的整体流程结构）。⑤信息流及其平台结构。⑥权力和领导结构。⑦供应链的风险分担和利益共享。⑧文化与态度。

二、供应链管理的目标及要求

（一）供应链管理的目标

供应链管理的目的是增强企业竞争力，首要的目标是提高客户满意度，具体目标是通过调和总成本最低、总库存最少、响应周期最短以及物流质量最优等多元目标之间的冲突，实现供应链绩效最大化。

1. 总成本最低

总成本最低并非供应链中某成员企业的运营成本最低，而是整个供应链系统的总成本最低。为了实施有效的供应链管理，必须将供应链成员企业作为一个整体的组成部分加以考虑，以实现供应链运营总成本最低。

2. 总库存最少

传统管理思想认为，库存的设置是为了应对供需的不确定性，是必需的。然而，按照精益管理思想，库存乃"万恶之源"，会导致成本上升。因此，为了控制成本，就必须将供应链系统的库存控制在最低水平。总库存最少目标的实现，需要核心企业在集成供应链各库存点信息的基础上对供应链中的库存进行集中控制，抑或上下游企业协同对供应链库存进行控制。

3. 响应周期最短

供应链的响应周期是指从客户发出订单到获得满意交货的总时间。时间已成为当今企业市场竞争的关键要素之一。因此，加强供应链成员企业间的合作，构筑完善的供应链物流系统，最大限度地缩短供应链的响应周期，是提高客户满意度、提升企业竞争力的关键。

4. 物流质量最优

企业产品及服务质量的优劣直接关系企业的兴衰与成败，因而物流质量最优也是供应链管理的重要目标之一。而要实现物流质量最优，必须从原材料、零部件供应的零缺陷开始，经过生产制造、产品分拨，直到产品送达用户手里，涉及供应链全程的质量最优。

一般而言，上述目标之间存在一定的背反性：客户服务水平的提高、响应周期的缩短、交货品质的改善必然以库存、成本的增加为前提。然而运用集成化供应链管理思想，从系统的观点出发，改善服务、缩短周期、提高品质与减少库存、降低成本是可以兼顾的。只要加强企业间的合作，优化供应链业务流程，就可以消除重复与浪费，降低库存水平，降低运营成本，提高运营效率，提高客户满意度，最终在服务与成本之间找到最佳的平衡点。

（二）供应链管理的要求

供应链是具有供求关系的多个企业的组织，成员企业各有各的产权，各有各的利益，彼此间还存在竞争。因而，供应链管理的成功实施有一定的难度，对核心企业的要求较高。一般而言，实施供应链管理对成员企业有以下基本要求。

1. 建立双赢/共赢合作机制

供应链成员企业间的合作必须建立在双赢/共赢的基础之上。核心企业把上下游企业及其他服务商整合起来形成集成化的供应链网络，各成员企业仍然从事本企业的核心业务，保持自己的经营特色，但它们必须为供应链价值的最大化而通力合作。因此，首先应建立共赢合作机制，这是实施供应链管理的基本要求。

2. 实时信息共享

供应链成员企业间的协同，必须建立在实时信息共享的基础上。而传统供应链渠道长、环节多，需求信息易扭曲、失真。因此，一方面要优化供应链的结构，实现供应链的简约化，另一方面要借助 EDI、互联网及物联网等现代信息技术手段，打造透明的供应链，实现供应链的可视化，为成员企业的协同运作奠定良好的基础和条件。

3. 根据客户所需的服务特性进行市场细分

传统意义上的市场细分一般是根据客户的产品需求特性划分目标客户群体，往往忽视了客户服务（尤其是物流服务）的需求特性，而实施供应链管理则强调根据客户服务需求特性进行市场细分，并在此基础上决定提供的服务方式和服务水平，尽可能满足客户的个性化需求。

任务三　供应链下物流成本效益分析的方法

作为供应链中的重要环节，物流参与供应链全程，从供应商到制造商，从制造商到零售商，以及从零售商到最终用户，都依靠物流的参与。供应链只有建立了强大的物流体系，才能保证供应链的正常运作，因此需要对物流成本效益进行分析，为供应链绩效的提升指明改进的有效途径。物流成本分析采用的方法是多种多样的，可以采用会计方法、统计方法或数学方法。在实际工作中，使用最广泛的分析方法主要有指标对比法和因素分析法，也有部分企业使用作业成本法，但这种方法在实际应用中还不是很成熟。

一、指标对比法

指标对比法又称比较法，是实际工作中广泛应用的分析方法。它是通过相互关联的物流成本指标的对比来确定数量差异的一种方法。通过对比，发现问题，找出差距，分析原因，从而为进一步降低物流成本、提高物流成本效益指明方向。物流成本指标的对比分析一般有以下三个方面。

（一）实际物流成本指标与计划物流成本指标对比

进行物流成本分析时，可以将实际物流成本指标与计划物流成本指标进行比较，通过这种对比，说明计划完成的情况，从而为下一步的成本控制指明方向。

（二）本期实际物流成本指标与前期实际物流成本指标对比

前期实际物流成本指标可采用上年同期指标或历史最高水平。通过对比本期实际物流成本指标与前期实际物流成本指标，可以反映企业物流成本的动态变化和变化趋势，有助于吸取历史经验，改进物流成本管理。

（三）本期实际物流成本指标与同行业先进水平对比

通过对比本期实际物流成本指标与同行业先进水平，可以反映本企业与国内外先进水平的差距，以便扬长避短，努力挖掘降低物流成本的潜力，不断提高企业的经济效益。

需要指出的是，采用指标对比法时，应注意对比指标的可比性，即对比指标采用的计量单位、计价标准、时间单位、指标内容和前后采用的计算方法等都应具有可比的基础和条件。在同类企业比较物流成本指标时，还必须考虑它们在技术经济上的可比性。指标的对比可以用绝对数对比，也可以用相对数对比。

例如，黄龙物流公司 2023 年年末进行成本分析时，编制的成本对比分析表如表 9-1 所示。

表 9-1　　　　　　　　　　　　　　　成本对比分析表

项目	成本计划（元）	本年实际（元）	差异额（元）	差异率
A 产品	350 000	358 000	+8 000	+2.29%
B 产品	750 000	734 000	−16 000	−2.13%
C 产品	430 000	420 000	−10 000	−2.33%
合计	1 530 000	1 512 000	−18 000	−1.18%

从表 9-1 可以看出，各种产品成本的升降情况是不一样的。A 产品成本超支，B、C 两种产品成本下降幅度较大。对于 A 产品应找出成本超支的原因，提出进一步降低成本的措施方案。

二、因素分析法

因素分析法，是依据分析指标和影响因素的关系，从数量上确定各因素对指标的影响程度。企业的活动是一个有机整体，每个指标的高低，都会受到若干因素的影响。从数量上测定各因素的影响程度，有助于抓住主要矛盾，或更有说服力地评价企业的经营状况。

物流成本升降是由多种因素造成的，概括起来主要有两类：一类为外部因素，另一类为内部因素。外部因素来自社会，是外部经济环境和条件所造成的；而内部因素则是由企业本身经营管理所造成的。做这种区分有利于评价企业各方面的工作质量。

因素分析法的一般做法是将某一综合指标分解为若干个相互联系的因素，并分别计算、分析每个因素影响程度。在几个相互联系的因素共同影响着某一经济指标的情况下，可应用这一方法来计算各个因素对经济指标发生变动的影响程度。企业物流成本是一个综合性的价值指标，各方面工作都会影响物流成本水平。

因素分析法的具体做法：首先确定分析指标是由几个因素组成；其次确定各个因素与指标的关系，如加减关系、乘除关系等；再次采用适当方法，把指标分解成各个因素；最后确定每个因素对指标变动的影响程度。

利用因素分析法进行物流成本分析的一般计算程序：以物流成本的计划指标为基础，按预定的顺序将各个因素的计划指标依次替换为实际指标，一直替换到全部都是实际指标为止。每次的计算结果与前次计算结果相比，就可以求得某一因素对计划完成情况的影响。

（一）因素分析法的计算程序

1. 将要分析的某项经济指标分解为若干个因素的乘积

在分解时应注意经济指标的组成因素应能够反映形成该项指标差异的内在构成原因，否则，计算的结果就不准确。如材料费用指标可分解为产品产量、单位消耗量与单价的乘积，但它不能分解为生产该产品的天数、每天用料量与产品产量的乘积，因为这种构成方式不能全面反映产品材料费用的构成情况。

2. 计算经济指标的实际数与基期数（如计划数、上期数等），从而形成两个指标体系

计算经济指标的实际数与基期数的差额，即实际指标与基期指标的差额，就是所要分析的对象。各因素变动对所要分析的经济指标完成情况产生影响的合计数，应与该分析对象相等。

3. 确定各因素的替代顺序

在确定经济指标因素的组成时，其先后顺序就是分析时的替代顺序。在确定替代顺序时，应从各个因素相互依存的关系出发，使分析的结果有助于分清经济责任。替代顺序一般是先替代数量指标，后替代质量指标；先替代实物量指标，后替代货币量指标；先替代主要指标，后替代次要指标。

4. 计算替代指标

计算替代指标的方法是以基期数为基础，用实际指标体系中的各个因素，逐步顺序地替换。每次用实际数替换基期数指标中的一个因素，就可以计算出一个指标。每次替换后，实际数保留下来，有几个因素就替换几次，也就可以得出几个指标。在替换时要注意替换顺序，应采取连环的方式，不能间断，否则，计算出来的各因素的影响程度之和，就不能与经济指标实际数与基期数的差异额（分析对象）相等。

5. 计算各因素变动对经济指标的影响程度

计算各因素变动对经济指标的影响程度的方法是将每次替代所得到的结果与这一因素替代前的结果进行比较，其差额就是这一因素变动对经济指标的影响程度。

6. 验算

将各因素变动对经济指标影响程度的数额相加，应与该项经济指标实际数与基期数的差额（分析对象）相等。

例如，设某项物流成本指标 N 是由 A、B、C 三个因素的乘积组成的。在分析时，若是用实际物流成本指标与计划物流成本指标进行对比，则计划物流成本指标与实际物流成本指标的计算公式如下：

$$计划物流成本指标\ N_0 = A_0 \times B_0 \times C_0$$
$$实际物流成本指标\ N_1 = A_1 \times B_1 \times C_1$$
$$差异额\ G = N_1 - N_0$$

计算程序是：

$$计划物流成本指标\ N_0 = A_0 \times B_0 \times C_0 \qquad (1)$$

$$第一次替换得\ N_2 = A_1 \times B_0 \times C_0 \qquad (2)$$

$$第二次替换得\ N_3 = A_1 \times B_1 \times C_0 \qquad (3)$$

$$第三次替换得\ N_1 = A_1 \times B_1 \times C_1 \qquad (4)$$

各因素变动对物流成本指标 N 的影响数额按下式计算：

$$由于\ A\ 因素变动的影响 =（2）-（1）= N_2 - N_0$$

$$由于\ B\ 因素变动的影响 =（3）-（2）= N_3 - N_2$$

$$由于\ C\ 因素变动的影响 =（4）-（3）= N_1 - N_3$$

将上述三个因素变动的影响相加，即各因素变动对物流成本指标 N 的影响程度，它与分析对象应相等。即：

$$（N_2 - N_0）+（N_3 - N_2）+（N_1 - N_3）= N_1 - N_0 = G$$

从上式可以看出，三个因素变动的差异之和与前面计算的实际物流成本脱离计划物流成本的总差异是相符的，这就确定了各个因素对成本升降的影响程度，并可以确定各个因素带来的差异占总差异的比重，为制订降低物流成本的方案提供可靠的依据。

例 9-1　黄龙物流公司配送加工甲产品，2023 年 10 月产量及其他有关资料如表9-2所示。要求：对该公司材料费用的影响因素进行分析。

表 9-2　　　　　　　　　　　　2023 年 10 月产量及其他有关资料

项目	计划数	实际数
产量（件）	250	200
单位产品材料消耗量（千克）	48	50
材料单价（元）	9	10
材料费用（元）	108 000	100 000

解： 分析对象 = 100 000 - 108 000 = -8 000（元）

根据因素分析法的替代原则，材料费用三个因素的替代顺序为产量、单位产品材料消耗量、材料单价。各因素变动对甲产品实际材料费用比计划降低 8 000 元的测定结果如下：

$$计划材料费用 = 250 \times 48 \times 9 = 108\ 000（元）\qquad (1)$$

$$第一次替代 = 200 \times 48 \times 9 = 86\ 400（元）\qquad (2)$$

$$第二次替代 = 200 \times 50 \times 9 = 90\ 000（元）\qquad (3)$$

$$实际材料费用 = 200 \times 50 \times 10 = 100\ 000（元）\qquad (4)$$

各因素变动对材料费用降低 8 000 元的影响程度如下：

由于产量变动对材料费用的影响 =（2）-（1）= 86 400 - 108 000 = -21 600（元）

由于单位产品材料消耗量变动对材料费用的影响 =（3）-（2）= 90 000 - 86 400 = 3 600（元）

由于材料单价变动对材料费用的影响 = (4) - (3) = 100 000-90 000 = 10 000 (元)

三个因素变动对材料费用的影响程度 = -21 600+3 600+10 000 = -8 000 (元)

上述分析计算时，还可以采用另外一种简化的形式，即差额计算法。差额计算法是利用各个因素的实际数与基期数的差额，直接计算各个因素变动对经济指标的影响程度。以上述物流成本指标 N 为例，采用差额计算法时的计算公式如下：

$$A \text{ 因素变动的影响} = (A_1-A_0) \times B_0 \times C_0$$
$$B \text{ 因素变动的影响} = A_1 \times (B_1-B_0) \times C_0$$
$$C \text{ 因素变动的影响} = A_1 \times B_1 \times (C_1-C_0)$$

例 9-2 以例 9-1 中的材料费用的分析资料为基础，采用差额计算法对该公司材料费的影响因素进行分析。

解： 由于产量增加对材料费用的影响 = (200-250) ×48×9 = -21 600 (元)

由于单位产品材料消耗量变动对材料费用的影响 = 200× (50-48) ×9 = 3 600 (元)

由于材料单价变动对材料费用的影响 = 200×50× (10-9) = 10 000 (元)

三个因素变动对材料费用的影响程度 = -21 600+3 600+10 000 = -8 000 (元)

两种方法的计算结果相同，但采用差额计算法显然要比第一种方法简化多了。

(二) 因素分析法的分类

因素分析法在应用过程中，又可根据不同情况分为以下几种。

1. 连环替代法

连环替代法是将分析指标分解为各个可以计量的因素，并根据各个因素之间的依存关系，顺次用各因素的比较值（通常是实际值）替代基准值（通常为标准值或计划值），据以测定各因素对分析指标的影响。

2. 指标分解法

指标分解法是将一个相对复杂的指标分解成若干个子指标，再对每个子指标进行研究，从而达到易于分析、便于实行的目的。例如资产利润率，可分解为资产周转率和销售利润率的乘积。

3. 差额分析法

差额分析法是连环替代法的一种简化形式，是利用各个因素的比较值与基准值之间的差额，计算各因素对分析指标的影响。

4. 定基替代法

定基替代法分别用分析值替代标准值，测定各因素对财务指标的影响，如标准成本的差异分析。

在实际的分析中，各种方法是结合使用的。

三、作业成本法

作业成本法是一种新的成本核算体系设计思路，它的基本原则是产品消耗作业、作业消耗资源。它认为企业通过执行各种作业（活动）把资源转化为对外的产品和服务，因此作业是成本核算的中介。作业成本法的具体内容见项目五。

利用作业成本法进行核算的过程本身就是将费用按不同作业详细分类、归集和分配的过程，可以根据作业的消耗对象同时得出不同的成本资料。这样，企业就可以正确划分变动成本与固定成本，正确区分可控成本与非可控成本，从而制定正确的对外决策，同时加强责任考核与成本控制，达到"决策和控制"的核算目标。

采用作业成本法核算企业物流成本并进行管理可分为如下四个步骤。

第一，界定企业物流系统中涉及的各项作业。作业是工作的各个单位，作业的类型和数量会随着企业的不同而不同。例如，在一个客户服务部门，作业包括处理客户订单、解决产品问题和提供客户报告三项作业。

第二，确认企业物流系统中涉及的资源。资源是成本的源泉，一个企业的资源包括直接人工、直接材料、生产维持成本（如采购人员的工资成本）、间接制造费用和生产过程以外的成本（如广告费用）。资源的界定是在作业界定的基础上进行的，每项作业都涉及相关的资源，与作业无关的资源应从成本核算中剔除。

第三，确认资源动因，将资源分配到作业。作业决定着资源的耗用量，这种关系称作资源动因。资源动因联系着资源和作业，是将总分类账上的资源成本分配到作业的依据。

第四，确认作业动因，将作业成本分配到产品或服务中。作业动因反映了成本核算对象对作业消耗的逻辑关系。例如，问题最多的产品会产生最多的客户服务电话，故按照电话数量的多少（此处的作业动因）把解决客户问题的作业成本分配到相应的产品中去。

任务四　供应链下物流成本效益分析的指标

具体而言，物流成本效益指标包括物流营运能力指标、物流获利能力指标和物流企业偿债能力指标。其中营运能力是利润等财务目标实现的物质基础，而获利能力的提高又有助于推动营运能力的增强，两者相辅相成。对于物流成本效益指标的分析，可以帮助企业掌握物流成本的效益状况与存在的问题，从而为进行相关物流成本决策、提升物流成本的效益提供依据。

一、物流营运能力指标

物流经营的基本动机是追求利润的最大化，而强大的物流营运能力，正是获取利润的基础。物流营运能力可描述为物流基于外部市场环境的需要，通过内部人力资源和作业资源的配置组合而对实现财务目标产生作用的程度。无疑，物流营运能力的大小对获利能力的持续增长有着决定性的影响。

（一）人力资源营运能力指标

物流作业是以人为核心展开的，物流成本中有相当的支出花费在人力资源的获取上，物流作业人员的素质与能力对物流营运能力具有决定性的影响。衡量人力资源营运能力的指标为物流劳动作业效率，其公式为：

$$物流劳动作业效率 = \frac{物流营业净额}{从事物流作业的员工数量的平均值}$$

$$物流营业净额 = 物流营业额 - 物流营业折扣额与折让$$

物流劳动作业效率越高，说明每个从事物流工作的人员创造的物流营业净额越高，因而人力资源利用得越好，人力资源营运能力越强。

（二）作业资源营运能力指标

企业物流成本中有很大部分是为了获取完成各项物流作业所需的作业资源而耗费的。作业资源营运能力包括物流总资产、物流流动资产和物流固定资产的营运能力。

1. 物流总资产营运能力指标

物流总资产营运能力是通过物流总资产的营运水平反映出来的，也就是说，物流总资产周转率代表物流总资产的营运能力，其公式为：

$$物流总资产周转率 = \frac{物流营业净额}{平均物流资产总额} \times 100\%$$

物流总资产周转率也可以用周转天数表示，其与物流总资产周转率的关系如以下公式所示：

$$物流总资产周转天数 = \frac{计算期天数}{物流总资产周转率}$$

平均物流资产总额应按不同的计算期分别确定，且公式中的平均物流资产总额与物流营业净额应属于同一计算期，即在时间上保持一致。

年平均物流资产总额的计算公式为：

年平均物流资产总额 =（1/2 年初资产总额 + 一季度末资产总额 + 二季度末资产总额 +

三季度末资产总额 + 1/2 年末资产总额）/4

当物流总资产所占用的资金波动比较大时，可采用以上的方法来计算平均物流资产总额，将公式中，以每季度末的数据进行计算，变为每月末的数据进行计算。

当物流总资产所占用的资金相对比较稳定，波动幅度较小时，可以采取以下公式来计算平均物流资产总额：

平均物流资产总额 =（期初物流资产占用额 + 期末物流资产占用额）/2

物流总资产周转率，全面综合地反映了全部物流资产的营运能力。物流总资产周转率越高，说明在一定的计算期内，物流总资产周转的次数越多，周转一次的天数越短，周转速度变得越快，因而，物流总资产营运能力也就越高。

这里需要注意的是，物流总资产营运能力可以由物流总资产周转率与周转天数两个指标来反映，物流总资产周转率越高说明营运能力越强，而物流总资产周转天数越多，则说明营运能力越弱。

2. 物流流动资产营运能力指标

物流总资产由流动资产与固定资产两个部分组成。为了更深入地剖析物流总资产营运能力及其影响因素，必须对流动资产与固定资产的周转情况分别进行分析。

物流流动资产的周转额是物流营业额的直接来源。所以，对物流流动资产的分析应着眼于其对营业额实现的贡献。物流流动资产营运能力主要通过物流流动资产周转率与物流流动资产周转天数来加以反映，其公式为：

$$物流流动资产周转率 = \frac{物流营业净额}{物流流动资产平均占用额} \times 100\%$$

$$物流流动资产周转天数 = \frac{计算期天数}{物流流动资产周转率}$$

以上公式中，物流流动资产平均占用额的计算方法与平均物流资产总额的计算方法相同。

物流流动资产周转率反映了企业物流流动资产的营运能力。

首先，物流流动资产利润率 = 物流营业利润率 × 物流流动资产周转率。因此，在一定时期内，物流营业利润率一定的情况下，物流流动资产周转速度越快，也就是物流流动资产周转率越高（物流流动资产周转天数越少），物流流动资产的利润率也就越高，其对财务目标的贡献也就越大。

其次，物流流动资产占用额与物流流动资金周转速度之间有着密切的制约关系，在物流营业额保持不变的情况下，物流流动资产周转速度越快，物流流动资产的平均占用额就越少。因此，物流流动资产周转天数缩短，周转速度加快，就会减少企业对物流流动资产的占用，从而提升物流流动资产的营运能力。

与物流总资产营运能力指标相同，物流流动资产周转率越高，说明物流流动资产营运能力越强，而物流流动资产周转天数越多，则说明物流流动资产营运能力越弱。

3. 物流固定资产营运能力指标

物流作业的收入主要来源于物流流动资产的周转，而不是物流固定资产的周转。但是物流固定资产是实现物流流动资产周转的基础，物流流动资产投资规模、周转额及周转速度在很大程度上取决于物流固定资产的作业经营能力及利用效率。因此，有必要考量物流固定资产的营运能力，即物流固定资产的作业经营能力及利用效率。反映物流固定资产营运能力的指标是物流固定资产周转率，其计算公式如下：

$$
\begin{aligned}
物流固定资产周转率 &= \frac{物流营业净额}{物流固定资产平均占用额} \\
&= \frac{物流流动资产平均占用额}{物流固定资产平均占用额} \times 物流流动资产周转率 \times 100\%
\end{aligned}
$$

式中的物流固定资产平均占用额应按物流固定资产原值计算，因为这样可以避免因不同企业所采用的折旧方法或折旧年限的不同而产生的差异，从而使企业能够就该指标进行比较分析与研究。

物流固定资产营运能力指标可以考量企业是否能以相对较小的物流固定资产投资达成尽可能大的物流流动资产规模及尽可能快的周转速度，从而使企业能够以流动资产投资规模扩大和周转速度加快为手段，实现更多的物流营业额。该指标越高，说明物流固定资产的营运能力越强。

二、物流获利能力指标

企业支付物流成本的最终动力与目的是希望通过物流系统获取效益。所谓物流获利能力，实际上就是指投入物流系统的资金（物流成本）的增值能力。物流获利能力指标包括物流作业利润率、物流作业的成本利润率和物流作业的资产利润率。

（一）物流作业利润率

物流作业利润率用以下公式表述：

$$物流作业利润率 = \frac{物流利润}{物流营业净额} \times 100\%$$

物流所能带来的利润可以被分为不同的层次：毛利润、经营利润、营业利润、税前利润、利润净额。由于税前利润或利润净额中包含着非营业利润因素，所以建议在上述公式中使用经营利润、营业利润，这样得出的指标就能够更直接地反映获利能力。物流作业利润率是正向指标，该指标越大，说明该项作业的获利能力越强。

（二）物流作业的成本利润率

物流作业的成本利润率可用以下公式表述：

$$物流作业的成本利润率 = \frac{物流利润}{物流成本} \times 100\%$$

在计算物流作业的成本利润率时，必须注意物流成本与物流利润之间的匹配关系，因为，成本同利润一样，也包含有不同的层次，具体表现为：

经营成本＝经营费用＋税金及附加

营业成本＝经营成本＋管理费用＋财务费用＋其他业务成本

税前成本＝营业成本＋营业外支出

税后成本＝税前成本＋所得税

只有将物流成本与物流利润相互对应起来，才能有效地揭示出物流成本的获利能力。

在实践当中，经营成本利润率指标（经营成本利润率＝经营利润÷经营成本）最重要，它能够反映主要物流成本的利用效果。将该项指标与其他的物流作业成本利润指标配合使用，可以帮助企业发现物流系统中存在的问题。当各项收益及税率一定时，经营成本利润率很高而税前成本利润率却很低，就说明物流系统的管理费用、财务费用及营业外支出过多，应当在以后的工作中对这些成本进行控制；相反，如果经营成本利润率与税前成本利润率均很低，而且差异很小，就说明物流成本过高，是今后控制的重点；当经营成本利润率与税前成本利润率均比较高时，说明物流系统的成本管理效果较好。

物流作业的成本利润率为正向指标，即该指标越高越好。

（三）物流作业的资产利润率

物流作业的资产利润率是反映物流资产获利能力的风向标，其具体指标如下。

1. 物流总资产利润率

根据利润层次的不同，可以列出以下三类物流总资产利润率：

$$物流总资产息税前利润率 = \frac{息税前物流利润总额}{平均物流资产总额} \times 100\%$$

$$物流总资产利润率 = \frac{物流利润总额}{平均物流资产总额} \times 100\%$$

$$物流总资产净利润率 = \frac{物流利润净额}{平均物流资产总额} \times 100\%$$

物流总资产利润率主要是从资金来源（资产+负债）的角度出发，对物流资产的使用效益进行评价，因此，所有者与债权人都十分重视该指标。对于债权人而言，只要物流总资产的税前利润率大于负债利息率，其债务本息的偿还就能得到保证；对于所有者来说，较高的物流总资产息税前利润率只能降低或避免不能偿还债务本息的风险，为了确保资本得到保值增值，还需要对物流总资产利润率与物流总资产净利润率进行分析。

2. 物流流动资产利润率

为获取物流流动资产而支出的物流成本与物流流动资产的周转率是物流企业获取物流利润的主要来源。因此，物流流动资产利润率能够揭示物流利润增长的基础是否稳固。考核物流流动资产获利能力的指标有物流流动资产经营利润率和物流流动资产营业利润率，其计算公式如下：

$$物流流动资产经营利润率 = \frac{物流经营利润}{物流流动资产平均占用额} \times 100\%$$

$$物流流动资产营业利润率 = \frac{物流营业利润}{物流流动资产平均占用额} \times 100\%$$

其中，物流流动资产经营利润率比物流流动资产营业利润率更为重要。

3. 物流固定资产利润率

由于物流固定资产是物流流动资产周转活力的物质基础，因此，还应当考察物流固定资产利润率，具体考核指标的计算公式如下：

$$物流固定资产经营利润率 = \frac{物流经营利润}{物流固定资产平均占用额}$$

$$=\frac{物流流动资产平均占用额}{物流固定资产平均占用额}\times 物流流动资产经营利润率\times 100\%$$

$$物流固定资产营业利润率=\frac{物流营业利润}{物流固定资产平均占用额}$$

$$=\frac{物流流动资产平均占用额}{物流固定资产平均占用额}\times 物流流动资产营业利润率\times 100\%$$

以上三大类指标均为正向指标。

4. 物流净资产利润率

物流净资产利润率用以下公式表示：

$$物流净资产利润率=\frac{物流利润净额}{物流净资产}\times 100\%$$

企业支出物流成本的最终目的是实现物流系统利润的最大化，要达到这一目的，首先就要最大限度地提高物流净资产利润率。因此，物流净资产利润率是物流获利能力指标的核心。该项指标为正向指标。

由于商品制造企业和商品流通企业的收入与利润的获得，来源于多方面，很难分离出由物流作业带来的收入与利，因此可以采取内部转移价格的形式或区别物流作业相关的收入与利润，并利用以上指标对企业的物流成本效益进行分析。

三、物流企业偿债能力指标

偿债能力，是指企业偿还到期债务（包括本息）的能力。企业偿债能力是反映企业财务状况的重要标志。偿债能力指标包括短期偿债能力指标和长期偿债能力指标。

（一）短期偿债能力指标

短期偿债能力，是指企业流动资产对流动负债及时足额偿还的保证程度，是衡量企业当期财务能力（尤其是流动资产变现能力）的重要标志。

企业短期偿债能力的衡量指标主要有流动比率、速动比率和现金比率。

1. 流动比率

流动比率，是流动资产与流动负债的比率，它表明企业每单位流动负债有多少流动资产作为偿还保证，反映企业可在短期内转变为现金的流动资产偿还到期流动负债的能力。其计算公式为：

$$流动比率=\frac{流动资产合计}{流动负债合计}\times 100\%$$

一般情况下，流动比率越高，说明企业短期偿债能力越强。国际上通常认为，流动比率的下限为100%，而流动比率等于200%时较为适当。流动比率过低，表明企业可能难以按期偿还债务。流动比率过高，表明企业流动资产占用较多，会影响资金的使用效率和企业的筹资成本，进而影响获利能力。

2. 速动比率

速动比率，是企业速动资产与流动负债的比率。其中，速动资产，是指流动资产减去变现能力较差且不稳定的存货、预付账款、待摊费用等后的余额。其计算公式为：

$$速动比率=\frac{流动资产合计-存货净额}{流动负债合计}\times100\%$$

一般情况下，速动比率越高，说明企业偿还流动负债的能力越强。国际上通常认为，速动比率等于100%时较为适当。速动比率小于100%，表明企业面临很大的偿债风险。速动比率大于100%，表明企业会因现金及应收账款占用过多而增加企业的机会成本。

3. 现金比率

现金比率，是企业一定时期的经营现金净流量同流动负债的比率，它可以从现金流量角度来反映企业当期偿付短期负债的能力。其计算公式为：

$$现金比率=\frac{货币资金+现金等价物}{流动负债}\times100\%$$

现金比率越大，表明企业经营活动产生的现金净流量越多，越能保障企业按期偿还到期债务。但是，该指标也不是越大越好，指标过大表明企业流动资金利用不充分，获利能力不强。

（二）长期偿债能力指标

长期偿债能力，是指企业偿还长期负债的能力。企业长期偿债能力的衡量指标主要有资产负债率、产权比率和已获利息倍数。

1. 资产负债率

资产负债率又称负债比率，是指企业负债总额对资产总额的比率，反映企业资产对债权人权益的保障程度。其计算公式为：

$$资产负债率=\frac{负债总额}{资产总额}\times100\%$$

一般情况下，资产负债率越小，说明企业长期偿债能力越强。保守的观点认为资产负债率不应高于50%，而国际上通常认为资产负债率等于60%时较为适当。从债权人角度来说，该指标越小越好，这样企业偿债越有保证。从企业所有者来说，该指标过小，表明企业对财务杠杆的利用不够。企业的经营决策者应当将偿债能力指标与获利能力指标结合起来分析。

2. 产权比率

产权比率也称资本负债率，是指企业负债总额与所有者权益总额的比率，反映企业所有者权益对债权人权益的保障程度。其计算公式为：

$$产权比率=\frac{负债总额}{所有者权益总额}\times100\%$$

一般情况下，产权比率越低，说明企业长期偿债能力越强。产权比率与资产负债率对评价长期偿债能力的作用基本相同，两者的主要区别是：资产负债率侧重于分析债务偿付安全性的物质保障程度；产权比率则侧重于揭示财务结构的稳健程度以及自有资金对偿债风险的承受能力。

3. 已获利息倍数

已获利息倍数，是指企业一定时期息税前利润与利息费用的比率，反映了获利能力对债务偿付的保障程度。其中，息税前利润总额指利润总额与利息费用的和，利息费用指实际支出的借款利息、债券利息等。其计算公式为：

$$已获利息倍数=\frac{息税前利润总额}{利息费用}=\frac{利润总额+利息费用}{利息费用}$$

一般情况下，已获利息倍数越高，说明企业长期偿债能力越强。国际上通常认为，该指标为 3 时较为适当，从长期来看至少应大于 1。

任务五　供应链下物流成本综合分析

物流成本综合分析的最终目的在于全方位地了解物流企业经营理财的状况，并借此对物流企业经济效益的优劣做出系统的、全面的评价。下面以第三方物流企业为例，其他类型企业的物流成本参照此方法加以综合分析。

一、物流成本综合分析的含义及特点

（一）物流成本综合分析的含义

我们已经介绍了物流成本中营运能力、盈利能力和企业偿债能力等财务分析指标，但单独分析任何一项财务指标，就跟盲人摸象一样，难以全面评价物流成本中企业的经营与财务状况。要做全面的分析，必须采取适当的方法，对物流成本进行综合分析与评价。所谓物流成本综合分析，就是将企业营运能力、盈利能力和企业偿债能力等方面的分析纳入一个有机的分析系统之中，对企业财务状况、经营状况进行全面的解剖和分析，从而从物流成本的角度对企业经济效益做出较为准确的评价与判断。

（二）物流成本综合分析的特点

一个健全有效的物流成本综合指标体系必须具有以下特点。

1. 评价指标要全面

这里指所设置的评价指标要尽可能涵盖企业的营运能力、盈利能力和企业偿债能力等方面的考核要求。

2. 主辅指标功能要匹配

这里强调在分析中要做到：在确立企业的营运能力、盈利能力和企业偿债能力评价的主要指标和辅助指标的同时，进一步明确总体结构中各项指标的主辅地位；不同范畴的主要考核指标所反映的企业经营状况、财务状况的不同侧面、不同层次的信息有机统一，应当能够全面而翔实地反映物流企业经营实绩。

3. 满足各方面经济需求

设置的指标评价体系既要满足企业内部管理者决策的需要，也要满足外部投资者和政府管理机构决策及实施宏观调控的要求。

二、物流成本综合分析的方法

物流成本综合分析的方法沿用企业财务综合分析的方法，其中应用比较广泛的有杜邦分析法和沃尔评分法。

（一）杜邦分析法

杜邦分析法就是利用各个主要财务比率指标之间的内在联系，对企业综合经营理财及经济效益进行系统分析评价的方法。这种方法最初由美国杜邦公司创立并成功运用，故称杜邦分析法。利用这种方法可以把各种财务指标间的关系绘制成杜邦分析图，如图9-3所示。

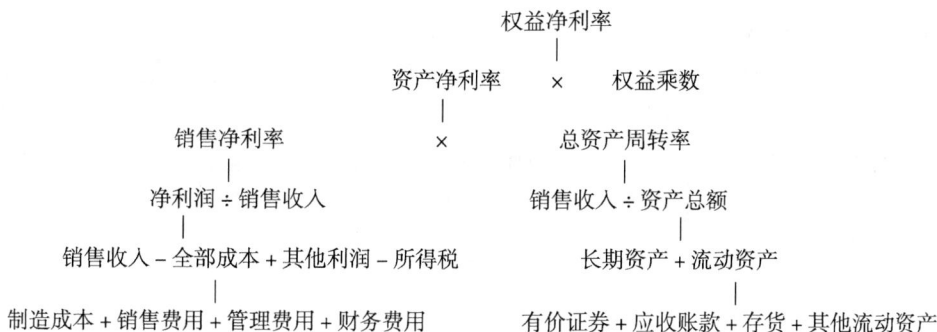

图9-3 杜邦分析图

1. 各财务指标之间的关系

杜邦分析法实际上是从两个角度进行财务分析，一是进行内部管理因素分析，二是进行资本结构和风险分析。图9-3中各财务指标之间的关系如下所示。

$$权益净利率 = 资产净利率 \times 权益乘数$$

$$权益乘数 = \frac{1}{1 - 资产负债率}$$

$$资产净利率 = 销售净利率 \times 总资产周转率$$

$$销售净利率 = \frac{净利润}{销售收入}$$

$$总资产周转率 = \frac{销售收入}{资产总额}$$

$$资产负债率 = \frac{负债总额}{资产总额}$$

2. 杜邦分析图提供了下列主要的财务指标关系的信息

（1）权益净利率是一个综合性很强的财务指标，是杜邦分析系统的核心。它反映所有者投入资本的获利能力，同时反映企业筹资、投资、资产运营等活动的效率。决定权益净利率大小的因素有三个，即权益乘数、销售净利率和总资产周转率。权益乘数、销售净利率和总资产周转率三个比率分别反映了企业的负债比率、盈利能力比率和资产管理比率。

（2）权益乘数主要受资产负债率的影响。负债比率越大，权益乘数越高，说明企业有较高的负债程度。这给企业带来较多的杠杆利益，同时也给企业带来了较多的风险。

（3）资产净利率是一个重要的财务比率，综合性较强。它是销售净利率和总资产周转率的乘积，因此，要进一步从销售成果和资产营运两个方面来分析。

销售净利率反映企业净利润与销售收入的关系，从这个意义上看，提高销售净利率是提高企业盈利能力的关键所在。要想提高销售净利率：一是要扩大销售收入；二是降低成本费用。而降低各项成本费用开支是企业财务管理的一项重要内容。通过各项成本费用开支的列示，有利于企业进行成本费用的结构分析，加强成本控制，为寻求降低成本费用的途径提供依据。

总资产周转率是销售收入与资产总额之比，是反映企业运用资产以产生销售收入能力的指标。对资产周转率的分析，除了对资产构成部分从总占有量上是否合理进行分析外，还可通过流动资产周转率、存货周转率、应收账款周转率等有关资产使用效率指标的分析，以判明影响资产周转的主要问题所在。

杜邦财务指标体系的作用在于解释指标变动的原因和变动趋势。

例 9-3　假设黄龙物流公司 2022 年和 2023 年基本财务数据如表 9-3 所示，各种财务比率如表 9-4 所示。

表 9-3　　　　　　　　　　　　基本财务数据　　　　　　　　　　　单位：万元

项目	净利润	销售收入	资产总额	负债总额	全部成本
2022 年	10 284.04	411 224.01	306 222.94	205 677.07	403 967.43
2023 年	12 653.92	757 613.81	330 580.21	215 659.54	736 747.24

表 9-4　　　　　　　　　　　　各种财务比率

项目	权益净利率	权益乘数	资产负债率	资产净利率	销售净利率	总资产周转率
2022 年	0.104	3.049	0.672	0.034	0.025	1.34
2023 年	0.112	2.874	0.652	0.039	0.017	2.29

对权益净利率的分析如下。

权益净利率指标是衡量企业利用资产获取利润能力的指标。权益净利率充分考虑了筹资方式对企业获利能力的影响，因此它所反映的获利能力是企业经营能力、财务决策和筹资方式等多种因素综合作用的结果。

该公司的权益净利率在 2022 年至 2023 年间出现了一定程度的好转，分别从 2022 年的 0.104 增加至 2023 年的 0.112。企业的投资者在很大程度上依据这个指标来判断是否投资或是否转让股份，考察经营者业绩和决定股利分配政策。这些指标对公司的管理者也至关重要。

公司管理者为改善财务决策而进行财务分析，他们可以将权益净利率分解为权益乘数和资产净利率，以找到问题产生的原因。

由权益净利率 = 资产净利率 × 权益乘数可得：

2022 年：0.104 = 0.034 × 3.049

2023 年：0.112 = 0.039 × 2.874

通过分解可以明显看出，该公司权益净利率的变动在于资本结构（权益乘数）变动和资产利用效果（资产净利率）变动两方面共同作用的结果。而该公司的资产净利率太低，显示出很差的资产利用效果。继续对资产净利率进行分解。

由资产净利率 = 销售净利率 × 总资产周转率可得：

2022 年：0.034 = 0.025 × 1.34

2023 年：0.039 = 0.017 × 2.29

通过分解可以看出 2023 年的总资产周转率有所提高，说明资产的利用得到了比较好的控制，显示出比前一年较好的效果，表明该公司利用其总资产产生销售收入的效率在增加。总资产周转率提高的同时，销售净利率的减少阻碍了资产净利率的增加，接着对销售净利率进行分解。

由销售净利率 = 净利润 ÷ 销售收入可得：

2022 年：0.025 = 10 284.04 ÷ 411 224.01

2023 年：0.017 = 12 653.92 ÷ 757 613.81

该公司 2023 年大幅提高了销售收入，但是净利润的提高幅度却很小，分析其原因是成本费用增加，从表 9 - 3 可知：全部成本从 2022 年 403 967.43 万元增加到 2023 年 736 747.24 万元，与销售收入的增加幅度大致相当。对全部成本分解如下。

由全部成本 = 制造成本 + 销售费用 + 管理费用 + 财务费用可得：

2022 年：403 967.43 = 373 534.53 + 10 203.05 + 18 667.77 + 1 562.08

2023 年：736 747.24 = 684 559.91 + 21 740.96 + 25 718.20 + 4 728.17

通过分解可以看出，杜邦分析法有效地解释了指标变动的原因和趋势，为采取应对措施指明了方向。

本例中，导致权益净利率小的主要原因是全部成本过大。也正是因为全部成本的大幅提高导致了净利润提高幅度不大，而销售收入大幅增加，就引起了销售净利率的降低，显示出该公司销售盈利能力的下降。资产净利率的提高当归功于总资产周转率的提高，销售净利率的降低却起到了阻碍的作用。

从表 9-4 可知权益乘数是下降的，说明该物流公司的资本结构在 2022 至 2023 年发生了变动，2023 年的权益乘数较 2022 年有所减小。权益乘数越小，企业负债程度越低，偿还债务能力越强，财务风险程度越低。这个指标同时也反映了财务杠杆对利润水平的影响。财务杠杆具有正反两方面的作用。在收益较好的年度，它可以使股东获得的潜在报酬增加，但股东要承担因负债增加而引起的风险；在收益不好的年度，则可能使股东潜在的报酬下降。该物流公司的权益乘数一直处于 2~5，即负债率在 50%~80%，属于激进战略型企业。管理者应当准确把握公司所处的环境，准确预测利润，合理控制负债带来的风险。

杜邦分析法以权益净利率为主线，将企业在某一时期的销售成果以及资产营运状况全面联系在一起，层层分解，逐步深入，构成一个完整的分析体系。它能较好地帮助管理者发现企业财务和经营管理中存在的问题，能够为改善企业经营管理提供十分有价值的信息，因而得到普遍的认同，并在实际工作中得到广泛的应用。

（二）沃尔评分法

1928 年，亚历山大·沃尔出版的《信用晴雨表研究》（*Study of Credit Barometric*）和《财务报表比率分析》（*Ratio Analysis of Finanical Statements*）中提出了信用能力指数的概念，他选择了 7 个财务比率，即流动比率、产权比率、固定资产比率、存货周转率、应收账款周转率、固定资产周转率和自有资金周转率，分别给定各指标的比重，然后确定标准比率（以行业平均数为基础），将实际比率与标准比率相比，得出相对比率，将此相对比率与各指标比重相乘，得出总评分，由此提出了综合比率评价体系，并把若干个财务比率用线性关系结合起来，以此来评价企业的财务状况。

沃尔评分法是指将选定的财务比率用线性关系结合起来，并分别给定各自的分数比重，然后通过与标准比率进行比较，确定各项指标的得分及总体指标的累计分数，从而对企业的信用水平做出评价的方法。

1. 沃尔评分法的原理

沃尔评分法是把若干个财务比率用线性关系结合起来，对选中的财务比率给定其在总评价中的比重（比重总和为 100），然后确定标准比率，并与实际比率相比较，评出每项指标的得分，最后得出总评分。

2. 沃尔评分法的基本步骤

沃尔评分法的基本步骤如下。

（1）选择评价指标并分配指标权重。其中盈利能力的指标包括资产净利率、销售净利率、净值报酬率。偿债能力的指标包括自有资本比率、流动比率、应收账款周转率、存货周转率。发展能力的指标包括销售增长率、净利增长率、资产增长率。按重要程度确定各项比率指标的评分值，评分值之和为 100。三类指标的评分值约为 5∶3∶2。盈利能力指标的比例约为 2∶2∶1，偿债能力指标和发展能力指标中各项具体指标的重要性大体相当。

（2）确定各项比率指标的标准值，即各项指标在企业现时条件下的最优值。

（3）计算企业在一定时期各项比率指标的实际值。具体计算方式如下。

$$资产净利率=\frac{净利润}{资产总额}\times100\%$$

$$销售净利率=\frac{净利润}{销售收入}\times100\%$$

$$净值报酬率=\frac{净利润}{净资产}\times100\%$$

$$自有资本比率=\frac{净资产}{资产总额}\times100\%$$

$$流动比库=\frac{流动资产}{流动负债}$$

$$应收账款周转率=\frac{赊销净额}{平均应收账款余额}$$

$$存货周转率=\frac{产品销售成本}{平均存货成本}$$

$$销售增长率=\frac{销售增长额}{基期销售额}\times100\%$$

$$净利增长率=\frac{净利增加额}{基期净利}\times100\%$$

$$资产增长率=\frac{资产增加额}{基期资产总额}\times100\%$$

（4）形成评价结果。

3. 沃尔评分法的公式

沃尔评分法的公式为：

$$实际分数=\frac{实际值}{标准值}\times权重$$

当实际值>标准值为理想时，此公式正确。但当实际值<标准值为理想时，实际值越小得分应越高，用此公式计算的结果却恰恰相反。另外，当某一单项指标的实际值畸高时，会导致最后总分大幅增加，掩盖情况不良的指标，从而给管理者造成一种假象。

4. 沃尔评分法的实践应用

沃尔评分法从理论上讲有一个明显的问题，就是未能证明为什么要选择这 7 个指标，而不是更多或更少的指标，或者选择别的财务比率，以及未能证明每个指标所占比重的合理性。这个问题至今仍然没有从理论上得到解决。

沃尔评分法从技术上讲也有一个问题，就是某一个指标严重异常时，会对总评分产生不合逻辑的重大影响。这个问题是由财务比率与其比重相"乘"引起的。财务比率提高一倍，评分增加 100%；而缩小一半，其评分只减少 50%。

尽管沃尔评分法在理论上还有待证明，在技术上也不完善，但它在实践中还是被应用了。耐人寻味的是很多理论上相当完善的经济计量模型在实践中往往很难应用，而企业实际使用并行之有效的模型却又在理论上无法证明。这可能是由人类对经济变量之间数量关系的认识还较肤浅造成的。

5. 沃尔评分法的改进

将财务比率的标准值由企业最优值调整为本行业平均值，并设定评分值的上限（正常值的 1.5 倍）和下限（正常值的 0.5 倍），综合得分＝评分值＋调整分。其中：

$$调整分 = \frac{实际比率 - 标准比率}{每分比率}$$

$$每分比率 = \frac{行业最高比率 - 标准比率}{最高评分 - 评分值}$$

项目小结

本项目主要介绍了供应链的类型、特征与结构，供应链管理的目标与内容，物流成本效益分析的方法，物流成本效益分析的指标以及物流成本综合分析方法等。

同步测试

一、选择题

1. 有利于降低库存的供应链是（　　　）。

A. 拉式　　　　　　B. 推式　　　　　　C. 功能型　　　　　　D. 反应性

2. （　　　）不是供应链管理的目标。

A. 总成本最低　　　B. 库存量最少　　　C. 相应周期最短　　　D. 利润最高

3. （　　　）又称比较法，是通过将相互关联的物流成本指标进行对比来确定数量差异的一种方法。

A. 指标对比法　　　B. 相关分析法　　　C. 因素分析法　　　D. 标准分析法

4. 负债总额与资产总额的比例关系是指（　　　）。

A. 资产负债率　　　B. 产权比率　　　　C. 已获利息倍数　　　D. 速动比率

5. 依据分析指标和影响因素的关系，从数量上确定各因素对指标的影响程度指的是（　　　）。

A. 因素分析法　　　B. 指标对比法　　　C. 相关分析法　　　D. 物流成本分析法

6. （　　　）用来评价企业物流成本占企业总成本的比例。

A. 物流成本率　　　　　　　　　　B. 单位物流成本率
C. 单位营业费用物流成本率　　　　D. 产值物流成本率

7. （　　　）用来分析企业创造单位产值需要支出的物流成本。

A. 物流成本率　　　　　　　　　　B. 单位物流成本率
C. 单位营业费用物流成本率　　　　D. 产值物流成本率

8. 一般认为物流企业合理的最低流动比率为（　　　）。

A. 1　　　　　　　　B. 2　　　　　　　　C. 3　　　　　　　　D. 4

二、判断题

1. 物流成本分析就是对过去成本管理工作的回顾。　　　　　　　　　　（　　）

2. 负债比率是指债务和物流资产、物流净资产的关系。　　　　　　　（　　）

3. 物流企业的获利能力指标反映的是物流企业偿付到期债务的能力。　（　　）

4. 物流成本分析的主要目的是在实现既定的客户服务水平的条件下降低企业的物流成本，提高企业的竞争能力。　　　　　　　　　　　　　　　　　（　　）

5. 供应链是一条增值链。　　　　　　　　　　　　　　　　　　　　（　　）

6. 实施供应链管理就是要实现上下游企业的纵向一体化。　　　　　　（　　）

三、简单题

1. 供应链的类型有哪些？

2. 供应链管理的内容有哪些？

3. 物流成本效益分析的方法有哪些？

4. 对物流成本效益进行分析可以使用哪些指标？

5. 物流成本综合分析的方法有哪些？

案例分析

CC 集团自营配送与代理配送选择中的成本分析

一、企业背景介绍

CC 集团是一家家电企业，2010 年下半年以前，其产品配送一直采用自营模式，该模式将商流与物流相结合，把商品配送活动作为企业的一种商业促销手段而与商品交易活动紧紧联系在一起。因此，各地销售部门均要建立并管理属于自己的仓库，从而导致 CC 集团在某省内租用了 7 个中小型仓库，分布在省内 7 个不同的城市，最小仓库面积为 200 平方米，最大的为 1 000 平方米。从 2010 年下半年开始，CC 集团对其下游物流配送体系进行改革，将原有配送模式从自营模式转变到第三方物流代理配送模式，在华中地区由 TPL 企业代理其在某省内开展某品牌家电产品及其配件的整体物流业务，同时，对仓库布局重新进行了规划：在某市设立区域中心仓库，覆盖某省中南部和东部地区的配送；在某省北部的另一市设立一个调节仓库，覆盖某省西北部地区的配送。

二、CC 集团两种物流模式下物流成本比较与分析

（一）物流总成本构成

配送过程中的物流总成本一般由三个部分组成：运输成本、库存成本和管理成本。同时，根据被调研供应链的运输形式，将运输过程分为干线运输和区域配送两个阶段。产品从生产基地（核心企业）到区域配送中心为干线运输；从区域配送中心到终端客户为区域

配送，故运输成本又包括干线运输费用和区域配送费用。

库存成本要考虑三个方面的因素：存货的资金成本、仓库使用费用和库存作业费用。存货的资金成本根据银行利率和库存占用资金计算得到。仓库使用费用在自营配送模式下为每个月固定的租金，CC集团每半年与仓库所有者签订一次租赁合同，费用比较稳定。而在TPL（第三方物流）代理配送模式下，该费用则与每个月CC集团产品的库存数量相关。库存作业费用在两种模式下均与产品出入库数量有关。

物流管理费用包括三个方面：库存管理成本、管理信息费用和单据处理费用。由于在两种配送模式下，企业均是租用第三方仓库，故库存管理成本主要是仓库管理人员的工资。同时，通过分析调研，发现管理信息费用和单据处理费用均与库存管理成本相关，故管理信息费用和单据处理费用可按比例由库存管理成本计算得到。

（二）两种模式下物流成本比较与分析

1. 物流总成本比较

根据CC集团2021年1月至2022年4月间的物流成本数据，对两种配送模式下的物流成本进行了比较，数据如表9-5所示。

表9-5　　　　　CC集团2021年1月到2024年4月间的物流成本数据

项目	自营配送（元）	TPL代理配送（元）	节约费用（元）	节约百分比（%）
运输成本	156 566.68	154 603.82	1 962.86	1.3
干线运输	147 556.18	109 308.16	38 248.02	25.9
区域配送	9 010.50	45 295.66	-36 285.16	-402.7
库存成本	79 302.86	44 002.39	35 300.47	44.5
资金成本	58 581.86	19 457.29	39 124.57	66.8
仓库租金	17 875.00	15 328.50	2 546.50	14.2
库存作业	2 846.00	9 216.60	-6 370.60	-223.8
管理成本	12 660.00	3 120.00	9 540.00	75.4
仓库管理	12 000.00	3 000.00	9 000.00	75.0
管理信息	600.00	60.00	540.00	90.0
单据处理	60.00	60.00	0.00	0.0
合计	248 529.54	201 726.21	46 803.33	18.8

从表9-5可以看出，在该案例中采用TPL代理配送模式后，物流总成本降低了18.8%，物流总成本的三个构成部分均有不同程度的下降，其中运输成本降低1.3%，库存成本降低44.5%，管理成本降低75.4%。降低幅度最大的项目是管理成本，其中管理信息费用的降低主要依赖于TPL企业拥有完善的管理信息系统，该系统建立在基于Internet的电子商务平台上，可以让客户在网上进行远程指令下达、货物状态查询、异常作业处理等，提高了配送过程中信息传递的速度和准确性。而仓库管理费用的降低则主要是CC集团有效地利用了TPL企业专业化的物流管理，减少了本身不必要的人员设置。虽然管理成本在总成本构成中所占的比例不大，却说明采用TPL代理配送模式有利于企业提高管理水

平，集中主要精力于自己的核心业务。

2. 两种配送模式下单位产品物流成本的比较

表9-5给出的是CC集团在某省配送业务的总成本，表9-5中数据并没有直接体现出配送模式变化前后，单位产品物流成本的变化情况。事实上，由于物流与商流分离，在实施TPL代理配送策略后，CC集团的销售部门就只从事商品的交易活动，集中精力于其核心业务，使某省的销售量有了明显的提高，该品牌产品的月销售量增加了约45.4%。管理成本是固定投入，不随产品销售量的变化而改变，同时，管理信息费用和单据处理费用在物流总成本中所占比例很小，分摊到单位产品上的金额可以忽略不计。表9-6给出了两种配送模式下单位产品物流成本的对比情况。

表9-6　　　　　　　两种配送模式下单位产品物流成本的对比情况

项目	自营配送（元）	TPL代理配送（元）	节约费用（元）	节约百分比（%）
运输成本	83.95	57.03	26.92	32.1
干线运输	79.12	40.32	38.80	49.0
区域配送	4.83	16.71	-11.88	-246.0
库存成本	42.52	16.23	26.29	61.8
资金成本	31.41	7.18	24.23	77.1
仓库租金	9.58	5.65	3.93	41.0
库存作业	1.53	3.40	-1.87	-122.2
合计	126.47	73.26	53.21	42.1

可以看出，考虑了销售业绩的变化后，单位产品的物流成本节约了42.1%，其中费用降低最多的是资金成本，达到了77.1%。这表明实施TPL代理配送策略后，能够有效提高仓库利用效率，缩短库存周转周期，从而可以有效缩短整个供应链的多阶响应周期。事实上，某省的成品库存周转周期由自营配送模式下的95天，缩短到TPL代理配送模式下的20天，仅为前者的21.1%，资金成本也随之下降。区域配送成本的增加是企业为缩短配送周期，提高客户服务水平而付出的代价。在自营配送模式下，单件、小批量的订货由于运输成本问题一般不会单独进行配送，而是将几次订货积累在一起，然后成批进行配送，导致配送周期被人为地延长；而在TPL代理配送模式下，对于这种情况一般采用零担运输（LTL）的方式，将单件、小批量的订货与其他货物一起配送，充分发挥了运输的规模优势，并保证了区域配送的及时性，有效缩短了配送周期。在本案例中，CC集团产品在某省内任何一个地方的配送周期均小于48小时，某市及周边县市的配送周期则不超过6小时。库存作业成本的增加则是企业为保证产品在运输过程中的完好性、物流信息的准确性而付出的代价。

通过该案例的分析，我们清楚地看到，企业运用第三方物流可以有效地缩短供应链周期，对市场快速做出反应，使企业能集中精力于自身核心业务上，这样有助于企业提高核心竞争力。而且，在缩短供应链周期的同时，企业的物流成本也得到了控制，不论是物流总成本，还是构成物流总成本的几个部分，都有不同程度的下降。

三、管理启示

运输和库存在供应链管理中占有重要地位，这两个相互关联的活动不但构成了配送体系中成本的绝大部分，同时也对客户服务水平有着重要影响。企业在采用 TPL 代理配送模式的情况下，针对区域配送成本和库存作业成本有所增加这一现象，应采取一些相应的措施，以达到进一步降低成本的目的：一是科学评估 TPL 代理提出的网络规划方案，优化设计配送系统的网络结构，这是降低区域配送成本的大前提；二是加强对 TPL 代理配送业务的监督与指导，促使 TPL 代理强化车辆调度、运输线路选择及货物配载优化等方面的管理，切实提高配送作业的效率，有效降低区域配送物流成本；三是利用仓储管理信息系统强化库存管理，制定合理的库存策略和仓储方案，采用先进的设备和技术（如液压拖车、电动叉车、条码技术等），降低搬运、盘点、拣货等库存作业费用。

项目十　供应链绩效评价

📋 **知识目标**

1. 了解供应链绩效评价的内涵、作用；
2. 了解供应链绩效评价体系；
3. 掌握供应链绩效评价指标；
4. 理解供应链绩效评价方法。

📋 **技能目标**

1. 能应用供应链绩效评价指标评价供应链绩效；
2. 能运用平衡记分卡法评价供应链绩效；
3. 能运用 SCOR 模型分析供应链流程。

📖 **案例导入**

Daimler-Chrysler 公司的 Mopar 零配件集团是怎样提高供应链周转率的

Daimler-Chrysler 公司的 Mopar 零配件集团（以下简称 Mopar）销售额为40亿美元，在美国和加拿大地区经营汽车零配件的分销。Mopar 有一个极为复杂的供应链，有 3 000 个供应商、30 个分销中心和每天来自 4 400 个北美经销商的 225 000 个经销商订单。然而，售后零配件销售极难预测，因为它不直接为生产所驱使，相反是由如天气、车辆地点、车辆磨损和破坏，以及客户对经销商促销的反应等不可预测因素所决定。客户不愿意为替换零配件而花费等待的时间，因此零售商不得不寻求可替代的零配件资源以避免客户不满和失去市场份额。为了保证经销商不使用非 OEM（原始制造商设备）零件，汽车公司一般都因订货管理、库存平衡、供应奖励收费等导致高昂的补货成本。Mopar 就面对着这样一个困境。Daimler-Chrysler 公司意识到公司未来的竞争力在于他们甄别、理解、采取解决行动的能力，并防止昂贵的服务供应链问题。因此，他们开始投入 SCPM（供应链管理专家）系统的实施之中。

Mopar 的 SCPM 系统通过监测未来需求、库存和与预先确定的目标相关的供应链绩效关键指标来甄别出绩效例外。然后，用户利用该系统探究问题，找到个别的或相互关联的可选方案。导致问题的潜在根本原因包括非季节性天气（或者更好或者更坏）、竞争性促销、对预测模型的不准备假设。理解问题和可选方案后，系统用户就采取解决问题的行动了。Mopar 通过削减安全库存和不必要的"过期"（不可能被接受）运输，每年节约数百万美元的成本。仅在第一年，Daimler-Chrysler 公司就将他们的决策周期从几个月缩短到几天，减少了超额运输成本，将补货率增加一个百分点，还节省了 1 500 万元的存货。看来，Daimler-Chrysler 公司从 SCPM 系统的应用中获得了竞争力的巨大提升。

任务一　供应链绩效评价认知

一、供应链绩效评价的内涵

（一）供应链绩效评价的含义

供应链绩效是指供应链的运作过程的效率或供应链的运作所取得的成果，而供应链的运作过程从某种意义上说就是通过有效协调供应链上各成员企业的活动，增加或创造供应链的价值。从物流角度看，供应链的运作过程就是原材料从供应商到制造商，经过制造加工，由分销商将产品送达客户的过程，每一个环节都是价值增加的过程。从信息流的角度看，各成员企业通过信息协调和共享，可以大大降低供应链的运营成本，增加供应链的价值，同时，通过及时把握客户需求的变化和发展动向，适时开发出能够满足客户需求的产品，提供客户满意的服务。

供应链绩效评价是指围绕供应链的目标，对供应链整体、各环节，尤其是核心企业运营状况及各环节之间的运营关系等所进行的事前、事中和事后的分析与评价，即对整个供应链的整体运行绩效、供应链节点企业、供应链上的节点企业之间的合作关系所做出的评价。绩效评价的结果不仅可以作为奖惩的依据，更重要的是能够帮助组织发现问题，以便在下一阶段的工作中有效地解决。

（二）供应链绩效评价的作用

1. 对整个供应链的运行效率做出评价

对整个供应链的绩效做出评价，能够为供应链与供应链间的竞争，为供应链在市场中的生存、组建、运行和撤销的决策提供必要的客观依据。进行供应链绩效评价的目的是通过绩效评价获得对整个供应链的运行状况的了解，找出供应链运作方面的不足，及时采取措施予以纠正。

2. 对供应链各个成员企业做出评价

对供应链各个成员企业的绩效评价，主要考虑供应链对其成员企业的激励，吸引企业加盟，剔除不良企业。

3. 对供应链内企业与企业之间的合作关系做出评价

对供应链内企业与企业之间的合作关系的绩效评价，主要考察供应链的上游企业（如供应商）对下游企业（如制造商）提供的产品和服务的质量，从用户满意度的角度评价上下游企业之间的关系。

4. 对供应链企业的激励

除对供应链企业运作绩效的评价外，这些指标还可起到对企业的激励作用，既包括核心企业对非核心企业的激励，也包括供应商、制造商和销售商之间的相互激励。

（三）供应链绩效评价的特点

1. 供应链绩效评价侧重于供应链的整体绩效评价

供应链绩效评价是根据供应链管理运行机制的基本特征和目标，反映供应链整体运营状况和上下游节点企业之间的运营关系，而不是孤立地评价某一节点企业的运营情况。它不仅要评价该节点企业的运营绩效，还要考虑该节点企业的运营绩效对其上下游节点企业或整个供应链的影响。

2. 基于业务流程的绩效评价

单个企业的绩效评价一般是基于职能的企业绩效评价（见图10-1），评价对象是企业内部的职能部门或职工个人。供应链绩效评价一般是基于业务流程的供应链绩效评价，如图10-2所示，其目的不仅是要获知企业或供应链的运作状况，更重要的是要找出优化企业或供应链的流程。

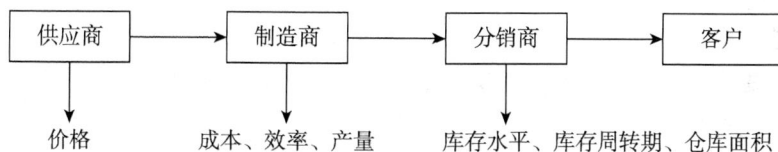

图 10-1　基于职能的企业绩效评价

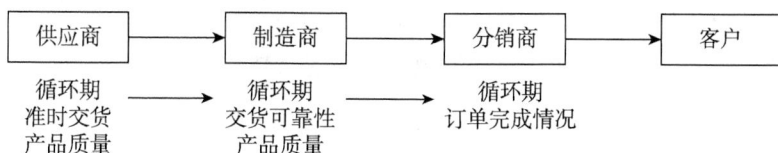

图 10-2　基于业务流程的供应链绩效评价

二、供应链绩效评价体系

作为供应链绩效管理系统的子系统，供应链绩效评价也有自己完整的体系，这个体系解决的是谁来评价、评价什么、如何评价、评价结果怎样等问题。一个完整的供应链绩效评价体系一般由以下几部分组成。

1. 评价的主体和客体

一个运作良好的供应链应该有一个强有力的评价组织。绩效评价的主体即负责领导和指挥所有评价活动的组织，一般是以供应链核心企业为发起者，由供应链中其他关键业务伙伴参与组成。绩效评价的客体即评价对象，就是整个供应链及其成员企业。

2. 绩效评价目标

绩效评价目标是根据主体需求确定的，是整个绩效评价工作的指南。绩效评价的目标应适用于供应链管理的战略实施，服从和服务于供应链管理的整体目标。绩效评价目标的制定受时间、外部环境、供应链组织机构和供应链成员企业特别是核心成员企业及其变化的影响。

3. 绩效评价指标

绩效评价指标设立的目的是明确绩效评价的内容。评价客体本身具有多方面的特性，只有依据评价客体的特性和系统目标，选择适当的评价指标并组成指标体系，才能有效地进行供应链的绩效评价。

4. 绩效评价标准

绩效评价标准是各个绩效评价指标应该达到的水平。它是评价客体绩效状态的标准。绩效标准要适当，定得过低，起不到激励组织行为和改进绩效的作用；定得过高，会令人感到可望而不可即，影响成员企业的士气。绩效评价标准应保持相对的稳定，一经确立，就应该以正式文件的形式固定下来，并在一段时间内保持不变。

5. 绩效评价方法

没有科学的绩效评价方法，就不能得出正确的评价结论。绩效评价方法是供应链绩效评价的具体手段，必须选择适当的方法，通过对各具体指标的评价值进行计算，再与评价标准比较，得出评价结论。

6. 绩效评价报告

绩效评价报告是绩效评价的结论性文件，是供应链实施激励措施和绩效改进的主要依据。通过比较绩效评价指标的具体数值与预先确定的绩效评价标准，可以找出差别，并分析产生差别的原因和责任，为改进供应链绩效提供客观依据。

7. 激励与改进

绩效评价的目的在于激励组织行为和改进绩效。激励是对绩效评价客体的良好行为进行强化，是对良好绩效创造者所付出努力和所承受风险的补偿。改进绩效则是根据绩效评价报告的分析结果，有针对性地采取一些改进措施，以进一步提高绩效水平。

三、供应链绩效评价的基本流程

建立和实施一个完整的供应链绩效评价体系，一般包含以下 7 个步骤，具体流程如图 10-3 所示。

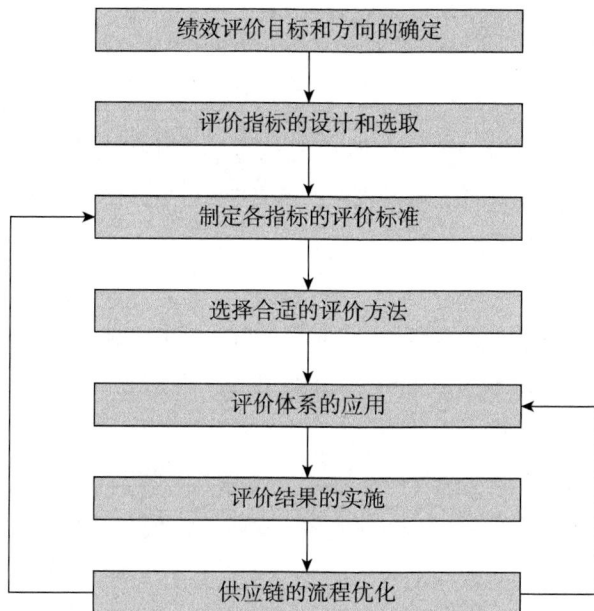

图 10-3　供应链绩效评价的基本流程

1. 绩效评价目标和方向的确定

在供应链绩效评价中，首先要明确的是组织的绩效评价目标和方向。对评价的性质和范围没有足够的认识，就无的放矢。一旦确定组织的绩效评价目标和方向，就可以确保评价制度能帮助组织完成其发展规划。另外，企业的绩效目标应与供应链总体绩效挂钩，这是使节点企业活动与供应链整体战略目标保持一致的最佳方式。

2. 评价指标的设计和选取

绩效评价指标主要反映供应链整体运营状况及上下游节点企业之间的运营关系，而不是孤立地评价某一节点企业的运营状况。一个理想的评价指标体系不但要能够反映客户、企业和供应链自身的需求，而且要易于理解、应用广泛、使用成本低，更重要的是要能够为操作者和管理者提供快速的反馈，激励绩效的改善等。

3. 制定各指标的评价标准

为了建立能有效评价供应链绩效的指标体系，应突出重点，对关键绩效指标进行重点分析；采用能反映供应链业务流程的绩效指标体系；评价指标要能反映整个供应链的运营情况，而不是仅反映单个节点企业的运营情况；应尽可能采用实时分析与评价的方法，要把绩效度量范围扩大到能反映供应链实时运营的信息上去，因为这要比仅做事后分析有价值得多；在衡量供应链绩效时，要采用能反映供应商、制造商及用户之间关系的绩效评价指标，把评价的对象扩大到供应链上的相关企业。

4. 选择合适的评价方法

绩效评价方法的选择不仅要考虑该方法是否能对企业绩效的表现做出评价，是否能够可靠地预测未来的绩效，还要考虑是否评估了企业管理中存在的问题，是否有助于改进供应链绩效。这是确保绩效评价体系成为企业发展和运作改进的真正"发动机"的重要步骤之一。

5. 评价体系的应用

评价体系的应用过程包括评价、反馈和纠偏行为。由于绩效评价随环境的变化而变化，因而在评价的过程中要及时进行反馈，并根据需要对绩效计划进行相应的调整。供应链的最优绩效是不断改进和发展的动态结果。

6. 评价结果的实施

绩效评价的最终目的不仅是获得企业和供应链的运营状况，更重要的是优化企业或供应链的业务流程，绩效评价不应该止于评价结果，企业应该用它来监督供应链的经营活动，并推动和改进供应链流程。

7. 供应链的流程优化

优化供应链是要去除供应链流程中的非增值环节，使供应链中各元素的运行协调起来，从而实现效益最大化。那些原本构成组织要素的流程步骤，现在或许正是限制该组织效率和能力的桎梏。

任务二 供应链绩效评价指标体系

一、供应链绩效评价指标体系构建的原则与内容

(一) 供应链绩效评价指标体系构建的原则

反映供应链绩效的评价指标有其自身的特点，其内容比现行的企业评价指标更为广泛，它不仅可以代替会计数据，还包括一些方法，可以测定供应链的上游企业是否有能力及时满足下游企业或市场的需求。供应链绩效评价具有综合性的特点，单一的指标无法全面测量供应链绩效，实施供应链绩效评价必须构建一个反映经营绩效各个方面的由一系列指标组成的指标评价体系。在实际操作中，为了建立能有效评价供应链绩效的指标体系，应遵循以下五个原则。

1. 突出重点
要对关键绩效指标进行重点分析。

2. 反映供应链业务流程
采用能反映供应链业务流程的绩效指标体系。

3. 反映整个供应链的运营
供应链绩效评价指标体系要能反映整个供应链的运营情况，而不是仅反映单个节点企业的运营情况。

4. 实时分析与评价

尽可能采用实时分析与评价的方法，把绩效度量范围扩大到能反映供应链实时运营的信息上去，这样比仅做事后分析有价值得多。

5. 评价供应链全体成员

在衡量供应链绩效时，要采用能反映供应商、制造商及用户之间关系的绩效评价指标体系，把评价的对象扩大到供应链上的相关企业。

（二）供应链绩效评价指标体系的内容

供应链绩效评价可以从内部绩效度量、外部绩效度量和供应链综合绩效度量三个方面构建综合指标体系，也可以分别构建综合衡量反映整个供应链业务流程的绩效评价指标，以及反映供应链上下游节点企业之间关系的绩效评价指标体系。

1. 内部绩效度量

从内部绩效度量方面构建综合指标体系，主要是为了对供应链上的企业内部绩效进行评价。常见的指标有成本、客户服务、生产率、良好的管理和质量等。

2. 外部绩效度量

从外部绩效度量方面构建综合指标体系，主要是为了对供应链上企业之间的运行状况进行评价。外部绩效度量的主要指标有用户满意度、最佳实施基准等。

3. 供应链综合绩效度量

从供应链综合绩效度量方面构建综合指标体系，能够从总体上反映供应链运作绩效。利用这种方式构建的综合指标体系必须是可以比较的，如果缺乏整体的绩效衡量，可能出现制造商对用户服务的看法和决策与零售商的想法完全背道而驰的现象。供应链综合绩效的度量主要从用户满意度、时间、成本、资产等方面展开。

二、供应链绩效评价指标的选择

供应链绩效评价是基于业务流程的绩效评价，供应链绩效评价指标的选择应能够恰当地反映供应链整体运营状况以及上下游节点企业之间的运营情况。

（一）反映整个供应链业务流程的绩效评价指标

考虑到指标评价的客观性和实际可操作性，以下几个评价指标能反映整个供应链业务流程的绩效。

1. 产销率

产销率是指在一定时间内已销售的产品数量与已生产的产品数量的比值，其公式为：

$$产销率 = \frac{一定时间已销售的产品数量}{一定时间已生产的产品数量} \times 100\%$$

根据评价的侧重点，产销率指标又可分成以下三个具体的指标。

（1）供应链节点企业的产销率。供应链节点企业的产销率为：

$$供应链节点企业的产销率 = \frac{一定时间节点企业已销售的产品数量}{一定时间节点企业已生产的产品数量} \times 100\%$$

该指标反映供应链节点企业在一定时间内的产销经营状况。

（2）供应链核心企业的产销率。供应链核心企业的产销率为：

$$供应链核心企业的产销率 = \frac{一定时间核心企业已销售的产品数量}{一定时间核心企业已生产的产品数量} \times 100\%$$

该指标反映供应链核心企业在一定时间内的产销经营状况。

（3）供应链产销率。供应链产销率的计算公式为：

$$供应链产销率 = \frac{一定时间供应链各节点企业已销售的产品数量之和}{一定时间供应链各节点企业已生产的产品数量之和} \times 100\%$$

该指标也反映供应链资源（包括人、财、物、信息等）的有效利用程度，产销率越接近 1，说明资源利用程度越高。同时，该指标也反映了供应链库存水平和产品质量，其值越接近 1，说明供应链成品库存量越小。

2. 平均产销绝对偏差

平均产销绝对偏差的计算公式为：

$$平均产销绝对偏差 = \frac{\sum_{i=1}^{n} |P_i - S_i|}{n}$$

式中：n——供应链节点企业的数量；

P_i——第 i 个节点企业在一定时间内已生产产品的数量；

S_i——第 i 个节点企业在一定时间内已生产产品中销售出去的数量。

该指标反映在一定时间内供应链总体库存水平，其值越大，说明供应链成品库存量越大，库存费用越高；反之，说明供应链成品库存量越小，库存费用越低。

3. 产需率

产需率是指在一定时间内，节点企业已生产的产品数量与其下游节点企业（或用户）对该产品的需求量的比值。具体分为以下两个指标。

（1）供应链节点企业产需率。供应链节点企业产需率的计算公式为：

$$供应链节点企业产需率 = \frac{一定时间节点企业已生产的产品数量}{一定时间下层节点企业对该产品的需求量} \times 100\%$$

该指标反映上下游节点企业之间的供需关系。供应链节点企业产需率越接近 1，说明上下游节点企业之间的供需关系越协调，准时交货率越高；反之，则说明下游节点企业准时交货率较低或者企业的综合管理水平较低。

（2）供应链核心企业产需率。供应链核心企业产需率的计算公式为：

$$供应链核心企业产需率 = \frac{一定时间核心企业已生产的产品数量}{一定时间用户对该产品的需求量} \times 100\%$$

该指标反映供应链整体生产能力和快速响应市场能力。若该指标数值不小于 1，说明供应链整体生产能力较强，能快速响应市场需求，具有较强的市场竞争能力；若该指标数值小于1，则说明供应链生产能力不足，不能快速响应市场需求。

4. 供应链产品出产（或投产）循环期或节拍

当供应链节点企业生产的产品为单一品种时，供应链产品出产循环期是指产品的出产节拍；当供应链节点企业生产的产品品种较多时，供应链产品出产循环期是指混流生产线上同一种产品的出产间隔。由于供应链管理是在市场需求多样化经营环境中产生的一种新的管理模式，其节点企业（包括核心企业）生产的产品品种较多，因此，供应链产品出产循环期一般是指节点企业混流生产线上同一种产品的出产间隔期。它可分为以下两个具体的指标。

（1）供应链节点企业（或供应商）零部件出产循环期。该指标反映了节点企业库存水平以及对其下游节点企业需求的响应程度。该循环期越短，说明该节点企业对其下游节点企业需求的快速响应性越好。

（2）供应链核心企业产品出产循环期。该指标既反映了整个供应链的在制品库存水平和成品库存水平，也反映了整个供应链对市场或用户需求的快速响应能力。核心企业产品出产循环期决定着各节点企业产品出产循环期，即各节点企业产品出产循环期必须与核心企业产品出产循环期合拍。该循环期越短，说明整个供应链的在制品库存量和成品库存量都比较少，总的库存费用都比较低；另外，也说明供应链管理水平比较高，能快速响应市场需求，并具有较强的市场竞争能力。缩短核心企业产品出产循环期，应采取以下措施。

首先，使供应链各节点企业产品出产循环期与核心企业产品出产循环期合拍，而核心企业产品出产循环期与用户需求合拍。其次，可采用优化产品投产顺序和计划或采用高效生产设备或加班加点以缩短核心企业（或节点企业）产品出产循环期。其中，优化产品投产顺序和计划以缩短核心企业（或节点企业）产品出产循环期，是既不需要增加投资又不需要增加人力和物力的好方法，是最有效的方式。

5. 供应链总运营成本

供应链总运营成本包括供应链通信成本、供应链库存成本及各节点企业之间的运输总费用。它能够反映供应链运营的效率。

（1）供应链通信成本。供应链通信成本包括各节点企业之间的通信费用，如EDI、互联网的建设和使用费用、供应链信息系统开发和维护费用等。

（2）供应链库存成本。供应链库存成本包括各节点企业在制品库存和成品库存成本、各节点之间在途库存持有成本。

（3）各节点企业之间的运输总费用。各节点企业之间的运输总费用包括供应链所有节点企业之间运输费用的总和。

6. 供应链核心企业产品成本

供应链核心企业产品成本是供应链管理水平的综合体现。根据核心企业产品在市场上的价格确定出该产品的目标成本，再向上游追溯到各供应商，确定相应的原材料、配套件的目标成本。只有当目标成本小于市场价格时，各企业才能获得利润，供应链才能得到发展。

7. 供应链产品质量

供应链产品质量是指供应链各节点企业（包括核心企业）生产的产品或零部件的质量，包括合格率、废品率、退货率、破损率、破损物价值等指标。

8. 新产品开发率

新产品开发率的计算公式为：

$$新产品开发率=\frac{在研究新产品数+储备新产品数+已投产新产品数}{现有产品总数}\times100\%$$

该指标反映了供应链的产品创新能力。该指标越大，说明供应链整体创新能力和快速响应市场需求的能力越强。

9. 专利技术拥有比例

专利技术拥有比例的计算公式为：

$$专利技术拥有比例=\frac{供应链各节点企业专利技术拥有数量}{全行业专利技术拥有数量}\times100\%$$

该指标反映了供应链的核心竞争力。该指标越大，说明供应链整体技术水平越高，核心竞争力越强，其产品不会轻易被竞争对手模仿。

（二）反映供应链上下游节点企业之间关系的绩效评价指标

根据供应链层次结构，采用相邻层供应商评价法，可以较好地反映供应链上下游节点企业之间关系的绩效。相邻层供应商评价法的基本原则是通过下层供应商来评价上层供应商。由于下层供应商可以看成上层供应商的用户，因此通过下层供应商来评价和选择与其业务相关的上层供应商，这种做法更直接、更客观、更有效，依次递推可对整个供应链的运营绩效进行有效的评价。具体的评价指标包括以下几种。

1. 满意度

满意度是反映供应链上下游节点企业之间关系的绩效评价指标，即在一定时间内下层供应商对其相邻上层供应商的综合满意程度。其表达式如下：

一定时间内下层供应商对其相邻上层供应商的综合满意度＝$\alpha_j\times$下层供应商准时交货率+$\beta_j\times$下层供应商成本利润率+$\gamma_j\times$下层供应商产品质量合格率

式中：α_j、β_j、γ_j为权重，且$\alpha_j+\beta_j+\gamma_j=1$。

满意度指标中，权数的取值可随上层节点企业的不同而有所区别，对于同一个上层节点企业，在计算与其相邻的所有下层节点企业的满意度指标时，其α、β、γ的权重取值应该是一样的。这样，通过满意度指标就能评价不同节点企业的运营绩效，以及这些不同的运营绩效对其下层节点企业的影响。

满意度指标值低，说明该节点企业的运营绩效差，生产能力和管理水平低，并且影响下层节点企业的正常运营，从而对整个供应链产生不良影响。因此为提高供应链管理绩效，或者把这种满意度指标值低的节点企业作为供应链改进的重点对象，提升其满意度；

或者重新选择和补充新的节点企业。

供应链最后一层为最终用户层。最终用户对供应链产品的满意度指标是供应链绩效评价的一个最终标准。其表达式如下：

最终用户对供应链产品的满意度 $=\alpha\times$ 零售商准时交货率 $+\beta\times$ 产品质量合格率 $+\gamma\times$（实际产品价格/用户期望价格）

2. 准时交货率

准时交货率是指上层供应商在一定时间内准时交货的次数占其总交货次数的百分比。其计算公式为：

$$准时交货率=\frac{一定时间准时交货的次数}{一定时间总交货的次数}\times100\%$$

供应商准时交货率较低，说明其协作配套的生产能力达不到要求，或者对生产过程的组织管理跟不上供应链运行的要求；供应商准时交货率较高，说明其生产能力强，生产管理水平高。

3. 成本利润率

成本利润率是指单位产品净利润占单位产品总成本的百分比。其计算公式为：

$$成本利润率=\frac{单位产品净利润}{单位产品总成本}\times100\%$$

在市场经济条件下，产品价格是由市场决定的，因此，在市场供需关系基本平衡的情况下，产品价格可以看成是一个不变的量。按成本加成定价的基本思想，产品价格等于成本加利润，因此产品成本利润率越高，说明供应商的盈利能力越强，企业的综合管理水平越高。在这种情况下，由于供应商在市场价格水平下能获得较大利润，其合作积极性必然增强，必然对企业的有关设施和设备进行投资和改造，以提高生产效率。

4. 产品质量合格率

产品质量合格率是指质量合格的产品数量占产品总产量的百分比。其计算公式为：

$$产品质量合格率=\frac{质量合格的产品数量}{产品总产量}\times100\%$$

产品质量合格率反映供应商提供货物的质量水平。质量不合格的产品数量越多，则产品质量合格率就越低，说明供应商提供产品的质量不稳定或质量差，供应商必须承担对不合格的产品进行返修或报废的损失，这样就增加了供应商的总成本，降低了其成本利润率。因此，产品质量合格率指标与产品成本利润率指标密切相关。同样，产品质量合格率指标也与准时交货率指标密切相关，因为产品质量合格率越低，产品的返修工作量越大，必然会延长产品的交货期，使准时交货率降低。

任务三　供应链绩效评价模型与方法

常用的供应链绩效评价模型与方法有平衡计分卡模型（BSC）、供应链运作参考模型、供应链管理绩效水平评价参考模型、标杆管理法等。

一、平衡计分卡模型

（一）平衡计分卡模型的内容

平衡记分卡（Balanced Score Card，BSC）模型由哈佛大学的卡普兰和诺顿于 1992 年提出。平衡计分卡通过将短期目标和长期目标、财务指标和非财务指标、内部绩效和外部绩效结合起来，使管理者的注意力从短期目标的实现转移到兼顾战略目标的实现，其最大的特点是集评价、管理、沟通于一体。平衡计分卡被认为是目前最流行的管理工具之一，它强调从四个不同的角度全面而平衡地审视企业绩效，并把组织的使命和战略转化为有形的目标和衡量指标。这四个角度分别为客户角度、内部业务流程角度、财务角度及创新/学习角度，具体如图 10-4 所示。

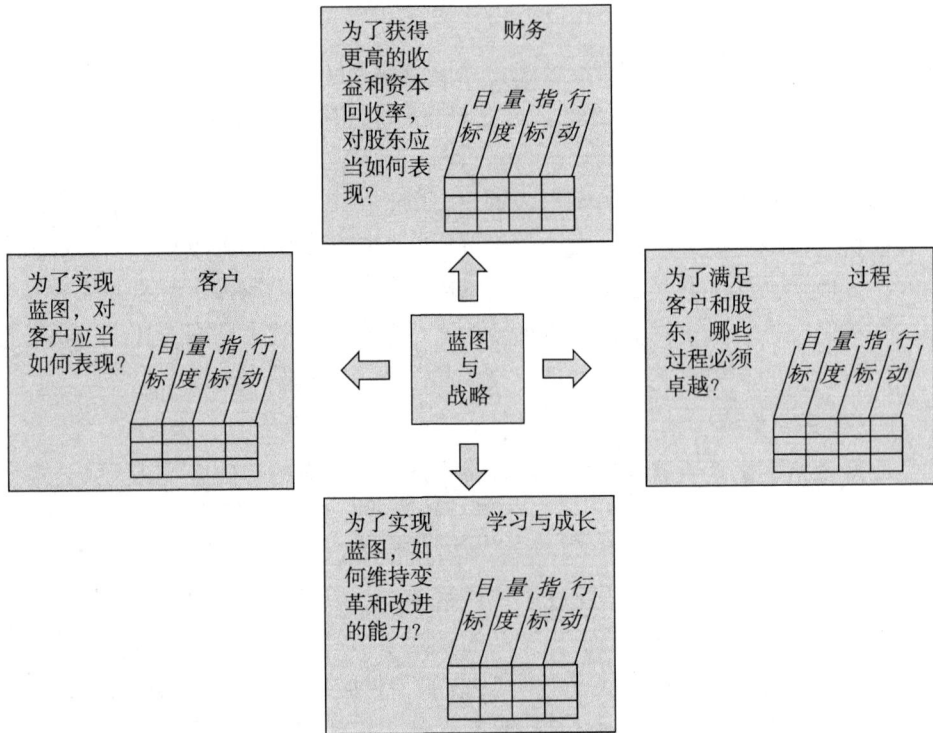

图 10-4　平衡计分卡的内容框架

1. 客户角度

企业为了获得长远的财务业绩，就必须创造出客户满意的产品和服务。因此，供应链管理的核心之一就是进行客户管理，了解客户的需求及评价满足客户需求的程度，用以调整供应链的经营方法和策略。平衡计分卡通过对客户的评价，让管理者关注客户的反应和市场策略，从而保证更好的效益。其评价指标既包括反映客户价值和客户反馈的一般指标，也包括集中于客户价值等特定范畴的指标。客户角度的绩效可以通过以下几个关键指标来进行有效的衡量。

（1）客户保有率。供应链利润持久的来源是核心客户。若想通过特定的客户群体保持或增加市场份额，最有效的就是保有现有的客户。努力保持和客户的关系，按照客户的需求满足客户，并允许客户积极参与产品的开发设计，使客户能够成为自己的持久利润来源。除了留住客户，供应链管理还要从与现有客户交易量的分析上衡量客户的忠诚度。当然，供应链要扩大利润源，就要在现有客户的基础上，制定不断扩大客户范围的战略。

（2）订单完成的总周期。订单完成的总周期是评价整个供应链对于客户订单的总体的反应时间。其中包括接受订单、从投料到生产、从生产到发运、从发运到客户签单、从客户签单到客户收到产品的时间等。快速的响应周期不仅能够提高对客户的响应，降低客户成本，提高客户的价值，同时也能反映出供应链内部响应的便捷和流畅。因此，尽可能降低订单完成的总周期，有利于发现并消除供应链内部的时间冗余，达到提高客户满意度的目的。

（3）客户对供应链柔性响应的认同。该指标用于评价客户对供应链提供服务的客户化及响应速度的满意度。这个指标有两个方面的用途：其一，反映客户是否能自由地就订单的包装、产品性能等提出个性化的需求；其二，客户是否感到这种客户化的要求能够及时实现。也就是说，它反映了客户对个性化要求的自由度和服务及时性的要求。

（4）客户价值。客户价值反映在为客户提供产品或服务时对客户节约或增值方面的贡献，以提高客户对供应链的依赖度。客户价值率等于客户对供应链所提供服务的满意度与服务过程中发生的成本的比值。客户价值率是决定客户是否选择产品或服务的重要因素，不同于以往在时间、质量、柔性方面所进行的评价，客户价值的评价主要偏重于导致客户发生的成本指标。

2. 内部业务流程角度

供应链内部业务流程运作情况决定了客户服务的绩效。供应链内部业务流程运作的评价指标应当衡量出对客户利益和财物价值影响最大的业务流程，同时确定自己的核心能力，以及保证供应链持久保持市场领先的关键技术。为了把内部业务流程和财物价值以及客户目标结合起来，供应链应把握两种全新的内部业务运作流程：一是理顺现有业务流程中各参与方的关系，缩短经营过程的周期，同时降低成本；二是应预测并影响客户的需求。

尽管供应链的业务流程不尽相同，但基本可以划分为三部分，即改良、创新过程，经营过程，客户服务过程（售前、售后）。客户服务过程由于和客户满意度直接挂钩，因此将其归入客户角度进行评价。

（1）产品改良、创新过程测评。

产品改良、创新对于提高供应链的竞争力有越来越重要的作用，因此对这方面的测评有重要的意义。测评内容包括：新产品在销售额中所占的比例，比原计划提前推出新产品的时间差，开发下一代新产品的时间，第一次设计出的全面满足客户要求的产品百分比。这类衡量指标综合了产品开发过程的三个至关重要的因素，即产品开发过程中开发成果和开发成本的回收、利润和实效。

（2）经营过程测评。

经营过程对于供应链创造价值的全过程而言是一个短周期过程，它包括从企业收到客户订单到向客户发售产品和提供服务的全部内容。供应链运作主要有四方面目标，即缩短提前期、弹性响应、减少单位成本、敏捷结构。首要的非财务指标主要集中在以下四类：运作质量指标、时间指标、弹性指标、目标成本指标。集成信息系统在帮助供应链企业分解、诊断集成指标中发挥了极其重要的作用。一旦异常信息在指标中得以体现，就可以通过整个集成的信息系统及时、准确地发现问题所在。经营过程的绩效可以通过以下指标衡量。

①供应链有效提前期率。

供应链有效提前期率反映了供应链在完成订单过程中有效的增值活动时间在运作总时间中的比率。其中包括两个指标：供应链响应时间和供应链增值活动总时间。这两个指标的计算公式为：

供应链响应时间＝客户需求及预测时间＋预测需求信息传递到内部制造部门的时间＋采购、制造时间＋制造终结点运输到最终客户的平均提前期（或者订单完成提前期）

$$供应链增值活动总时间 = \sum 供应链运作的相关部门增值活动的时间$$

则供应链有效提前期率的计算公式为：

$$供应链有效提前期率 = \frac{供应链增值活动总时间}{供应链响应时间}$$

该指标体现了供应链内部运作的增值时间在整个流程时间中所占的比例。通常组织之间的运作很大部分被非增值活动占用，很多资源被浪费了。为了达到世界级的供应链水平，必须保证合作企业之间的物流过程达到无缝衔接，以减少时间损失。

同种性质的指标还有库存闲置率，即供应链中库存闲置的时间和库存移动时间的比率。库存的闲置时间包含库存物料、WIP（在制品）、产品等形式在供应链运作中的总停止、库存、缓冲时间。库存移动时间则是指库存在加工、运输、发运中的总时间。库存闲置率指标表现了库存在整体运作中的时间占用，为提高库存经营效率提供依据。

②供应链生产柔性。

供应链生产柔性是指系统对于外部或内部干扰导致的变化所能做的调整范围。根据SCOR提出的定义，这个指标反映了由市场需求变动导致非计划产量增加20%后，供应链内部重新组织、计划、生产所消耗的时间。柔性制造系统、成组技术和计算机集成制造等先进生产技术的应用，为提高供应链整体柔性创造了条件。

③供应链目标成本达成比率。

目标成本法是一种全过程、全方位、全人员的成本管理方法。全过程是指供应链从生产到售后服务的一切活动，包括供应商、制造商、分销商在内的各个环节；全方位是指从生产过程管理到后勤保障、质量控制、企业战略、员工培训、财务监督等企业内部各职能部门各方面的工作及企业竞争环境的评估、内外部价值链、供应链管理、知识管理等；全人员是指从高层经理人员到中层管理人员、基层服务人员、一线生产员工。该指标从单一产品和流程的角度，分析其在质量、时间、柔性上的流程改进是否达到预定的目标。目标成本从产品开发开始就进入整个流程，和供应链的战略紧密联系。目标成本合理化而非最小化是供应链运作所要达到的主要成本目标。

④供应链运作质量。

质量已成为企业生存和发展的最基本条件和必要基础。因此供应链运作质量更注重供应链基础上的全面质量管理，以保证供应链运作的有效性和客户服务的真实能力。供应链运作质量综合反映在其运作对象——原材料、WIP、完工产品的产品（服务）的质量上。

⑤完美的订单完成水平。

完美的订单完成水平是物流运作质量的最终测量标准，也就是说，完美的订单体现总体整合的供应链厂商绩效，而非单一功能。它衡量一份订单是否顺利通过了订单管理程序的全过程，每一步都没有差错，且快速而准确。完美订单的完成一般应符合以下标准：一是完成所需的各项发送；二是根据客户提出的日期交货，发送偏差为 1 天；三是精确无误地完成订货所需的文件，包括包装标签、提单和发票；四是货品状态良好。

3. 财务角度

虽然供应链绩效的评价趋势开始重视非财务指标的评价，但财务绩效依然是所有复杂系统评价的核心，是供应链评价的重要指标。当供应链伙伴目标得以实现，供应链必须获得更高的收益和资本回收率，从而实现股东的利益。经营目标实现的目的是使成本大为降低，从而提高边际收益率，使现金流得以更好地优化。财务角度的绩效可以通过以下四个关键指标来有效地衡量。

（1）供应链内伙伴利润率。供应链内伙伴利润率反映供应链范围内各成员的利润分配平衡度，是反映供应链财务状况的重要指标之一。通过对供应链各成员利润的测量，能有效影响供应链收益在供应链成员之间的分配，从而有效地促进供应链整体绩效的提升。因此，对这个指标的评价能更有效地促进供应链成员之间的协作关系。

（2）现金周转率。这是一个与供应链整个业务流程相关的关键指标，它能够评价供应链运作过程中现金在原材料、劳动力、在制品、产成品等业务操作中全过程的周转状况。现金周转率是传统财务评价中的重要评价指标。供应链系统通过信息技术及产品流集成，协调合作伙伴之间的运作，可以达到提高现金周转率的目的。

（3）客户销售利润及增长率。这个指标主要表现的是财务绩效趋势，反映供应链产品单位时间内销售收入和利润率的增长情况。这类指标反映了供应链在三个方面的绩效：客户的销售量在单位时间内的增长情况、对于特定客户服务所获得的收益随着合作关系的增进而进一步提高的情况、接受产品或服务的基数增加的情况。扩大销售额、不断增加新的客户是实现新的利润增长点的主要方法。

（4）供应链资本收益率。该指标由供应链各节点企业获得的利润之和除以在此期间使用的供应链的平均资产，它反映了使用资产的增值性绩效的大小。

4. 创新/学习角度

创新/学习角度亦称为"所有战略的基础"，这个方面的成果将有助于其他三个领域的目标实现和业绩提高。供应链平衡计分卡模型中，对财务、客户和内部业务流程角度的评价主要是分析供应链当前的竞争力，但是成功的目标是不断变化的，供应链绩效必须能体现供应链的持续竞争力。严峻的全球竞争要求供应链必须不断改进和创新，发掘整合供应链内部和外部的资源，提高现有流程、产品/服务质量和开发新产品的能力。创新/学习角度的绩效主要通过以下四个指标来衡量。

（1）产品及流程的革新能力。这一评价指标包括两个方面：一方面是产品的更新换代能力，另一方面是对业务流程的革新能力。产品的更新换代能力主要包括新产品的数量、产品研发技术储备情况及专利申请数等。业务流程的革新能力主要是对供应链中客户个性化需求趋势的把握，并能根据这种变化对流程做相应调整。这种流程的革新不仅包括流程的重组，还包括供应链成员的优胜劣汰。

（2）成员间的协调能力。这个指标主要是评价供应链的组织性。它考察当供应链面临竞争的压力时，供应链管理层协调供应链成员调整自己的战略以适应新的竞争环境的能力。这种能力受企业文化、员工素质、组织及管理等各方面因素的影响。

（3）信息化水平。供应链的特点之一就是信息共享，这是维持供应链伙伴关系的关键。信息共享是供应链协调与协作的基础，要保证信息在供应链各成员之间准确、及时地流通，信息系统是实现这一目标的重要条件。供应链整体信息化水平，以及信息系统的重用及重构能力是评价供应链未来发展绩效的重要方面。信息共享的内容包括需求预测、销售点数据、生产计划、战略管理、客户目标等。

（4）危机应对能力。供应链本身是一个动态变化的过程，各种新出现的技术、环境变化及政策法规都对供应链核心竞争力产生重要的影响，因此要能及时发现潜在危机并有灵活的应对能力。

虽然平衡计分卡从财务、客户、内部业务流程及创新/学习四个相对独立的角度系统对组织进行评价，但是它们在逻辑上紧密相承，具有一定的因果关系。财务方面，为了获得较高的投资回报率，必须得到较高的客户满意度。如何才能得到较高的客户满意度呢？在客户方面要努力提高准时交货率。为了提高准时交货率，在内部业务流程方面，一要保证产品质量，二要控制生产周期，实现敏捷生产。如何实现敏捷生产呢？在创新/学习方面，就要做到不断提高员工的技能。

（二）平衡计分卡的特点

平衡计分卡的特点主要有以下几个方面。

1. 财务与非财务的平衡

在平衡计分卡中，既包括财务指标，如营业收入、利润、投资回报率等指标，又包括非财务指标，如客户保有率、合格品率、客户满意度等指标。传统的绩效评价体系主要是以财务指标（如利润、投资回报率）为主，它能够综合地反映公司的业绩，与营利组织的主要目标直接联系，故容易被公司和股东接受。但财务指标也有不足之处：一方面，财务指标本身不能揭示绩效的动因或绩效改善的关键因素；另一方面，财务指标主要是偏重于公司内部评价，忽视了对外部环境（如客户、市场）的分析。平衡计分卡则弥补了上述的不足，它兼顾财务、客户、内部业务流程、创新/学习四个方面的内容，做到了财务指标和非财务指标的有机结合，实现了公司内部和外部之间、财务结果和这些结果的执行动因之间的平衡。这就体现了财务与非财务的平衡。

2. 结果与动因的平衡

在平衡计分卡中，既包括结果指标，又包括动因指标。如客户满意度指标能够促使企业扩大销售，从而提高企业的利润。在这里，利润作为一种结果指标，而客户满意度指标就是动因指标。因此平衡计分卡不仅是重要指标或重要成功要素的集合，它还包括一系列相互联系的目标和联系方法。平衡计分卡包括各种重要变量之间的一系列复杂的因果关系，同时包括对结果的衡量和对业绩的影响因素，而且这些因果关系描述了企业战略的轨道。一项战略就是关于因果的一系列设想。所采用的衡量系统应当明确规定各个不同方面的目标和衡量方法之间的关系，以便于管理它们和证明其合理性。

3. 长期与短期的平衡

在平衡计分卡中，既包括短期指标，如成本、利润等指标，又包括长期指标，如客户满意度、雇员满意度、雇员培训次数等指标。平衡计分卡不仅是控制行为和评估历史业绩的工具，还可以用来阐明战略和传播企业战略，帮助衔接个人、组织及部门间的计划，以实现共同的目标。同时组织的所有成员均沿着创新/学习、内部业务流程、客户、财务这条因果关系线不断修正自己的行动，使成员的日常工作与组织的战略保持一致。因此，平衡计分卡成为联系长期战略和短期行为的桥梁，体现了长期与短期的平衡。

4. 外部与内部的平衡

在平衡计分卡中，既包括外部评价指标，又包括内部评价指标。如客户满意度指标是通过客户的调查而得到的，反映了外部人员对本企业的评价，是外部评价指标。而合格品率、培训次数、成本、雇员满意度等指标是企业内部员工对本企业的评价，是内部评价指标。股东和客户是外部群体，而员工和内部业务流程是内部群体，内部方面的战略是取得外部战略的驱动因素。高层管理者平衡计分卡倾向于外部战略，着重于最重要的战略性利益相关者的目标，即股东和客户的目标，它主要用外部指标来指导和检验目标的实现情况；而基层的员工平衡计分卡则关注内部战略，主要是用来诊断企业内部问题和实现内部过程的优化，从而达到战略目标的实现及内部指标的分解。每个外部指标的背后都有若干个内部指标的支持。这就体现了平衡计分卡外部与内部的平衡。

5. 领先指标和滞后指标的平衡

财务指标描述的是已经完成了的事情，以财务指标为主的传统经营绩效评价体系，对于评价和指导信息时代的企业如何创造未来价值是远远不够的。通过平衡计分卡的四个角度的内容，经营管理者可以计量和控制公司及其内部各单位如何为现在和未来的客户创造价值，如何建立和提高内部生产能力，以及如何为提高未来经营绩效而对企业进行投资。

二、供应链运作参考模型

（一）SCOR 的提出

1996 年由美国物流协会制定了的第一个标准的供应链流程参考模型（Supply Chain Operations Reference Model，SCOR），是供应链的诊断工具，适合于不同工业领域，涵盖了所有行业。SCOR 使企业间能够准确地交流供应链问题，客观地评测其性能，确定性能改进的目标，并影响今后供应链管理软件的开发。模型通常包括一整套流程定义、测量指标和比较基准，以帮助企业开发流程改进的策略。

SCOR 主要由四部分组成：供应链管理流程的一般定义、对应于流程性能的指标基准、供应链"最佳实施"的描述以及选择供应链软件产品的信息。基于 SCOR 的绩效评价方法是将业务流程重组、标杆管理及最佳业务分析等领域组合集成为一个多功能一体化的模型结构，为企业供应链管理提供一个跨行业的普遍适用的标准。SCOR 从周转时间、成本、服务/品质、资产利用等方面制定指标，评估供应链绩效。

（二）SCOR 的三个层次

SCOR 按流程定义的详细程度可分为三个层次，每一层都可用于分析企业供应链的运作。在第三层以下还可以有第四层、第五层、第六层等更详细的属于各企业所特有的流程描述层次，这些层次中的流程定义不包括在 SCOR 中。

1. 第一层：定义层

SCOR 的第一层为定义层，它将供应链分为了五个基本流程（见图 10-5），即计划（Plan）、采购（Source）、生产（Make）、配送（Deliver）和退货（Return），分别简称 P、S、M、D、R。其中计划流程是核心流程，其余四个流程是执行流程。计划流程对其余四个流程起到协调和控制的作用。每个流程及其按层次分解后的自流程都有一个标准化的规范代号，以便于描述、交流和分析。

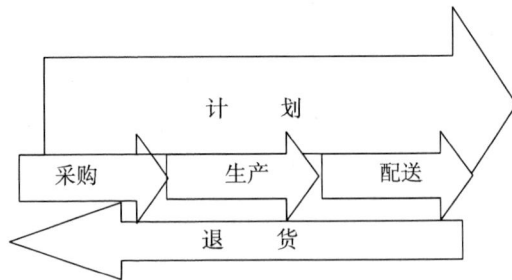

图 10-5　供应链定义层流程

2. 第二层：配置层

SCOR 的第二层是配置层，它是一个配置资源的过程。在这一层上需要分析原料在整个供应链的流动过程。它以组织的计划为基础，通过组织基础设施来不断完善和调整这一过程。例如，生产的产品类型，它们是怎样运输的将会影响到它们在供应链中是怎样配置的。

第二层由若干种核心流程类型组成。企业可选用该层中定义的标准流程单元构建它们的供应链。每一种产品或产品型号都可以有它自己的供应链。大多数都是从 SCOR 的第二层开始构建它们的供应链，此时常常会暴露出有流程的低效或无效缺点，因此需要花时间对现有的供应链进行重组，以减少供应商、工厂和配送中心的数量。

如计划的第二层流程包括计划供应链 P_1、计划采购 P_2、计划生产 P_3、计划配送 P_4、计划退货 P_5 等几类；采购的第二层流程分为采购库存产品 S_1、采购按订单生产的产品 S_2、采购按订单定制的产品 S_3；生产的第二层流程分为按库存生产 M_1、按订单生产 M_2、按订单定制 M_3；配送的第二层流程包括配送库存产品 D_1、配送按订单生产的产品 D_2、配送按订单定制产品 D_3；退货的第二层流程分为有缺陷产品退货 DR_1、保修品退回 DR_2、多余产品退货 DR_3 等。SCOR 模型流程如图 10-6 所示。

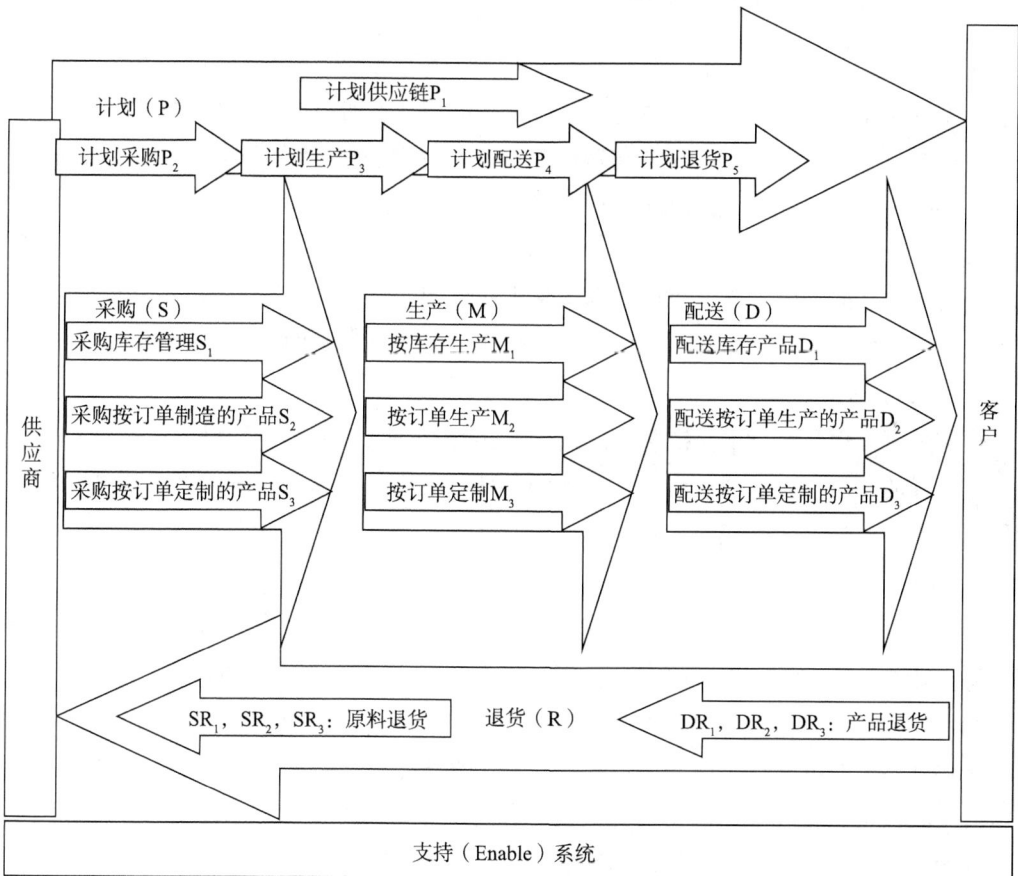

图 10-6 SCOR 模型流程

SCOR 把供应链管理的基础工作定义为支持（Enable）系统，包括计划支持、采购支持、生产支持、配送支持、退货支持几种类型，具体内容包括规则的建立和管理、业绩表现评估、信息系统与数据管理、库存管理、资产管理、运输管理、供应链配置管理、遵守法规管理等。支持系统的标准模块的代号是"E"加上相应的流程代号组成，如 ES 表示采购支持模块。

3. 第三层：流程元素层

SCOR 的第三层是流程元素层，是对过程影响因素进行分析。这一层将更深入地对组织进行研究，细化工作和信息在供应链中是怎样流动的。这一层关注一些重要环节，包括投入和产出，以及一些目标、性能和衡量指标，还有一些保障它们的基础设施。在这一层上，组织可以确认这些改进对这个供应链的影响。第三层是和第二层息息相关的，它是对第二层的性能衡量标准的回应和系统的反映。

SCOR 的第三层继续用定义的标准流程对第二层模块进行细化，描述第二层中每个流程分类中流程元素的细节，并定义各流程元素所需要的输入和可能的输出。具体包括流程流、输入和输出、输入的采购、输出目的地。

（三）基于 SCOR 的供应链绩效评价

SCOR 在五个流程的基础上对供应链及节点企业进行绩效考核，确定了五个性能特征，并建立相应的绩效指标体系。其中前三个特征是可靠性、回报率和可行性的问题，它们是面向用户的。剩下两个特征是成本和费用指标。和这些特征相关的是第一层的衡量标准。基于 SCOR 的评价体系，通过计分卡的形式分别给出当前的指标与目标水平、行业一般水平、同行业最好水平的关系，从而帮助企业找出供应链及节点企业急需改进的方面和途径。通过对指标的实时分析与评价，来反映供应链的实时运营。需要明确的是，企业不可能满足所有的衡量标准。因此，关键是要选择能反映客户需求的那些标准。

1. 供应链可靠性

供应链可靠性是衡量供应链整体配送的性能特征，是指能否在正确的时间、正确的地点，将正确的产品、正确的包装，在正确的条件下将产品送达到正确的客户手中。评价指标可以选择配送性能、完成率、完好的订单履行。

2. 供应链反应能力

供应链反应能力是测评企业将产品送达客户的速度。具体的衡量指标为订单完成提前期，即企业在接受客户订单到将产品生产出来送达客户手中所需要的时间。

3. 供应链柔性

供应链柔性是衡量供应链面对市场变化获得和维持竞争优势的灵活性。在市场经济条件下，客户需求瞬息万变，技术发展迅速，要求企业能够跟上客户的需求变化速度，加快对客户需求的响应，不断提高生产的柔性。

具体的衡量指标有供应链的需求响应时间、生产的柔性（包括产品的柔性、时间的柔性、数量的柔性）和平均运输时间。

4. 供应链总成本

供应链总成本是指供应链运营所耗费的总成本，可以用来测评供应链运营的效率。供应链在运营中所损耗的成本越低，获利的空间越大，盈利的可能性就越大。具体的指标有产品销售成本、运输成本、存货成本、供应链管理总成本。

5. 供应链资产管理

供应链资产管理是指一个组织为满足需求而对资产（包括固定资产和流动资产）进行有效管理的能力，可衡量供应链内各企业利用资本的有效性。提高资本的利用率，可以提高企业的总体盈利水平，降低不良资产率，增强供应链整体资产运营的灵活性。具体的衡量指标为现金周转时间、存货的供应天数、资金周转。

SCOR 给出了各性能指标的计算公式，其中有些指标的计算方式不是绝对的、固定的，可以根据企业的具体情况做合理的调整，主要是要与所达到的目标和基准保持一致，同时还要与供应链上下游企业的绩效指标计算方法保持一致。在指标计算中，由于涉及的项目多，许多指标的计算难度比较大，各项具体计算可根据企业实际情况进行选择。

三、供应链管理绩效水平评价参考模型

供应链管理绩效水平评价参考模型（Supply Chain Performance Metrics Reference Model，SCPR），是由中国电子商务协会供应链管理委员会于 2003 年 10 月制定发布的，是评价中国企业供应链管理绩效水平，指导中国企业科学有效地实施供应链管理工作的指导性参考模型。制定该模型的目的是：科学判断企业的供应链管理绩效水平；科学指导企业的供应链管理工作；规范中国供应链管理行业的服务行为；有效避免 IT 黑洞；推进中国企业核心竞争能力的提升。

（一）SCPR 的指标体系

SCPR 的指标体系由五大类指标组成，分别从不同的方面对企业的供应链管理绩效水平进行评价。

1. 订单反应能力指标

供应链的最终目标是为最终客户及时准确地提供其所需要的产品，当接收到客户的订单后，在多长的时间内处理订单，完成货物交付，既是衡量供应链管理绩效水平的重要指标，也是对客户服务水平客观评价的基础，具体又有二、三级指标。

2. 客户满意度指标

供应链对客户的服务水平如何，最终还是需要客户来判断的，这是供应链客户服务水平的主观评价，具体又有二、三级指标。

3. 业务标准协同指标

供应链管理是一个长期的过程，不仅要通过供应链管理平台奠定供应链管理工作的基础，更重要的是通过业务标准协同，规范供应链上不同产权主体的业务行为和具体操作。业务标准就是指导供应链上各节点企业在业务上协同作业的约束条款和工作标准。有无业务标准、业务标准是否完整科学、业务标准是否得到坚决的执行等因素，是决定供应链管理水平乃至整个供应链管理工程成败的关键，所以 SCPR 强调业务标准，并将其作为评价

供应链管理绩效水平的重要指标，具体又有二、三级指标。

4. 节点网络效应指标

供应链管理具有明确的网络效应，即加入供应链的企业越多，整个供应链的价值越大，为最终客户创造的价值越明显；加入供应链的企业越多，整个供应链运作的复杂性越高，需要的价值链管理水平也越高，所以可以通过评价供应链的企业数量、互动能力等因素，来评价供应链管理绩效水平，具体又有二、三级指标。

5. 系统适应性指标

供应链管理的实现，乃至整个供应链管理工程的基础就是基于应用平台的系统功能，但系统功能必须和企业业务能力相适应。系统功能不能落后于业务能力，更不能盲目地超前业务能力，所以系统适应性对衡量供应链管理绩效水平至关重要，具体又有二、三级指标。

（二）SCPR 供应链绩效评价方法

1. SCPR 三级指标及权重

SCPR 根据各指标的重要性，为一级指标和三级指标分配了不同的权重，具体内容如表 10-1 所示。

表 10-1　　　　　　　　　　　SCPR 的三级指标及权重

一级指标及其权重	二级指标	三级指标	三级指标权重
订单反应能力（15%）	反应速度	订单信息处理方式	15%
		订单延迟率	10%
		订单完成总平均周期	10%
	反应可靠性	订单货物延迟率	5%
		订单处理准确率	10%
		订单满足率	10%
		订单协同程度	10%
	反应适应性	销量预测准确率	15%
		按照订单生产比率	10%
		订单风险管理能力	5%

一级指标及其权重	二级指标	三级指标	三级指标权重
客户满意度指标（15%）	产品质量	质量合格率	5%
	产品价格	同比价格比较优势	5%
		平均单品促销频率	10%
	客户服务水平	客户抱怨处理率	15%
		异常事件处理能力	5%
		客户查询回复时间	5%
		对账处理	15%
		退换货处理	10%
	产品可靠性	准时交货率	15%
		客户抱怨率	15%
业务标准协同指标（20%）	业务标准相关性	与系统功能的耦合性	15%
		与现有业务能力的相关性	10%
	业务标准覆盖范围	业务活动协同	15%
		管理活动协同	5%
		财务和资金协同	10%
	业务标准灵活性	持续优化机制	10%
		内外标准协同	15%
	业务标准执行力	业务标准是否尽知	10%
		执行控制力	10%
节点网络效应指标（25%）	系统覆盖率	协同使用供应链管理系统	15%
		外部节点覆盖程度	15%
		最低单一节点覆盖面	10%
	节点互动性	是否支持移动应用	10%
		能够信息跟踪和实时提醒	10%
	系统依赖性	业务对系统的依赖程度	15%
		业务人员对系统的依赖程度	15%
		管理人员对系统的依赖程度	10%

续表

一级指标及其权重	二级指标	三级指标	三级指标权重
系统适应性指标（25%）	系统拥有成本	一次性投入成本	15%
		使用成本	10%
		升级成本	10%
	系统实现方式	系统建设方式	10%
		系统接入方式	5%
	系统扩展性	系统改进能力	15%
		新增用户能力	15%
	系统建设风险	服务提供商专业能力	20%

2. 计算方法

（1）供应链管理水平评价得分。供应链管理水平评价得分如下：

$$B = \sum_1^5 W_i S_i$$

式中：B——供应链管理水平评价得分：

　　　W_i——第 i 个一级指标的权重；

　　　S_i——第 i 个一级指标的得分。

（2）一级指标的得分。一级指标的得分计算公式如下：

$$S_i = \sum_1^n W_{ij} C_{ij}$$

式中：S_i——第 i 个一级指标的得分。

　　　W_{ij}——第 i 个一级指标的第 j 个三级指标的权重；

　　　C_{ij}——第 i 个一级指标的第 j 个三级指标的得分。

3. SCPR 的结果

SCPR 的结果有以下三种类型。

（1）得分表：可计算总体得分和各一级指标、二级指标、三级指标的得分；

（2）指示灯图：显示所有一级指标、二级指标、三级指标的得分和地位；

（3）柱状图：显示所有一级指标、二级指标、三级指标的地位。

四、标杆管理法

（一）标杆管理介绍

标杆管理也称基准管理，是一种通过确认最优做法并实施最优做法的方式来改善业绩的方法。美国生产力和质量中心对标杆管理的定义是：标杆管理是一个系统的、持续性的评估过程，通过不断将企业流程与世界上居领先地位的企业相比较，以获得帮助企业改善经营绩效的信息。国内学者将标杆管理的概念概括为：不断寻找和研究同行一流企业的最佳实践，以此为基准与本企业进行比较、分析、判断，从而使自己的企业得到不断改进，进入赶超一流企业创造优秀业绩的良性循环过程。从这个定义可以看出，标杆管理的核心是向业内或业外的最优企业学习，通过学习，企业重新思考和改进经营实践，创造自己的最佳实践。

　　标杆管理认为传统的建立绩效目标的方法是不全面的。利用过去的标准或者与企业内部标准比较的方法，都不能引导企业了解竞争对手、为企业制订提高绩效能力的计划提供充分的信息。作为一种信息来源，特别是当建立标杆过程或者对不同企业的功能活动具有共用性时，从合作伙伴身上获得标杆信息往往比从竞争对手那里更容易。标杆法对那些没有处于领先地位的企业是非常有用的。例如，一个企业发现竞争对手推出一种新产品，然后赶紧分析它的产品具有竞争力的原因，通过标杆的实施过程找到竞争对手的优势，这就是标杆管理的运用。企业可以利用在标杆过程中获得的知识，创造各种方法，超过竞争对手。

（二）标杆管理的实施步骤

　　标杆管理的具体实施内容要因行业而异、因企业而异，因为不同行业、不同企业有不同的衡量标准。要根据企业自身所处的行业发展前景，结合企业发展战略，考虑成本、时间和收益，来制订企业标杆管理的计划。企业坚持系统优化的思想，追求企业总体的最优，根据获益的可能性确定标杆管理的内容、环节和先后次序，逐层深化。另外，标杆管理一定要注重实施的可操作性。标杆管理实施步骤如图10-7所示。

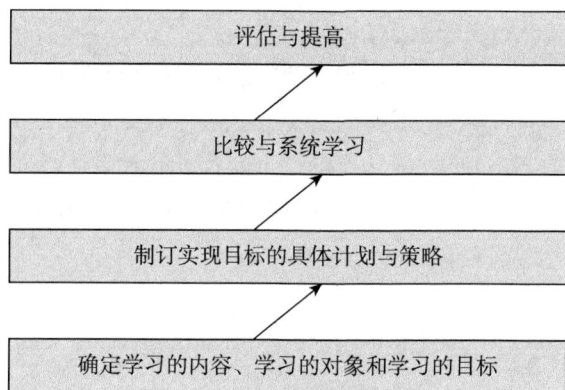

图10-7　标杆管理实施步骤

　　1. 确定学习的内容、学习的对象和学习的目标

　　企业实施标杆管理，首先要确定学习的内容（标杆项目）和学习的对象（标杆企业），并确定实施标杆管理需要达到什么样的目标（标杆目标）。标杆项目的选择因标杆类型的不同而不同，也因企业的优势和劣势的不同而不同。分析最佳模式与寻找标杆项目是一项比较烦琐的工作，需要开发一套对标杆的研究策略。其中包括：其一，实地考察，收集标杆数据；其二，处理、加工标杆数据并进行分析；其三，与企业自身同组数据进行

比较，进一步确立企业自身应当改进的地方。必要时还需要借助外部咨询和外部专门数据库。在大量收集有关信息和有相关专家参与的基础上，针对具体情况确定不同的比较目标；可以在企业内部寻找绩效好、效率高的部门作为比较目标，也可以在行业内寻找其他先进企业作为比较目标，甚至将不同行业的先进企业作为比较目标。另外，在分析对比同行业中的企业时，不仅要参考行业排名第一的企业，还要参照一些与自身相近的企业，全面而准确地分析威胁与机会、优势与劣势，从而制定可操作的、可实现的分步实施目标。

2. 制订实现目标的具体计划与策略

制订实现目标的具体计划与策略是实施标杆管理的关键。一方面要创造环境，使企业中的人员能够自觉自愿地进行学习和变革，以实现企业的目标；另一方面要创建一系列有效的计划和行动，通过实践赶上并超过比较目标，这是打造企业核心竞争力的关键。因为标杆本身并不能解决企业存在的问题，企业必须根据这些具体的计划采取切实的行动，实现既定的目标。

3. 比较与系统学习

企业要将本企业指标与标杆指标进行全面比较，找出差距，分析差距产生的原因，然后提出缩小差距的具体行动计划与方案。在实施计划之前，企业应当培训全体员工，让员工了解企业的优势和不足，并尽量让员工参与具体行动计划的制订，只有这样才能最终保证计划的切实实施。标杆管理往往涉及业务流程再造，需要改变一些人旧有的行为方式，甚至涉及个人利益，因此，企业方面要解除思想上的阻力，更重要的是创建一组最佳的实践和实现方法，赶上并超过标杆对象。

4. 评估与提高

实施标杆管理是一个长期的渐进过程。在每一轮学习完成时，都需要重新检查和审视对标杆研究的假设和标杆管理的目标，以不断提升实施效果。标杆管理只有起点没有终点。企业应当在持续学习中不断把握机遇、提升优势，避免危机、发扬优势。

上述标杆管理实施步骤只是标杆学习的一个流程，企业在实施标杆管理的过程中，应当从整个企业系统出发，持续循环地实施标杆学习。每个循环都需要围绕标杆管理的目标、概念和对标杆研究假设进行思考。

项目小结

本项目介绍了供应链绩效评价的内涵、作用、特点和基本流程，供应链绩效评价的具体指标，以及平衡计分卡模型、供应链运作参考模型、供应链管理绩效水平评价参考模型、标杆管理法等。

同步测试

一、判断题

1. SCPR 是中国电子商务协会供应链管理委员会于 2003 年 10 月发布的，它是第二个标准的供应链流程参考模型。   （   ）

2. 平衡计分卡模型是基于财务与非财务相结合的结构化的企业绩效评价体系，它以综合、平衡为原则。   （   ）

3. SCOR 采用流程参考模式，管理者借助其分析企业目标和流程的现状，对供应链业务运作绩效进行量化评价，并将其与绩效目标值进行对照、分析，进而优化供应链绩效。
                                                      （   ）

二、选择题

1. SCOR 按流程定义的详细程度，可分为（   ）个层次。

A. 二   B. 三   C. 四   D. 五

2. SCOR 第一层包括（   ）个基本流程。

A. 二   B. 三   C. 四   D. 五

3. （   ）在一定程度上可以反映供应链企业生产的产品是否适销对路。

A. 产销率   B. 产需率

C. 平均产销绝对偏差   D. 供应链产品出产循环期或节拍

4. （   ）指节点企业混流生产线上同一种产品的出产间隔期。

A. 供应链产品投产节拍   B. 供应链产品出产节拍

C. 平均产销绝对偏差   D. 供应链产品出产循环期

5. （   ）反映供应链的核心竞争力。

A. 供应链产品质量   B. 新产品开发率

C. 专利技术拥有比例   D. 客户满意度

三、简答题

1. 供应链绩效评价的含义是什么？
2. 供应链绩效评价指标有哪些？
3. 平衡计分卡模型的内容是什么？
4. SCOR 的三个层次分别是什么？
5. SCPR 的一级指标有哪些？

项目十一 供应链绩效管理的优化设计

知识目标

1. 了解业务流程重组的工具与实施步骤；
2. 掌握供应链网络结构优化设计的影响因素与内容；
3. 理解数字化供应链与智慧化供应链；
4. 掌握供应链系统优化的方法。

技能目标

1. 能简单利用业务流程重组优化供应链；
2. 能利用网络结构优化工具优化供应链网络；
3. 能利用大数据和信息技术改进供应链。

案例导入

雅芳改造供应链

雅芳是世界上领先的美容产品直销商，通过 390 万个独立的销售代表向 145 个国家的消费者销售。雅芳最初的重点是营销和销售，多年来一直忽视了供应链的管理。20 世纪 80 年代，在欧洲，雅芳仅在 6 个国家设立了分支机构，每一个分支机构都有各自的工厂和仓库来供应当地的市场。这些分支机构都是独立运作的，有独立的信息系统，没有整体的计划和共同的生产、营销和分销体系。到了 20 世纪 90 年代初期，雅芳开始把它的关键品牌进行全球化。

首要面临的问题是公司的销售周期与供应链根本不匹配。在大部分欧洲市场，雅芳每 3 个星期就会开展一轮新的销售活动——推出新的宣传材料、新的赠品和促销活动。这种短销售周期是雅芳直销模式的基石。短的销售周期需要一个灵活、反应灵敏的供应链。然而，产品要经过从原材料到生产、再到分销，平均需要 12 周的时间。

这种时间上的不匹配导致了每一次销售活动都会出现一些仓促的解决方法和低效率的现象。随着业务的增长，满足不同市场和精确预测不同产品需求的难度越来越大。自从雅芳开始以每年进入 2~3 个新市场的速度增长以来，难度就更大了。

由于 40%~50% 的品种的产品销售都会超出预期，工厂要经常打断进度表，从生产一种产品转到生产另一种产品，所以紧急补充订单经常破坏生产效率。另外，转换成本很高，因为工厂的设计模式是适用于大批量生产的。由于在每一个销售周期都会存在一部分产品的销售量小于预测数，所以雅芳积压的产品逐渐增加，存货水平高达150天。

雅芳重新设计了供应链，保留了它在德国的工厂，同时把其他的工厂都集中到了波兰。还在波兰建立了一个集中的存货中心，在那里给产品贴标签、装货，为公司在欧洲的分支机构服务。雅芳还努力使它的包装盒标准化，以降低成本，提高效率。过去每一种产品都有不同的包装瓶和形状，现在用瓶盖、颜色和标签来实现产品的差异化。生产会变得更加灵活，供应商现在可以用更有效的高速生产线生产雅芳的包装盒，产品成本也会降低。雅芳优化减少了供应商数量，请供应商帮忙设计一些成本效率最高的新包装瓶。在很多情况下，雅芳调整自己的方法，以便供应商能够以成本效率更高的方式生产。

任务一　供应链绩效管理的设计

企业一方面通过供应链评价指标，发现供应链绩效管理中存在的问题，另一方面为响应外部环境和客户需求的快速变化，需对供应链不断进行改进，促进供应链的顺畅发展，进而提升供应链的整体绩效。

一、供应链管理环境下的业务流程重组

（一）业务流程重组

1. 业务流程的概念

要了解供应链管理环境下的业务流程重组，首先要知道什么是业务流程。被誉为企业再造大师的迈克尔·哈默和詹姆斯·钱皮认为，业务流程是一系列活动的组合，这些活动具有一定的层次性，通过这些活动可以实现价值的创造。也有的学者认为，业务流程是在特定时间产生特定输出的一系列客户、供应商关系。

从广义来看，业务流程是为达到特定的价值目标而由不同的人共同完成的一系列活动。活动之间不但有严格的先后顺序限定，而且活动的内容、方式、责任等也都必须有明确的安排和界定，以使不同活动在不同岗位角色之间进行转手交接成为可能，活动与活动之间在时间和空间上的转移可以有较大的跨度。

厘清业务流程的概念，对于企业的发展具有重要意义，主要体现在以下几个方面。

（1）可以实现对企业关键业务的描述。

（2）对企业的业务运营有着指导意义，这种意义体现在对资源的优化、对企业组织机构的优化以及对管理制度的一系列改变。

（3）有利于降低企业的运营成本，提高企业对市场需求的响应速度，争取企业利润的

最大化。

2. 业务流程重组

业务流程重组又称为企业流程再造（BPR），由美国著名管理专家迈克尔·哈默教授首先提出，随后众多学者对其进行研究，许多企业如福特、柯达等通过业务流程重组获得新生。

关于业务流程重组的定义有较多的提法，比如有的观点认为业务流程重组就是对组织中及组织间的工作流程与程序的分析和设计；有的观点认为业务流程重组是使用信息技术从根本上改变企业流程以达到企业主要目标的方法性程序；也有的观点认为业务流程重组是对企业流程的基本分析与重新设计，以获取绩效上的重大改变。它的奠基人迈克尔·哈默和詹姆斯·钱皮对其定义为：业务流程重组是对企业的业务流程做根本性的思考和彻底重建，其目的是在成本、质量、服务和速度等方面取得显著的改善，使企业能最大限度地适应以客户、竞争、变化为特征的现代企业经营环境。

尽管描述不尽相同，但它们的内涵是相似的，业务流程重组的实质是一个全新的企业经营过程，这个过程要不受现有部门和工序分割的限制，以一种最简单、最直接的方式来设计企业经营过程，要面向经营过程设置企业的组织结构，以实现企业重组。本书将业务流程重组定义为：通过对企业战略、增值运营流程以及支撑它们的系统、政策、组织和结构的重组与优化，以达到工作流程和生产力最优化的目的。

业务流程重组理论的发展动力，一方面来源于现实的需求，另一方面来源于现代信息技术的发展。近年业务流程重组理论的发展呈现出以下两个趋势。

一方面，对业务流程重组的研究有向着业务流程管理方向发展的趋势。业务流程管理理论认为企业的业务流程具有生命周期，分为识别需求、设计流程、执行并优化流程、流程重组4个阶段。企业的业务流程重组并不是一劳永逸的，当客户需求发生变化时，企业必须及时进行新的流程重组，以替代原有流程。

另一方面，业务流程重组理论的研究与组织变革理论研究相融合。为适应激烈和复杂的竞争，企业必须实行组织变革。企业实施业务流程重组必然涉及企业内部的组织变革，理解组织变革与业务流程重组之间的关系，正确认识组织变革对业务流程重组的作用，对于保证业务流程重组的成功具有重要作用。业务流程重组理论与组织变革理论的融合，使业务流程重组理论更加趋于完善。

（二）供应链管理环境下企业流程重组

供应链管理环境下的企业流程重组将从集成和协调的角度出发，对整条供应链的业务流程进行重新设计，从而使供应链的绩效指标取得显著改善。所以，供应链管理环境下的业务流程重组的对象不只是某个节点企业内部的业务流程集成，而是对整条供应链上所有节点企业的业务流程进行集成。每个节点企业通过参与供应链的流程重组，利用信息共享来实现业务协调，建立供应链企业间的顺畅连接，消除额外的管理费用，降低成本及存货，提高供应链的响应速度和整体效益。

　　为了深入开展供应链管理环境下企业流程重组，下面从企业内部业务流程的变化、制造商与供应商之间的业务流程变化及信息技术三个方面，讨论实施供应链管理给企业业务流程带来的变化。

　　1. 企业内部业务流程的变化

　　供应链管理的应用，提高了企业管理信息化的程度。从国外实施供应链管理的成功经验来看，这些企业无论其规模大小，一般都有良好的计算机辅助管理基础。借助先进的信息技术和供应链管理思想，企业内部的业务流程发生了较大变化。以生产部门和采购部门的业务流程关系为例，在过去人工处理的条件下，生产部门制订出生产计划后，由采购部门编制采购计划，再经过层层审核，才能向供应商发出订货。由于流程冗长，且信息流经的部门较多，不免出现脱节、停顿、反复等现象，导致一项业务要花费较多的时间才能完成。在供应链管理环境下，利用一定的信息技术作为支撑平台，可以实现数据共享，实现并行处理，因而有可能使原有的工作方式发生改变。例如，生产部门制订好生产计划后，采购供应部门可以通过数据库读取计划内容，计算需要消耗的原材料、配套件的数量，并迅速制订出采购计划。通过查询数据库的供应商档案，获得最佳的供应商信息后，就可以迅速向有关供应商发出订货单。更进一步地，还可以通过互联网或 EDI 直接将采购信息发布出去，由供应商接受并处理。

　　2. 制造商与供应商之间的业务流程变化

　　在供应链管理环境下，制造商与供应商、制造商与分销商、供应商与供应商之间通常要通过互联网或 EDI 进行业务联系。由于电子商务的发展，许多过去必须通过人工处理的业务环节，在信息技术的支持下变得更加简捷，甚至有的环节都不需要了，从而引起了业务流程的变化。比如，以前供应商总是在接到制造商的订货要求后，才进行生产准备等工作，等到零部件生产出来，已经过去了很长时间。这样一层一层地传递下去，导致产品生产周期变长。而在供应链管理环境下，合作企业间通过网络技术及时地获得需求方生产进度的实时信息，进而主动地做好供应或出货工作。再比如，供应商可以通过互联网了解制造商配件的消耗情况，当库存量快要达到订货点时，就可以在没有接到制造商要货订单前主动做好准备工作，从而极大地缩短了供货周期。由于这种合作方式的出现，原来那些为处理订单而设置的部门、岗位和流程都可以考虑重新设计。

　　3. 信息技术

　　在供应链管理环境下，企业内部业务流程和外部业务流程出现的变化并不是偶然情况，有两方面的原因可以说明这一点：一是"横向一体化"管理思想改变了管理人员的思维方式，扩展了企业的资源概念，使其更倾向于与企业外部的资源建立配置联系，因而加强了企业间业务流程的紧密性；二是供应链管理促进了信息技术在企业管理中的应用，使并行工作成为可能。在信息技术比较落后的情况下，企业间或企业内部各部门间的信息传递都要借助于纸质媒介，这就制约了并行处理的工作方式。在这种落后的信息处理情况下，顺序处理成为最可靠的工作方式。而现在情况又不同了，为了更好地发挥供应链管理的潜力，人们开发了许多管理软件，借助于强大的数据库和网络系统，供应链企业可以快速交换各类信息。因此，实施供应链管理的企业，不管其对内的还是对外的信息处理技术都发生了巨大变化，这一变化直接促使企业业务流程也不同程度地发生了变化。

（三）业务流程重组的工具与实施步骤

1. 业务流程重组的注意事项

（1）要适应企业的发展战略

企业要成功实施业务流程重组，必须充分考虑企业的发展战略。企业根据未来的发展战略规划，对各项运作活动及细节进行重组、设定与阐述。

（2）面向流程的企业重组

在传统的职能管理模式下，业务流程被分割为各种简单的任务，各职能部门只负责本部门相应的任务，造成职能经理只关心本部门的局部效率，而忽视了流程的整体效率。面向流程就是着眼于整体及其供应链流程最优，打破部门甚至企业之间的界限，以流程的产出和客户（包括内部客户）为中心，协调、重组相关的资源和活动，提高效率和对客户需求的响应速度。

（3）建立面向客户满意的业务流程

业务流程重组的重要依据是客户需求。要更好地获取客户的意见和需求，以客户的需求为出发点，及时进行经营决策调整，以提高客户满意度。

2. 业务流程重组的工具

要顺利地进行业务流程重组，还需要了解一些进行业务流程重组的方法和工具。参加业务流程重组的成员如果能够有效地利用现代的业务流程重组工具，就可以更有效地对企业中的问题流程进行改造，将业务流程重组各个阶段的工作有机地协调起来。

（1）传统的方法

①头脑风暴法

运用头脑风暴法有助于发现现有企业流程中的弊端，并提出根本性的改造设想。在运用头脑风暴法进行讨论时，鼓励与会者提出尽可能大胆的设想，同时不允许对别人提出的观点进行批评。头脑风暴法可用于讨论企业战略远景规划、决定企业再造时机。

②德尔菲法

德尔菲法常用来论证企业重组方案的可行性。可以将初步的重组方案发给若干事先选定的相关行业专家，征求他们的意见，然后再将整理和分析后的反馈意见发给专家，让他们考虑其他专家的看法，对有分歧的地方进行更深入的思考。这样，经过几轮征集，最终可获得比较一致的意见。

③价值链分析方法

价值链分析方法视企业为一系列的输入、转换与输出的活动序列集合，每个活动都有可能相对于最终产品产生增值行为，从而增强企业的竞争地位。基于价值链分析方法的企业的活动可分为主要活动与辅助活动两种。两种活动因企业或行业不同而具体形式各异，但所有的企业都是从这些活动的链接和价值的积累中产生了面向客户的最终价值。将一个企业的活动分解开来，并分析每一个链条上活动的价值，就可以发现究竟哪些活动是需要改造的，因此价值链分析法可用于分析和选择企业需要改造的流程。

④标杆瞄准法

企业在进行业务流程重组时，可以参照行业内的标杆企业。每个行业都有一些领军企业，这些企业的做法具有一定的可借鉴性。丰田汽车的投资回报率曾被作为日本汽车行业的标杆。当其他公司发现自己的投资回报率还不到丰田的一半时，他们就能意识到问题的严重性。标杆瞄准法可用在设立改革的目标和远景、确定流程重组的基准等方面。

（2）现代的方法

①结构化分析和设计技术

结构化分析和设计技术（Structured Analysis and Design Technique，SADT）是一种功能和数据分析、分解技术，其核心思想是将系统的功能自上而下逐层分解成多个子功能，并在功能分解的同时进行相应的数据处理。在这种方法中，首先将整个系统作为一个功能顶层图来绘制，然后再逐级细化，分解成不同详细程度的数据流程图，直到满足需要为止。SADT 是企业通用的建模方法，是指导企业建立流程模型的思想基础。

②Petri 网

Petri 网是一种适用于多种系统的图形化、数学化建模工具，主要功能是为分析各种与并行系统有关的特性提供方法。利用 Petri 网模型可以研究两类特性：依赖于初始状态和独立于初始状态的特性。前者是指状态行为特性，后者是指状态结构特性。

③数据流程图

数据流程图（Data Flow Diagram，DFD）是基于结构化分析方法的一种流程建模方法。其基本思想是将业务流程分解成多个活动和事件，其中活动用以描述单一的功能，业务流程就是由一系列一定顺序的活动构成的。该方法可以在逻辑上准确地描述将要设计的新的系统的功能、输入、输出和数据存储等内容。数据流程图的主要优点是能以图形的形式清晰地反映业务流程，并且具有计算机优化能力，但是它却难以精确地描述复杂系统的数据流状况。

④角色活动图

角色活动图（Role Activity Diagram，RAD）是一种以 Petri 网技术为基础的，包含系统功能、组织和行为等方面结构的功能强大的建模方法。由于 RAD 具有表达简洁、语义丰富、使用方便等特点，因而在流程建模中得到了广泛的应用。RAD 的核心元素是任务、活动、状态、分支、事件等。

⑤实体关系属性

实体关系属性（Entity Relationship Attribute，ERA）方法是一种用以描述业务流程信息视图的方法。实体表示客观存在，属性表示实体的各种特性，关系表示实体之间的相互关联。ERA 方法尤其适合于描述可以使用二维表形式表示的信息实体和实体之间的关系。ERA 方法仅限于流程的信息视图描述。

⑥工作流

工作流（Work Flow）技术是实现流程执行和控制管理的一条途径，它可以有效地应用于业务流程再建中的过程决策。一个工作流包括一组活动及它们之间的相互关系，还包括过程、活动的启动和终止条件，以及对每个活动的描述。从生产经营的角度来看，一个制造企业可以看作由多个相互关联的不同层次的流程组成的活动流程网络，这些流程可以被处理为多个相关的工作流，从而利用工作流技术对其进行建模和管理。

这些方法和技术并不是互相独立的，它们适用于业务流程重组的不同环节，综合使用这些方法，可以为业务流程重组团队提供有利的帮助。

3. 业务流程重组的实施步骤

实施业务流程重组的过程是一项系统工程，涉及企业内部权力和利益结构、组织结构、组织文化、工作方式等一系列的变革。对于业务流程重组实施的过程，不同的专家学者有着不同的看法。基于不同流程变革方法的分析和研究，业务流程重组的实施步骤可以归纳为七个步骤，如图 11-1 所示。

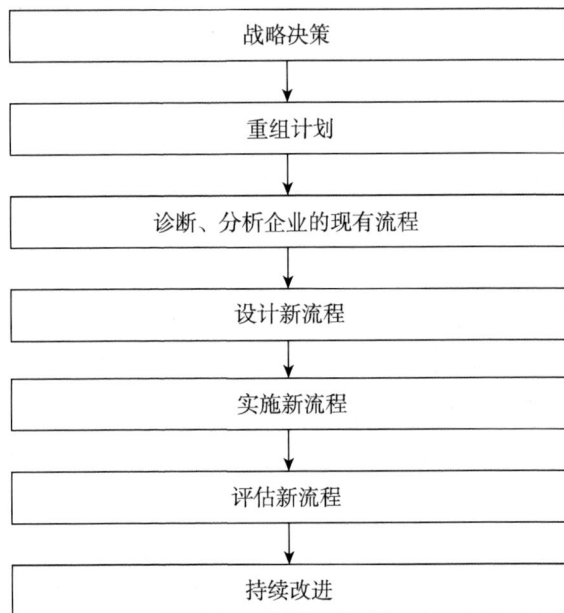

图 11-1 业务流程重组的实施步骤

（1）战略决策

战略决策阶段是项目规划阶段，是为流程重组建立"宏观模型"的阶段。在此阶段中，要深入分析变革的必要性及可行性，确定需要变革的流程并指定变革的范围，争取获得管理层的支持。由于流程重组具有战略意义，并且风险较大，因此高层领导的支持是相当重要的。

（2）重组计划

重组计划阶段标志着流程重组工程的正式开始，该阶段的主要任务是：成立重组工作小组、设立重组目标、工程策划、通知相关人员以及进行员工动员等。当决定要实施业务流程重组时，企业就要成立一个专门负责业务流程重组实施的委员会。委员会的职责是：负责制定和实施业务流程重组的指导原则；进行业务流程重组的整体规划；成立由业务流程负责人、技术人员、咨询顾问等人员组成的业务流程重组项目组；负责设计和实施新的流程；组织新流程的评估工作。为了保证业务流程重组项目启动时就建立起有效的领导机制，委员会要由企业的主要管理者负责。

（3）诊断、分析企业的现有流程

诊断、分析企业的现有流程阶段的主要任务是分析企业现有的流程，发现其中存在的问题，寻找流程改进的机会。通过对各业务流程进行考察，可以按照流程的重要性确定重组流程的顺序。值得注意的是，同一业务流程对于具有不同战略目标的企业的影响是不同的，因此，业务流程重组应从对核心业务流程的重组开始。

核心业务流程是指由组织的核心部门承担，对组织的最终绩效贡献最大的一系列流程，它体现了企业的核心竞争力。例如，以销售为核心竞争力的组织，其核心流程在于市场调研、销售和回款的全部流程；以技术为核心竞争力的组织，其核心流程则是技术的研发流程。

（4）设计新流程

新流程的设计要在分析现有流程的基础上，以活动的价值和时间为基准，对流程重新进行必要的分解，建立新的流程结构图。在设计新流程时往往会采用以下几种活动：

①删除原有流程中的冗余活动，对流程中活动的顺序进行调整；

②尽可能加以简化或自动化现有的活动；

③依靠信息技术，把原有的几道工序合并为一道工序，或者将完成几道工序的人员组合成小组或团队共同工作；

④将顺序的或平行的流程改为同步流程；

⑤在对各项活动进行再设计之后，还要把它们组合起来，从整体上审查，注意它们之中哪些还可以进一步集成，以保证流程的高效性和流畅性；

⑥最后再检查改造后的流程是否衔接恰当，从整体上分析流程中是否还存在不合理的地方。

业务流程的重新设计意味着组织结构的变化和调整。在完成新流程的设计后，交由委员会进行审批，审批通过后进入新流程的实施阶段。

（5）实施新流程

在新流程实施时，首先要制订实施计划，以及实施过程中各个阶段的目标和步骤。针对需要重组的业务流程，要制订工作计划，创建项目一览表、基本资料需求表、教育培训任务表、实施工作流程及时间表、人员分工调整说明等规范化文档。然后按照计划，明确参与人的责任和分工再实施新流程。

（6）评估新流程

为了衡量流程重组的绩效，以判断流程重组是否达到了预期目标，在新流程实施后，要依据项目开始时设定的目标对新流程进行评估。

（7）持续改进

由于环境、产品、技术及组织结构总是处于不断变化之中的，因此，新流程实施后要对其进行持续改进，使企业业务流程及时适应变化。

二、供应链网络结构优化设计

（一）供应链网络结构优化设计的影响因素

1. 经济因素

经济因素包括税收、关税、汇率等，这些因素是独立于单个企业的外部因素。随着贸易的增长和市场的全球化，经济因素对供应链网络结构的成败产生了很大影响。因此在进行供应链网络结构优化设计决策时必须考虑这些因素。

2. 政治因素

政治因素在布局中起着重要作用。企业倾向于将企业布局在政局稳定的国家，这些国家的经济贸易规则较为完善、法制较为健全，使企业容易在这些国家投资建厂。

3. 基础设施因素

良好的基础设施能减少供应链企业的经营成本，糟糕的基础设施使得商务活动的成本增加。关键的基础设施因素包括场地的供给、劳动力的供给、运输枢纽、铁路服务、机场和码头、高速公路、交通和地方性公共事业等。

4. 技术环境

如果生产技术能带来显著的规模经济效益，布局少数大容量的设施是最有效的；此外生产技术的灵活性影响网络进行联合生产的集中程度。

5. 竞争性

设计供应链时，企业必须考虑竞争对手的战略、规模和布局。一项基本的决策是：企业是邻近还是远离竞争对手布局。决定这一决策的因素包括企业如何进行竞争以及诸如原材料和劳动力等外部因素是否迫使其相互靠近等。

6. 对客户需求的响应时间

设计供应链网络时，企业必须考虑客户要求的响应时间。企业的目标客户若能容忍较长的响应时间，那么企业就能集中力量扩大每一设施的生产能力。相反，如果客户认为较短的反应时间很重要，那么它就必须布局在离客户较近的地方。

7. 物流总成本因素

进行供应链网络结构优化设计时，必须考虑供应链中运输、库存和运营成本，以及设施数量。

（二）供应链网络结构优化设计决策的内容

供应链网络结构优化设计的目标是供应链整体效率最高、价值最大化。供应链的价值是最终产品对客户的价值与客户需求满足所付出的供应链成本之间的差额。供应链网络结构优化设计决定了供应链的总体配置并设置了约束条件，供应链的其他驱动因素只能在相应的约束条件内被用来降低成本或提高响应性，从而实现供应链的价值。供应链网络结构优化设计是在已有网络的基础上，考虑供应链的各种影响因素与供应链的整体性与协调性，让网络更好地服务于供应链的整体目标。供应链网络结构优化设计决策过程是一个逐层分析筛选、循环反馈、优化整合的过程。

供应链网络结构优化设计决策也称供应链设施决策，科学的设计决策需要进一步明确供应链网络结构设计的以下具体内容。

1. 供应链的战略结构决策

供应链的战略结构决策是在供应链内外驱动因素分析和SWOT①现状评价的基础上，清晰定义企业竞争战略与核心业务，区分供应链上创造利润大和创造利润小的功能模块，决定供应链的环节以及每一个功能是自己执行还是外包，在战略层面形成供应链整体框架结构。

2. 节点设施的功能决策

在供应链的战略结构明确以后，需要决策每个节点的设施功能。节点设施的功能决策是要解决"每一设施具有什么样的作用"和"在每一设施中将进行哪些流程"的问题。节点设施的功能不仅决定每一设施的具体功能与业务流程，也决定了供应链在满足客户需求中的灵活性大小，对供应链的反应能力与利润起着决定性的作用。

3. 节点设施的区位决策

节点设施的区位决策是要解决节点设施的选址问题。节点设施的区位决策对供应链的运营有着长期影响，废弃或迁移某一设施代价是十分昂贵的。因此，作为企业，必须对供应链上每一节点的区位进行长远考虑。选择设施的区位时要考虑诸如土地的成本、交通的便利性、劳动力因素、与市场的距离等因素。好的节点设施的区位决策能使企业在较低成本下保证供应链的运营。相反，节点设施的区位决策失误将给供应链的运营带来很大困难。

4. 节点的容量配置决策

节点的容量配置决策是解决每一设施应配置的最大能力的问题。尽管节点的容量配置比节点设施的区位容易改变，但节点的容量配置决策在供应链运营中同样重要。在一个区位配置过高的容量，会导致设施利用率低下，成本过高。相反，在一个区位配置过低的容量，又会导致对需求的反应能力过低，承担失去市场的风险。或者需求得不到满足时，需要由远处的工厂来满足，从而增加成本，利润下降。

5. 节点的供给配置决策

节点的供给配置决策是解决每一设施应服务于哪些市场和每一设施由哪些供给源供货

---

① SWOT即态势分析法，S—Strengths（优势），W—Weakness（劣势），O—Opportunities（机会），T—Threats（威胁）。

的问题。设施的供应源及市场配置直接影响着整条供应链的成本与反应能力，该决策需要反复研究、合理论证，使配置随市场状况或工厂容量的变化而变化。当在市场需要扩大、现有构架变得过于昂贵或反应能力低下时，企业不得不重新进行市场与供给配置调整；当两个企业合并时，网络设计决策同样显得重要。因为合并前后其市场格局发生变化，合并一些设施和将设施迁址，常常会降低企业的供应链成本或提高其反应能力。

任务二 供应链绩效管理优化方法

一、供应链的数字化与智慧化改造

随着外部环境越来越复杂，给供应链高效管理带来了巨大挑战，与此同时信息技术的发展也给供应链绩效管理优化带来了机遇。企业应抓住信息技术的发展机遇对供应链实施改造，实现供应链的数字化与智慧化，提高供应链管理的绩效。

（一）供应链的数据化

1. 大数据技术

大数据技术是基于云计算的数据处理与应用模式，是可以通过数据的整合共享、交叉复用形成的智力资源和知识服务能力，是可以应用合理的数学算法或工具从中找出有价值的信息，为人们带来利益的一门新技术。大数据核心问题的解决需要大数据技术。大数据领域已经涌现出大量新的技术，它们成为大数据采集、存储、处理和呈现的有力武器。今后大数据技术将在各个领域得到发展和应用。大数据技术在我国物流领域的应用，有利于整合供应链企业，实现供应链企业的高效管理，从而降低供应链管理成本，提高供应链管理绩效。

2. 大数据促进供应链管理变革

传统的供应链管理面临着各种挑战：市场需求预测难度加大，产品使用过程中的服务需求增大，加之线上线下销售双渠道的出现，导致物流体系设计和供应链网络节点的布局优化难度加大。

供需难以平衡一直是市场经济中长久存在的、棘手的问题：要么需求大于供给，此时有限的供给只能在大量需求面前以随机方式或特定规则进行分配，企业丧失了潜在的销售机会而面临机会损失，消费者资金充裕却买不到想要的产品或服务；要么供给大于需求，此时供给过量的部分将无法得到应有的价值变现，企业需要为此承担相应的库存成本与贬值风险，消费者虽然没有直接损失，却也可能面临因选择过多导致的信息过载问题。

需求是数字化供应链的驱动力。为了更准确地识别消费者需求，制造型企业需要更加贴近消费者，以获取更准确的消费者数据和构建消费者画像。通过物联网、人工智能和区块链技术，实现供应链管理向数字化供应链管理方式转型。

（1）大数据的高渗透

随着产业互联化和信息技术（如条形码、二维码和 RFID 射频识别技术等）的广泛应用，供应链上的成员企业发现通过在多个系统中基于互联网搭建一个协同平台，可以实现生产、库存、物流、信息对接等全链可视化管理。从产品设计开始，产品的主数据统一管理，包括线上线下库存的统一管理、运输全过程的统一管理和渠道服务的精准管理，而且大数据能够支持供应链的预测分析和绩效评估。

（2）供应链从链到网的转变

传统供应链模式下，企业的供应链是单链运作，上游节点企业若遇到问题，下游节点企业必定会受到影响。而云计算、物联网、大数据等数字化技术的运用，将传统的企业供应链管理模式从链式转变成了网状，使得供应链上各节点企业不再是单向联通，而是实现透明式的互联互通，大大提高了供应链的运作效率。

3. 转型数字化供应链的意义

（1）全面覆盖，打造信息流通的闭环

数字化使企业各项经营活动所产生的数据都被妥善收集与保管，几乎没有"漏网之鱼"，数据的全面性使得每笔交易都能通过历史记录被完整还原，而所有数据的实时共享也能让信息传递更加通畅，提高了供应链上的信息透明度。

（2）统筹资源，实现供应链协同运营

一个供应链节点企业，乃至一条供应链本身，其所掌握的资源都是相对有限的，错误配置很有可能一损俱损。数字化能够提高决策的正确率，并站在整条供应链的视角，优化资源配置，尽可能地将利润的蛋糕做大。

（3）与时俱进，培育可持续竞争优势

技术驱动变革，数字经济将成为企业在新时代下的一片竞争高地。企业进行数字化转型，是在维持传统优势的基础上，不断发掘培育新的可持续竞争优势的体现。开放、包容的心态，能为企业带来更大的舞台和更多的机遇。

（二）供应链的智慧化

1. 智慧供应链的概念

智慧供应链是结合各种信息技术与现代供应链管理的理论、方法和技术，在企业中和企业间构建的实现供应链的智能化、网络化、数字化和自动化的技术与管理综合集成系统。

2. 智慧供应链的特点

与传统供应链相比，智慧供应链有以下特点。

（1）技术渗透性更强

在智慧供应链环境下，供应链参与各方系统地、积极地吸收包含物联网、互联网、人工智能等在内的各种信息技术，主动使管理过程引入新技术。

（2）可视化、移动化特征更明显

智慧供应链利用移动互联网或物联网的技术手段来收集或访问数据，采用可视化的手段对供应链全过程及时管控。

（3）高效协同

企业应积极利用物联网、互联网、人工智能等各种新技术，及时地完成数据交换和分享，实现链上各环节的高效协同，从而提高供应链的运作效率。

（4）可靠性提高

智慧供应链实现了全程可视化，使货主、承运人及其他供应链节点企业实时、准确掌握货物的信息，包括实时位置、状态监测数据和异常状态等，从而提高了供应链的可靠性，降低了供应链库存，减少了供应链成本，进而提高了供应链管理绩效。

（5）信息分享的及时性

智慧供应链建立在智能化信息系统基础上，供应链上各节点企业及企业中各部门能及时掌握所需信息，从而解决了供应链中因信息传递而产生的牛鞭应用问题，极大地提高了供应链的运作效率。

二、供应链系统优化策略分析

（一）供应链系统优化的基础

随着经济的发展和竞争的加剧，企业在生产经营过程中越来越重视供应链系统优化问题。现代生产制造技术已经最大限度地压缩生产过程中的浪费，生产成本越来越低，许多企业将目标锁定在流通成本中，如何能够最大限度地减少供应链中的成本，成为人们研究的重点问题。此外，供应链的建设和运行不是一劳永逸的，企业的生产经营环境在不断变化，供应链的运行也不断地面临新的问题，因此，对企业而言，继续进行供应链系统优化具有重要的意义。

供应链系统优化即"在有约束条件或资源有限的情况下，对企业战略、人员、业务过程和技术进行整合，提高供应链效率"，即通过资源整合，使供应链上各企业优势互补，从而增强整个供应链的核心竞争力，提供供应链绩效。

供应链系统优化主要有整体优化和局部优化两种类型。整体优化是从大量方案中找出最优方案，然而，实际情况下可能没有最优方案或者没有方法来检测所得方案是否最优，因此有必要进行局部优化；局部优化是在大量类似方案中找出最优方案，此法取决于方案的最初解，最初方案不同，优化结果也不同。

（二）供应链系统优化的方法

供应链管理水平的高低，对企业的经营发展具有十分重要的意义，因此持续开展供应链系统优化工作是企业的核心工作之一。供应链系统优化可以促进企业最大化地利用现有资源，提高资源利用效率，获得竞争优势；可以及时发现企业在供应链管理中存在的问题，理顺各项流程，降低企业生产经营成本；可以及时对客户的意见进行收集和分析，真正将消费者整合到企业的生产经营中来，为企业各项决策提供依据。下面主要从供应链系统优化的思路和供应链系统优化的方法两个方面来进行介绍。

1. 供应链系统优化的思路

企业要转变观念，将供应链管理纳入到企业的核心任务中去。企业要在观念上加深对供应链管理的理解，主动培养供应链管理的意识，在培养本企业核心竞争力的基础上，加强与业务伙伴的合作，摒弃"小而全"的经营思想，主动与供应链中的优势企业建立合作伙伴关系。

根据时间的长短，可以从以下几个方面考虑供应链系统优化问题。

（1）战略分析

将供应链的管理和优化纳入企业的战略管理中去，结合企业的长期发展战略，分析资源的获取，新设施的建立、新产品的开发等，进行供应链的整体设计和管理等。

（2）长期战术分析

根据企业一年内的整个供应链的供应、制造、配送、库存计划等情况，开展供应链管理和优化工作。

（3）短期战术分析

根据企业生产经营中存在的问题，随时进行物流优化、生产计划优化等。

2. 供应链系统优化的方法

根据以上供应链系统优化的思路，主要介绍以下几种供应链系统优化的方法。

（1）网络图形法

以网络图形为主要工具，直观描述供应链，分析其存在的结构性问题并予以改进。在优化时可借助计算机辅助设计。网络图形法主要用于以下两种供应链的系统优化设计：

①单纯从物流通道建设的角度设计供应链；

②从供应链定位的角度设计供应链。

（2）数学模型法

数学模型法是研究经济问题普遍采用的方法。把供应链作为一个经济系统问题来描述，可以通过建立其数学模型来描述其经济数量特征。最常用的数学模型是系统动力学模型和经济控制论模型。特别是系统动力学模型更适合供应链问题的描述，它能很好地反映供应链的经济特征。

（3）计算机仿真分析法

利用计算机仿真软件，将实际供应链构建问题模型化，再按照仿真软件的要求进行仿真运行，最后对结果进行分析，找到影响供应链性能的主要问题，为供应链优化提供依据。

（4）CIMS-OSA 框架法

CIMS-OSA（计算机集成制造开放系统体系结构）是由联盟 ESPRIT（欧洲信息技术研究与发展战略计划）研制的 CIM（公共信息模型）开放体系结构，它的建模框架基于一个继承模型的 4 个建模视图：功能视图、信息视图、资源视图和组织视图。CIMS-OSA 标准委员会建立了关于企业业务过程的框架，这个框架将企业的业务过程划分为三个方面：管理过程、生产过程和支持过程。可以利用这个框架建立基于供应链管理的企业参考模型，特别是组织视图和信息视图，对供应链的设立和优化都很有帮助。

（三）供应链系统优化的实施

1. 准确诊断

企业总是存在这样或那样的问题：生产部门埋怨采购部门缺货、销售部门需求变化快；采购部门埋怨销售部门不及时提供销售计划、生产计划；销售部门埋怨生产部门不能满足销售计划；物流部门埋怨销售部门给客户承诺的时间太短、难以应付等。

企业在进行供应链的管理过程中，需要全面的审视和系统的诊断，找到影响供应链效率的核心问题。在诊断中，要抓住问题的本质，找出当前情况下可以解决的问题。

有很多问题是当前情况下无法解决的，比如，对于制鞋行业，原料采购与生产周期大约需要 30 天，而一双鞋的销售周期可能只有 30 天，由于生产周期相对长而销售周期短，无法根据销售情况及时补货生产，必须提前备货生产，这就导致高库存，并且可能出现产品积压。但是目前企业很难在短时间内把采购与生产周期缩短。比较可行的做法是把采购生产环节中最长的采购时间缩短，这样就能比较显著地缩短订单反应时间。因此，供应链优化可以把缩短采购周期时间作为主要目标。这样，这个问题就是当前可以解决的问题了。

诊断的具体步骤包括：首先，企业要明确解决问题所要达到的目标，目标要清晰、可度量、无歧义；其次，分析问题解决的思路、制订详细的工作计划，确保计划的可分解、可执行；最后，估计资源需求，如需要投入多少人、多少时间、多少资金等，人员怎么参与，这些都需要制订详细的计划。当然，详细的具有高度可操作性的计划也更容易获得高层的认可和支持。

2. 项目实施

通过对供应链的诊断，对要解决什么问题、解决思路、改进计划都非常清楚了。接着就是执行改进计划。这一步的难点在于对供应链改进项目进行过程控制，确保项目按照预定的目标前进。企业最好组建项目组来推进供应链系统优化工作，因为供应链系统优化会跨越企业、跨越部门，需要更多的协调，需要高层授权，通过组建跨企业、跨部门团队有效推进项目工作。

在项目推进过程中，要时刻关注项目对企业的价值，要以价值为导向来推进供应链系统的优化。一个项目能够获得高层、项目组成员及其他员工的支持，是因为其本身能够对企业产生价值。但是企业内部及外部环境都在不断变化，原来对企业有价值的项目，在新的环境下就可能没有价值，需要对原有的项目范围内容进行变更。为确保项目走在正确的轨道上，需要不断检查每一项项目工作对企业的价值，确保项目对企业价值的最大化。

3. 供应链系统优化投资方向

（1）建设信息化系统

信息化建设可以提升数据基础，促进数据标准化，并为衡量指标提供数据支持，同时还可以提升内部人员的项目管理技能。此外，信息化建设能够促进供应链上下游的信息共享，加快整条供应链对市场需求的反应速度，有利于提高供应链的运作效率。

（2）改进生产过程，实现延迟定制

延迟定制是供应链优化的一项基本优化策略，但是要实现延迟定制，一般需要在企业设备方面进行改进投入。在延迟定制方面的投入能够带来显著的供应链运作效率的改善，能够降低库存，提升供应链反应速度。

（3）借用外部专业顾问公司解决供应链诊断所发现的核心问题

企业可通过项目运作，在较短时间内实现供应链的快速提升，迅速见到效益，借用外部资源培训内部员工，购买外部资料，如行业标杆的研究报告等。

4. 供应链系统持续优化

供应链系统优化没有终点，不能因为一个项目见到效果而止步不前。市场环境和客户需求是不断变化的，一个真正优秀的供应链不仅仅需要高效率，还要能快速适应客户需求的变化，一成不变只会导致快速落伍，高效的供应链不等于一直处于领先地位。因此，企业需要持续优化供应链，不断进行基础建设，诊断、优化供应链的优化过程。只有这样，才能不断提升整条供应链的竞争力。

项目小结

本项目介绍了供应链业务流程重组的概念、工具与步骤，供应链网络结构优化设计的影响因素与内容，数字化供应链与智慧化供应链，供应链系统优化的方法等内容。

同步测试

一、判断题

1. 业务流程重组可优化供应链管理绩效。 （ ）
2. 业务流程重组一次就可以完成。 （ ）
3. 供应链网络结构优化考虑的影响因素较多。 （ ）
4. 供应链的数据化和智慧化是供应链的发展趋势。 （ ）
5. 供应链系统优化需持续进行。 （ ）

二、选择题

1. 业务流程重组的简称是（ ）。
A. BPD   B. BPR   C. BRP   D. PBR

2. （ ）不是供应链网络结构优化设计的内容。
A. 节点实施的功能   B. 节点实施的区位
C. 节点的容量配置   D. 节点的需求配置

3. （ ）不是智慧供应链的特点。
A. 可视化   B. 高效协同
C. 信息分享的延时性   D. 可靠性更高

三、简答题

1. 供应链业务流程重组的实施步骤有哪些？
2. 供应链网络结构优化设计的内容有哪些？
3. 数字化供应链发展的原因是什么？
4. 什么是智慧化供应链？有何特点？
5. 供应链系统优化的方法有哪些？

阅读材料

从"互联网+"看智慧供应链

2015 年，全国掀起了互联网+各行各业、各种要素的热潮，在大江南北举办的各种各样的论坛和讲座中，充斥着"互联网+"的术语，似乎不讲这个术语就不足以表明是时代的弄潮儿。然而"互联网+"的内涵究竟是什么？"互联网+"如何真正提升企业竞争力，尤其是在当今很多实体产业面临严冬的时候如何去拥抱即将来临的春天？这是各行各业需要静下心来思考的重大课题。

一位企业家谈道："在产业面临严峻挑战的今天，只要我们能融入国际供应链体系，或者通过新的供应链服务模式推动企业的变革，那么我们就会站在产业这艘巨轮的船头。"这席话触及了各行业企业一个最为重要的管理基础——产业供应链。产业供应链是一种系统论视角下的产业运营体系，其初衷在于通过打破组织内部及组织间已存在的业务孤岛、信息孤岛，有效地规划和管理产业链上发生的供应采购、生产运营、分销和所有的物流活动，特别是产业链所有相关方之间的协调和合作，实现商流、物流、信息流和资金流的高效整合。显然，这一目标的实现意味着在管理上要实现"四个有机化"，即"产业组织网络的有机化"，即如何采用有效的方法将产业中的各个利益主体整合成相互协调、相互配合、相互支撑的专业分工体系，为实现共同的目标而运行；"产业价值网络的有机化"，产业供应链是一个价值逐级生产、分层传递的过程，在这一过程中如何去设计、挖掘和实现不同的价值元素，并且将不同主体创造出来的不同价值元素，聚合成完整的价值包服务于客户；"产业物流网络的有机化"，涉及在产业供应链运营的过程中如何使商品、服务以及相关信息，从发生地到消费地，有效率和效益地正向、逆向移动，以及与存储、加工等活动相关的计划、执行和控制过程；最后是"产业资金网络的有机化"，即通过高效的资金融通、支付结算和财富管理，实现全产业链资金运行的充足、稳定和安全，缩短产业的现金流量周期。上述"四个有机化"是相辅相成的管理流程，相互影响、相互作用。打个比喻，就如同孩童时代经常玩的攻城游戏，当甲、乙双方组成 5 人小组时，大家要考虑找谁、为什么要找这个人、用什么手段说服他加入，这是"组织网络的有机化"；而一旦组成小组，就需要考虑每个人的分工是什么？谁负责攻城？谁负责守城？谁负责在路上设防？这便是"价值网络的有机化"；在进攻对方城堡时，走什么路线？分几次进攻？力量如何分配？这是"物流网络的有机化"；最后，谁会牺牲？谁负责最终把对方的守军推出线外？大家如何分享胜利的成果？这就是"资金网络的有机化"。

显然，企业一旦实现了上述"四个有机化"，抵御风险的能力就会增强、核心竞争力就会形成。而问题的关键也就在于上述"四个有机化"不是那么容易实现的，主要原因涉及主观和客观两个方面。从主观上讲，一个单一企业无法及时、全面地掌握产业链的各种状况、各种活动和各类主体，即便有合作者愿意协调、沟通，也缺乏有效的互动和协调手段。从客观上讲，今天的产业活动越来越复杂、越来越广泛，商业活动也越来越国际化、全球化，而因由于空间、时间上的差异，"四个有机化"往往难以实现。香港冯氏集团（原利丰集团）荣誉主席就讲过，"世界既是平坦的，也是充斥着大量的沟壑和山谷的。"他指出："全球贸易规定、国家法律、贸易集团以及其他因素使得这个世界凸凹不平，既现代又古老。"因此，在这个世界既平又圆的时代，实现"四个有机化"必然面临着巨大的挑战。而"互联网+"却为这些目标的实现提供了良好的契机和途径，也就是说，互联网（包括移动互联网）、物联网、云计算、大数据这些新的技术创新和手段，一旦融入产业供应链管理中，不但使上述问题迎刃而解，而且能进一步创造出高度智能化、服务化的供应链体系，也就是智慧供应链。换句话说，智慧供应链借助于新的技术，通过产业供应链运营的可视化、智能化、自动化和集成化，不但打破了组织内和组织间的壁垒，融商流、物流、信息流和资金流为一体，提高了效率，而且推动了产业的升级与发展，拓展了服务化的市场空间，带来了新的效益。

我们以香港冯氏集团为例，看看智慧供应链究竟意味着什么。香港冯氏集团是全球著名的供应链服务商，其运营模式便是通过遍布全球的网络（在40个国家和地区中建立了80多家分公司及办事处，聘用员工超过43000名），借助于DMS模式实现产业供应链管理。DMS包括方案设计（Design）、供应链生产组织管理（Manufacture Managing）和服务（Service）。它以工业设计或方案设计为先导，将包括方案设计、结构、生产管理、服务（从物流作业、物流流程设计、网络规划、库存管理、通关报关、文类管理、当地运输到分销物流全面的解决方案）等环节在内的完整产业链打通，形成设计与制造管理相结合的服务模式，为客户提供优秀的工业设计方案和产品。然而，如何对如此复杂的产业供应链活动实现有效的协调？产业供应链的某一环一旦出现波动或中断，如何及时、有效地反应和调整？特别是在客户需要日益多样性、多变化的时代，如何实现全球供应链的分布集中式计划和管理？这些显然都是非常困难的管理行为，而正是香港冯氏集团长期以来打造的业务驱动下的数字供应链体系，使如此复杂的供应链管理变得触手可及。香港冯氏集团的数字供应链系统涵盖了供应链运行的全过程（贸易、物流、分销营销）和所有的供应链相关参与者，包括企业内部管理人员，如管理层、财务管理人员、产品线经理、质量控制人员、供应链方案设计者、贸易部门、物流及仓储管理人员、客户服务人员及销售与营销经理，以及其他供应链相关参与者，如遍及全球的采购商、供应商、贸易商、客户及客户委托方、第三方物流及融资方。以采购贸易业务为例，香港冯氏集团的数字供应链系统支持不同区域供应商的搜寻（诸如供应商、客户、产品品类、生产国、出口国和产品规格等），同时借助该系统相关人员了解供应商的资料及历史绩效。另外，该系统亦能追踪客户订单运转信息，导入客户的票据连同采购和销售数据，动态生成新的数据，使客户获取相应信息息，轻松制作业务报告，通过电子方式将反映业务状态的报告及时传递给用户，加速批准和业务程序（诸如新客户审批、对账单和发货通知传递等）。而在物流和生产管理上，数字供应链系统支持上传物流单证、存储电子订单、移动质检报告、货物验收文件、供应商支付支持单据、供应链网络规划状态、配送运输和仓储管理等。

透过香港冯氏集团的数字供应链，我们可以看到互联网+产业供应链形成的智慧供应链拥有以下六个方面的能力。一是能了解供应链客户的真实需求。了解供应链客户（这里的客户是一种广义概念，既涵盖终端消费者或购买方，也包括所有与企业合作的主体）真实的价值诉求是拉动式供应链的前提，而"互联网+"下的数字供应链能够使香港冯氏集团的信息系统和智能体系及时追踪和捕捉到客户的真实需求信息和状态，进而灵活地提供相应的服务。例如，从2014年开始，香港冯氏集团推行的供应商支援融资计划就是这种智慧供应链体系下的扩展服务，亦即当战略供应商需要资金进行技术改造，或者提升生产效率时，香港冯氏集团借助数字供应链形成的信息和信用管理，为供应商提供无应收应付、无抵押无担保的融资服务，其结果不仅解决了供应商的资金问题，也大大提升了香港冯氏集团自身的供应链竞争力。二是互联网使能下的供应链全程可视化。在互联网、物联网、云计算等创新性技术的支撑下，能够在供应链全过程、国内、国外市场及时反映和追踪物流、交易的状态和活动，做到对供应链运营过程的及时监测和操控。三是建立模块化的供应链运营构架。运用模块化方式进行供应链集成，能迅速地运用自身、外部第三方等主体或机构的能力建立起独特的供应链竞争力，在不破坏原有体系的基础上实现供应链服务功能的快速定制，具有良好的智能反应和流程处理能力。也就是说智慧供应链的柔性组织，其能力更为强大。四是实时的供应链计划与执行连接体系，即供应链计划与执行体系的连接能在数据和流程两个层面同时实现。五是完善的报告与绩效管理，即能运用供应链分析工具比较预期与实效，实现统计性流程控制，防范因供应链运行超出预计范畴，导致供应链中断或产生其他风险。六是良好的供应链预警体系。贯穿供应链各环节、各主体、各层次的预警体系，能轻松实现供应链活动的持续进行、质量稳定、成本可控，做到供应链智能敏捷化（快速响应和服务）与高效精益化（总成本最优）相结合，实现精敏化。

由此可见，"互联网+"的核心不是在于简单地讨论互联网技术在行业中的应用，或将企业的日常运营贴上"互联网+"这个标签，而是如何更好地结合新技术、新手段去改良和优化产业供应链，实现更优化的供应链运作方案、更高效的供应链运作效率、更开阔的供应链服务空间、更透明的供应链结构流程，做到"四个有机化"，这才是智慧供应链的本质。而这一目标的实现，需要每个企业深入思考产业或行业的状态、挑战、阻碍，以及发展的规律和方向，去探索创新的战略、工具、技术、流程和组织，真正带动产业、企业和所有利益相关方的共同发展和进步。

参考文献

[1] 易华.物流成本管理 [M].北京：北京交通大学出版社，2005.

[2] 鲍新中.物流成本管理与控制 [M].北京：电子工业出版社，2006.

[3] 李伊松，易华.物流成本管理 [M].北京：机械工业出版社，2005.

[4] 朱伟生.物流成本管理 [M].北京：机械工业出版社，2019.

[5] 曾益坤.物流成本管理 [M].2 版.北京：知识产权出版社，2008.

[6] 崔介何.物流学 [M].北京：北京大学出版社，2003.

[7] 傅桂林，袁水林.物流成本管理 [M].北京：中国物资出版社，2007.

[8] 易华，李伊松.物流成本管理 [M].3 版.北京：机械工业出版社，2014.

[9] 包红霞.物流成本管理 [M].北京：科学出版社，2018.

[10] 何开伦.物流成本管理 [M].武汉：武汉理工大学出版社，2007.

[11] 王桂花，高文华.物流成本管理 [M].北京：中国人民大学出版社，2014.

[12] 张远.物流成本管理 [M].北京：北京大学出版社，2017.

[13] 曹翠珍.供应链管理 [M].2 版.北京：北京大学出版社，2016.

[14] 张艳，陈华.供应链管理 [M].2 版.北京：清华大学出版社，2018.

[15] 陈建岭.供应链管理 [M].北京：北京大学出版社，2016.

[16] 李诗珍，关高峰.物流与供应链管理 [M].北京：北京大学出版社，2015.

[17] 王玲.物流绩效管理 [M].北京：高等教育出版社，2011.

[18] 胡建波，陈香莲.供应链管理（微课版） [M].北京：清华大学出版社，2020.

[19] 刘永胜，杜志平，白晓娟.供应链管理 [M].北京：北京大学出版社，2012.

[20] 李志君.供应链管理实务 [M].3 版.北京：人民邮电出版社，2019.

[21] 谢家平，梁玲，宋明珍.供应链管理 [M].4 版.上海：上海财经大学出版社，2021.